Cook

Der Guide für Jugendliche mit Asperger-Syndrom

Jennifer Cook ist Asperger-Autistin, was bei ihr erst als Erwachsene diagnostiziert wurde, als man bei ihren Kindern Asperger festgestellt hat. Schlagartig ist ihr dadurch vieles klarer geworden, womit sie schon als Teenager Probleme hatte. Daher hat sie sich entschlossen, Bücher über Asperger zu schreiben, um Menschen im Autismus-Spektrum, denen es genauso geht, zu unterstützen und ihnen Mut zu machen. Der erste Band ihrer Buchreihe »Asperkids« ist 2012 erschienen. Inzwischen gibt es sechs Bände zu unterschiedlichen Themen, die Kinder und Jugendliche im Autismus-Spektrum ermutigen, ihren Weg zu gehen. Die Bände haben sich zu Bestsellern entwickelt, wurden mit Preisen ausgezeichnet und in sieben Sprachen übersetzt. Mehr unter: https://www.jenniferotooleauthor.com

— Für Brett,
danke, dass du die Regeln mit mir neu geschrieben hast. —

— Für Dich,
wenn Du Dich fragst, ob Du an Wunder glaubst, hast Du vielleicht vergessen, dass Du eines bist. —

Jennifer Cook

Der Guide für Jugendliche mit Asperger-Syndrom

Die geheimen sozialen Regeln verstehen
und mit anderen besser klarkommen

TRIAS

Einführung 12

Was du wissen musst, um die Regeln zu verstehen 37

Dirty Dancing
NEW KIDS ON THE BLOCK

Wo war dieses Buch, als ich es brauchte?

Liebes Tagebuch,

Was zum Teufel? Wie ist es möglich, gleichzeitig so klug und so ahnungslos zu sein? Es scheint, als ob alle anderen eine Sprache sprechen, die ich nicht beherrsche. Ich beobachte sie. Ich höre zu. Ich imitiere. Ich schauspielere – viel. Kennst du schon meinen neuesten Spitznamen? Das Tennisteam nennt mich jetzt »Happy Head«. Sie meinen es eigentlich nur nett. Ich glaube, ich bin der Liebling der Senioren geworden. Der süße kleine Rotschopf mit dem aufgeklebten Lächeln im Gesicht – es ist wirklich aufgeklebt. Und aus Plastik. Ich bin völlig versteinert, weil ich mich ausgeschlossen fühle. Schon wieder. Aber das ist wahrscheinlich nur eine Frage der Zeit. Wir wissen beide, dass ich es immer irgendwie schaffe, es zu vermasseln. Gib mir nur lange genug Zeit und ich werde jede Freundschaft versauen. Im Ernst, ich wünschte, jemand würde mir einfach ein paar Regeln an die Hand geben, wie ich »normal« sein kann … Sag mir Bescheid, wenn DAS Buch herauskommt. Es scheint das einzige zu sein, das ich noch nicht gelesen habe.

Liebe Grüße, Jenny

HEUTE

Als ich ein Teenager war, gab es kein Regelbuch, wie ich es mir gewünscht hätte. Es gab keinen Einblick in die geheimen Richtlinien, von denen ich wusste, dass es sie geben musste, die ich aber nie herausfinden konnte. Es gab Regeln, da war ich mir sicher. Alle anderen schienen sie zu verstehen. Ich hingegen nicht. Immer wieder vermasselte ich es, ohne es zu merken. Dann versuchte ich, es zu vertuschen und musste ich mir neue Freunde suchen. Vierunddreißig Jahre lang dauerte dieser Kreislauf, bis ich ein neues Wort lernte: Autismus. Und auf einmal machte ich Sinn. Alles machte Sinn. Nein, damals gab es noch kein Regelbuch. Aber jetzt gibt es eins. Teils Code-Knacken, teils Kritzelblock. Völlig ehrlich und ganz dein. Na ja, unser …

Willkommen im (geheimen) Regelbuch.

Nennen wir das Kind beim Namen

Lass uns einen Moment über Namensgebungen sprechen. Ich meine jetzt nicht die unhöfliche Art, ich spreche von den Namen, mit denen wir uns in diesem Buch anreden werden. Glaube mir, das ist wichtig.

Du hast unbestreitbar Tausende von Aspekten. Kein einzelner Teil von dir könnte dich ganz definieren, oder? Das wäre ja lächerlich. Das Gleiche gilt für mich. Und du liest dieses Buch, weil wir zufällig einen wichtigen Aspekt gemeinsam haben: unser Nervensystem. Im Grunde ist das die Art und Weise, wie unsere Gehirne aufgebaut sind und wie sie funktionieren.

Ja, mein Freund, ich sage »unsere«, denn obwohl unsere Denkweise in der Welt untypisch sein mag, ist sie hier in diesem Kontext das, was uns gemeinsam ist. Es geht nicht um »du gegen mich« oder »wir gegen sie«, sondern um uns, die wir gemeinsam denselben Teil des menschlichen Spektrums einnehmen, der Autismus genannt wird.

Und es ist diese Bezeichnung »Autismus«, auf die ich mich bezog, als ich sagte, dass wir über Namensgebungen sprechen müssen.

In dieser Welt gibt es viele Bezeichnungen, wie man mich nennen kann, und ehrlich gesagt, solange es nette Wörter sind, ist es mir egal, welche die Leute wählen. Dasselbe gilt für meine Meinung zu Autismus.

Bei der Beschreibung derjenigen von uns, deren Gehirne nach bestimmten Mustern und mit einer bestimmten Art von »Verdrahtung« arbeiten, haben sich die Bezeichnungen, die andere (neurotypische)

Menschen für uns gebrauchen, verändert (und werden sich in Zukunft wahrscheinlich noch mehr ändern). Manche Leute sagen »Autismus«, »neurodivers«, »neurodivergent«, »im Autismus-Spektrum« oder verwenden eine Kombination aus all diesen Begriffen.

Aber warte – da ist noch mehr. Einigen Leuten ist es wirklich wichtig, ob wir »Person mit Autismus« oder »Person, die mit Autismus lebt« statt »autistische Person« sagen. Der Grund dafür ist, dass in der Reihenfolge »Person zuerst« die Person als wichtiger hervorgehoben wird als das Merkmal Autismus. Andererseits nennen sich andere gern autistisch oder Autisten, weil es eine Identität und Teil der Person ist, die sie sind.

Siehst du, wie schnell die ganze Sache mit der Namensgebung sehr heikel werden kann?

Oh! Eine Sache möchte ich noch hinzufügen. Als 2011 festgestellt wurde, dass ich mich im Spektrum befinde, nannte man das noch Asperger-Syndrom – deshalb habe ich den Begriff »Asperkids« geprägt und fünf Bücher mit diesem Wort im Titel geschrieben ... darunter die erste Version dieses Buches, die 2012 veröffentlicht wurde.

In kürzester Zeit wurde aus »Asperkids« jedoch mehr als nur ein Wort. Es wurde zu dem, was einige Leute »eine internationale Bewegung unerbittlicher Positivität« nannten. Aus der ganzen Welt schickten mir Jugendliche Fotos von sich als »stolze Asperkids«, die in dem Wissen, dass sie nicht allein sind, Kraft und ein Lächeln fanden. Sie stellten Bilder online und nahmen an Kundgebungen teil. Und folgten mir in »Asperkid«-Shirts in Hotels! Warum? Ein »Asperkid« zu sein machte sie froh über genau die Unterscheidungen, die die Welt als Probleme bezeichnet hatte. Und zu wissen, dass ich ein Teil davon war? Nun, das ist eines der Dinge auf der ganzen Welt, auf die ich am meisten stolz bin.

»Asperger-Syndrom« ist ein Begriff, der nicht mehr verwendet wird – es ist ziemlich kompliziert, hat aber hauptsächlich damit zu tun, uns alle unter dem Begriff »Autismus« zu vereinen (womit ich absolut einverstanden bin). Trotzdem muss ich an dem Wort »Asperkids« festhalten und hoffe, dass ihr es auch aufgreift. Denn wenn es etwas gibt, das man sein muss, dann ist es unermüdlich positiv und mutig, freundlich und widerstandsfähig.

Schau mal, wenn jemandem etwas wichtig ist, ist es doch nur höflich, wenn man versucht, seine Vorlieben zu respektieren, oder? Ich meine, wenn du zum Mittagessen kommst und keinen gegrillten Käse magst, wäre es irgendwie unhöflich, gegrillten Käse zu machen und zu erwarten, dass du einen isst. Wenn ich also mit jemandem spreche, der einen Namen wirklich lieber mag als den anderen, versuche ich natürlich, mich daran zu halten.

Nun, in diesem Fall, da ich dieses Buch schreibe, wähle ich die Namen, die ich für uns verwende. Das ist eine wirklich wichtige Sache, die es herauszufinden gilt, und der Grund, warum ich dich überhaupt in das Thema »Namensgebungen« eingeweiht habe.

Der Name, den wir uns geben, sagt viel darüber aus, was wir über uns glauben. Er beeinflusst auch, wer und wie du denkst, dass wir sind. Und sein werden. Wenn wir also wollen, dass andere freundliche, klare Worte verwenden, wenn sie an uns denken und über uns sprechen, dann müssen wir um Himmels willen mit gutem Beispiel vorangehen.

Deshalb bin ich bei all diesem wortreichen Kram nur in einer Sache stur: bei Vergleichen. Bei Autismus geht es nicht darum, »gut oder schlecht funktionierend« oder »leicht« oder »schwer« betroffen zu sein. Hier gibt es keinen Platz für »autistisch, aber nicht so«. Die Wahrheit ist, dass wir mehr oder weniger offensichtlich Unterstützung brauchen, klar. Aber es ist sehr wichtig, sich daran zu erinnern, dass manchmal die Menschen, die so aussehen, als hätten sie alles im Griff, diejenigen sind, deren Herzen am meisten schmerzen.

All das solltest du wissen, denn es ist leicht, durcheinanderzukommen, sich ablenken zu lassen und das große Ganze zu übersehen. In diesem Buch geht es um uns. Geschrieben von einer von uns für alle von uns. Und es geht um das, was wir gemeinsam haben.

»Autistisch« – »Autismus« – »im Spektrum« – »neurodivers« – »neurodivergent« – »Asperkid«: All diese Wörter funktionieren, weil sie alle respektvoll sind, also wirst du sie auch alle in diesem Buch finden, denn ich werde dich immer nur mit netten Bezeichnungen anreden.

Und hier, mein Freund, kommen wir zu der größten Wahrheit von allen. Wo auch immer, wer auch immer, wann auch immer du bist ... vor und nach allem anderen sind wir alle im menschlichen Spektrum. Diese Aussage ist die wichtigste. Denn was auch immer genau oder wie genau du bist, wer du bist – am Ende, an diesem Ort, sind wir alle verschieden, gemeinsam, und ich bin so froh, mit dir ein Teil dieses Wir zu sein.

Einführung

1 Regeln, Angeber und das Sprechen einer Fremdsprache

Diejenigen von uns, die im Autismus-Spektrum sind, haben eine seltsame Beziehung zu Regeln. In gewisser Weise lieben wir sie. Sie funktionieren wie ordnungsbringende Gabelstapler, die man in Lagerhallen sieht. Das eine wird hier einsortiert, das andere gehört nicht dorthin, und wieder anderes wird aus dem Weg geräumt. Bei Regeln geht es nicht darum, uns zu sagen, was wir *nicht* tun sollen, sondern vielmehr darum, uns zu sagen, was wir tun *sollten*. Sie verhindern Chaos, Verwirrung und Stress. Sie schaffen Ruhe, wenn die Welt sich chaotisch und unberechenbar anfühlt. Regeln, so könnte man sagen, können unsere besten Freunde sein.

Andererseits können wir sie auch ein wenig überstrapazieren. Regeln für eine gesunde Ernährung können zu Essensritualen werden, die soziale Aktivitäten einschränken. »Regeln« für Hausaufgaben können zu Perfektionismus werden, der große Ängste verursacht. Deshalb lautet die wichtigste Regel für Regeln, dass sie fast nie absolut sind. Verwirrend, aber wahr. Es gibt Variablen, Ausnahmen und Ausweichklauseln, und weißt du was? Niemand macht alles immer richtig. Wir mögen »entweder/oder« viel lieber als »manchmal« oder »vielleicht«. Es ist keine große Überraschung, dass so viele von uns Spiele, Hobbys und Geschichten mit vorhersehbaren Mustern und logischem Aufbau lieben. Sogar unsere Vorstellungskraft bevorzugt Fakten und das Prinzip Gut gegen Böse: Science-Fiction, Fantasy oder historische Romane. Was soll ich sagen? »Vielleicht« ist einfach nicht unser Ding.

Wenn du das hier liest und ein Asperkid bist, hast du bereits etwas großes am Laufen. Du hast so viel Glück, dass du bereits weißt, was für eine Art von Verstand du hast. Ich habe erst als Erwachsene herausgefunden, dass ich im Autismus-Spektrum bin, ebenso wie meine eigenen drei Kinder. Das bedeutet, dass ich vierunddreißig Jahre damit verbracht habe, so zu tun, als wäre ich genau wie alle anderen. Was ich nicht war. Als ich aufwuchs, war ich immer »das Gehirn«. Es gab keine Bezeichnung wie »Aspie« oder »Asperkid« oder irgendetwas anderes als »Wörterbuchkopf« und »Alleswisser« und dergleichen.

Als ich älter wurde, habe ich mich auf der Bühne selbst geschaffen. Nachdem ich mit zwei Jahren angefangen hatte zu tanzen, war es in vielerlei Hinsicht viel einfacher, vor Hunderten von Menschen auf einer Bühne zu stehen, als mit einer Person in einem Raum zu sein. Wenn man ein Drehbuch oder choreografierte Tanzschritte hat, folgt man einfach dem Plan. Man kann nicht wirklich etwas falsch machen – und tatsächlich passiert etwas sehr Merkwürdiges, zumindest war es bei mir so. Mehr und mehr kam auf der Bühne mein wahres Ich zum Vorschein, und die Rollen, die ich spielte, sickerten in mein tägliches Leben ein ... bis ich oft nicht mehr unterscheiden konnte, wann ich echt war und wann ich schauspielerte. Ich hatte so viele Drehbücher auswendig gelernt und Körpersprachen in mich einprogrammiert, dass ich nicht nur gut genug »schauspielern« konnte, um mich anzupassen, sondern sogar so etwas wie ein sozialer Schmetterling wurde. Ich kann dir sagen, dass ich nach all dem eine verdammt gute Schauspielerin bin.

Im wirklichen Leben trug ich Kostüme: Cheerleader-Uniform, Initialen der studentischen Verbindung, lange Haare, und ich wurde so gut darin, das »soziale Spiel« zu spielen, dass ich den Spitznamen »Flirt« bekam. Damals fand ich das ziemlich cool, rückblickend war es aber ziemlich traurig. Ich wusste nicht, dass ich autistisch war. Ich wusste nur, dass ich genug Jahre damit verbracht hatte, verarscht, ausgegrenzt, verspottet und verhöhnt zu werden. Genug Nächte, in denen ich weinte, weil ich morgens wieder zur Schule gehen musste. Genug Mittagessen, bei denen ich mich im Wald vor meiner Highschool verstecke, statt mir einen Sitzplatz zu suchen. Als ich also die Chance hatte, die Rolle des »Vamps« und des »Glamour-Girls« zu spielen, habe ich sie genutzt – bis zum Äußersten.

Der Wechsel von »Streber« zu »Hottie« fühlte sich wie eine Beförderung an. Dem war aber nicht so, denn so oder so definierte ich meinen Selbstwert durch das Etikett, das mir ein anderer aufklebte. Ich hatte keine Ahnung, wie ich authentisch (ein bisschen streberhaft, ein bisschen flirtend) *und* glücklich sein konnte. Also spielte ich meine »Rolle« ziemlich gut … aber nie überzeugend genug, um fließend neurotypisch (NT) zu »sprechen«. Ohne zu ahnen, dass ich etwas falsch gemacht habe, habe ich jemanden belästigt, in Verlegenheit gebracht, geärgert, verletzt oder enttäuscht. Während des Studiums und danach in jedem Job, egal was ich erreichte oder wo ich mich einfügte, fühlte ich mich immer wie eine Angeberin, die nur darauf wartete, als das falsche normale Mädchen geoutet zu werden, das ich war.

Als aber festgestellt wurde, dass ich mich im Autismus-Spektrum befinde, änderte sich alles. Es stellte sich heraus, dass ich nicht kaputt war, sondern anders. Mich für meine sozialen Fehler zu verurteilen, war genauso dumm, als wäre ich wütend auf mich selbst, weil ich rote Haare hatte oder ein Mädchen war. Wir Menschen im Autismus-Spektrum sind anders verdrahtet. Ohne uns anzustrengen, können wir uns stundenlang auf die kleinsten Details konzentrieren, die andere Menschen zu übersehen scheinen, und wir verstehen tief in unserem Herzen, was richtig und falsch ist. Wir zu sein ist weder schlecht noch gut, es ist einfach so. Ich werde nie eine Brünette sein. Ich werde nie ein Mann sein. Und damit bin ich vollkommen einverstanden. Ich werde auch nie neurotypisch sein. Das ist nicht mein Normalzustand. Und wenn du so bist wie ich, ist das auch nicht dein Normalzustand.

Zum Verständnis des Autismus gehörte auch, dass ich mir selbst verzeihen konnte, wenn ich auf meinem Weg dorthin immer wieder Mist gebaut hatte. Das war großartig. Wie meine Tochter sagte: »Es bedeutet, dass ich kein Dummkopf bin, wenn es um Menschen geht.« Nein, sie ist es nicht, ich bin es nicht und du bist es auch nicht. Aber es bedeutet auch, dass wir, um in dieser Welt zurechtzukommen, in der die meisten Menschen anders denken, die Regeln der anders Denkenden lernen müssen.

Das Problem ist, dass sich niemand die Mühe macht, uns diese Regeln zu erklären – es wird einfach erwartet, dass auch wir sie »kennen«.

Natürlich lernen wir Manieren ... oder sollten sie zumindest lernen. Einfach ausgedrückt: Durch gute Umgangsformen fühlen sich die Menschen in unserer Nähe wohler. Die Umgangsformen geben anderen Menschen ein gutes Gefühl, wenn sie in unserer Nähe sind – was bedeutet, dass sie mehr in unserer Nähe sein *wollen*. Und? Wenn Leute in unserer Nähe sein wollen, ist es einfacher, Hilfe von Lehrkräften zu bekommen, Partner für Gruppenarbeiten oder Sportkameraden zu finden, eine Verabredung für den Abschlussball zu bekommen oder sogar für einen Job eingestellt zu werden. Nur denken, lernen oder spielen wir nicht wie andere Kinder. Deshalb verstehen wir »Manieren« – oder »geheime Regeln« – nicht so wie andere.

Was natürlich ist und was nicht

Gedankenblindheit

Unter »Manieren« versteht man im Allgemeinen die Traditionen oder Gepflogenheiten einer bestimmten Gruppe, die den Umgang der Menschen miteinander regeln. Ihr Zweck ist es, die soziale Interaktion reibungsloser und weniger chaotisch zu gestalten. Es geht weniger um das »Ich« und mehr um das »Wir«. Manieren ändern sich aber von Gesellschaft zu Gesellschaft.

Im Nahen Osten zum Beispiel gilt es als zutiefst beleidigend und unhöflich, einem anderen Menschen auch nur die Sohle seines Schuhs zu zeigen. In Japan ist es eine Beleidigung, wenn man beim Betreten eines Hauses die Schuhe nicht auszieht. In Bulgarien bedeutet ein Kopfnicken »Nein« und ein Kopfschütteln »Ja« – genau das Gegenteil gilt fast überall sonst. Argentinier erwarten, dass man etwa dreißig Minuten nach einer festgelegten Ankunftszeit ankommt; viele andere Kulturen würden diese Missachtung der Zeit als kostspielig und arrogant empfinden. Und in den Vereinigten Staaten verstößt das Überschreiten der Höchstgeschwindigkeit um fünf Meilen technisch gesehen gegen das Gesetz, wird aber auch erwartet und ist manchmal sogar schon notwendig, wenn man den Verkehr nicht aufhalten will.

Regeln sind relativ, von einem Ort zum anderen. Die Erwartungen ändern sich mit der Zeit und von einer Situation zur anderen (mit dem Handy zu telefonieren ist in Ordnung, aber nicht, wenn man damit das ganze Restaurant unterhält).

All diese Unschärfen können uns ganz schön verwirren. Ist jemand unhöflich oder nur sarkastisch? Oder sind sie sarkastisch *und* unhöflich? Argh! Warum können diese Dinge nicht einfach sein? Und warum sind diese lächerlichen »Regeln« ein Geheimnis für uns?

Meistens rühren unsere Schwierigkeiten von zwei Hauptproblemen her. Die erste heißt »Gedankenblindheit«. Das bedeutet, dass es uns furchtbar schwerfällt, den Standpunkt eines anderen Menschen zu verstehen. Sicher, wir glauben zu wissen, was der andere denkt ... aber in der Regel wissen wir es nicht, ohne ihn zu fragen.

Noch mal genauer formuliert: Gedankenblindheit bedeutet nicht, dass autistische Menschen gefühllos oder gleichgültig sind. Dieses schreckliche Klischee könnte nicht weiter von der Wahrheit entfernt sein! Sobald wir erfahren, dass jemand verletzt wurde, Angst hat oder allein ist, können wir die mitfühlendsten Menschen sein. Das ist Mitgefühl: Wir empfinden Kummer oder Mitleid mit dem Unglück eines anderen, und wenn wir diesen Kummer verstehen, fühlen wir ihn so sehr, dass es sich anfühlt, als hätten wir selbst fast körperliche Schmerzen.

Ich muss immer noch aufstehen und losrennen, um den Fernseher auszuschalten, wenn eine Werbung für die Hungerhilfe oder den Tierschutz läuft. Und Disney-Filme? Nun, sagen wir einfach, dass ich es einmal durch jeden Film schaffe. Wenn ich mich wirklich anstrenge. Aber wenn sich jemand einsam oder ausgeschlossen fühlt, kann mein Herz den Schmerz nicht ertragen, den ich empfinde. Mein eigener Sohn, ein Asperkid, tat dasselbe, als er klein war: Wenn er wusste, dass in einem Zeichentrickfilm die Gefühle einer Figur verletzen wurden, lief er weg. Mein Vater, der definitiv im Autismus-Spektrum war, verließ immer den Raum, wenn jemand weinte. Er war nicht kalt (obwohl ich sein Verhalten damals so verstand, dass ich zu viel für ihn war). Ich glaube, es war eher das Gegenteil. Er liebte mich, und die Gefühle waren einfach zu viel für ihn, um damit fertigzuwerden.

Was mich betrifft, so war mein erster Job nach dem College Sozialarbeiterin: Ich half Kindern in gewalttätigen Familien, später war ich Ansprechpartnerin für Schüler, die sich verloren, dumm oder ausgeschlossen fühlten. Der Außenseiter war immer mein Liebling und wird es wohl auch immer bleiben. Also lass dir nie von jemandem sagen, dass Menschen im Autismus-Spektrum keine Liebe für andere empfinden. Sie könnten sich nicht mehr irren. Wir sehen vielleicht so aus, als würden wir nichts fühlen, aber du und ich wissen, was in uns vorgeht.

Womit wir Schwierigkeiten haben, ist unsere Fähigkeit – oder der Mangel daran –, die Gefühle eines anderen genau zu erkennen, wahrzunehmen und zu teilen, ohne dass sie uns erklärt werden. So mitfühlend wir auch sein mögen, neurodiverse Menschen müssen in der Regel wirklich darüber nachdenken oder sich sogar direkt sagen lassen, was die Perspektive eines anderen sein könnte. Das ist etwas, das uns nicht von Natur aus bewusst ist. Das heißt nicht, dass wir schlecht, gemein oder gefühllos sind. Es bedeutet nur, dass wir über etwas nachdenken müssen, was Neurotypen einfach verstehen.

Auf der anderen Seite verstehen wir oft Dinge, über die sich NTs (Neurotypen) den Kopf zerbrechen, die sie studieren und verzweifelt versuchen müssen, auswendig zu lernen. Keines der beiden Gehirne ist besser. Es sind nur verschiedene Arten, auf die ein Gehirn arbeiten kann. Und so wie ein NT sich anstrengen muss, um überhaupt eine Chance zu haben, sich eine Zeitleiste, eine Gleichung oder Fakten zu merken, die du aus dem Stegreif weißt, müssen wir unsere Hausaufgaben machen, um die sozialen Regeln zu lernen, die unsere meist neurotypische Welt bestimmen.

Impulsivität – aka »ups«

Ich spreche aus persönlicher Erfahrung, wenn ich sage, dass wir, sagen wir mal, ein bisschen impulsiv sein können. Hast du schon einmal den Mund aufgemacht, genau das gesagt, was du nicht sagen wolltest, und dann den Rest des Tages damit verbracht, dich dafür zu schämen? Ich schon. Ständig.

Selbst wenn wir die Perspektive einer anderen Person erkennen und wissen, wie wir auf sie wirken, reagieren wir oft, bevor wir uns Zeit zum

Nachdenken nehmen. Und in der Regel kommen unsere impulsiven Äußerungen oder Verhaltensweisen nicht so an, wie wir es uns wünschen. Das sind dann unsere »Ups, ich habe schon wieder zu viel erzählt« oder »Ich kann nicht glauben, dass ich das gerade gesagt habe«, sozial unangenehme Momente.

Als meine Tochter klein war, habe ich ihr einen Trick mit Irrgärten beigebracht: Fang am Ende an und arbeite dich dann rückwärts vor. Wenn du weißt, wohin du gehst, kannst du deine Route viel besser planen. Das gilt für fast alles im Leben. Wenn du China besuchen willst, wird dir ein Reiseführer für Costa Rica keine große Hilfe sein. Wenn du ein fabelhaftes Abendessen zubereiten willst, hast du viel bessere Chancen, die notwendigen Zutaten im Supermarkt zu bekommen, wenn du weißt, dass das Endprodukt ein Curry mit Hähnchen und nicht Spaghetti bolognese sein soll.

Das ist einfach die Realität. Für uns ist es überhaupt nicht unmöglich, »gut mit anderen zu interagieren«, es erfordert nur viel mehr Überlegung, Strategie und Planung als bei den meisten NTs. Aber wenn wir nicht aufpassen, kann unsere Impulsivität unsere besten sozialen Bemühungen sabotieren, bevor wir richtig angefangen haben.

Lernen, mit »sozialer Leichtigkeit« zu sprechen

Nach all den Überlegungen, Planungen und Verwirrungen denkst du vielleicht: Warum sich die Mühe machen? Das ist alles einfach zu viel Arbeit. Ich verstehe das. Das habe ich auch schon erlebt. Manchmal geht es mir sogar immer noch so. Dass ich jemanden geheiratet habe, der ebenfalls im Autismus-Spektrum ist, ebenso wie unsere drei Kinder, erleichtert meinen Alltag ungemein. Wir verstehen einander, ohne viel erklären oder herausfinden zu müssen. Aber das war vorher, als ich aufwuchs, sicher nicht der Fall. Und es auch nicht der Fall, sobald ich aus der Tür gehe und auf andere Menschen treffe.

Die Wahrheit ist, dass du diese Regeln nicht lernen musst, wenn du es nicht willst. Es ist wirklich deine Entscheidung. Aber ... wie jede Entscheidung hat auch diese Konsequenzen. Wenn du Karriere machen willst, ein Date hast, eine Einladung ansteht, du mit Freunden oder sogar mit dem Rest deiner Familie auskommen möchtest, dann musst du deren Sprache lernen, die ich »soziale Leichtigkeit« nenne. Sicherlich werden wir immer einen »spektrumischen Akzent« haben, aber zumindest wirst du wissen, was du sagen sollst.

Stell dir vor, du ziehst in ein anderes Land und von dir wird erwartet, dass du dessen Sprache sprichst, die Bräuche kennst und jedes seiner superkomplizierten Gesetze befolgst – ohne dass es dir jemals jemand erklärt. Und wenn du es vermasselst, kannst du (und wirst wahrscheinlich) gefeuert, ausgelacht, ausgegrenzt, schikaniert oder sogar verhaftet werden. Wäre das fair? Nein, natürlich nicht.

Aber genau so ist es für uns, wenn wir versuchen, einer Reihe von geheimen sozialen Regeln zu befolgen, ohne das Regelwerk zu kennen. Für uns sind das keine Regeln, sondern Geheimnisse. Kein Wunder, dass wir uns so oft ausgeschlossen fühlen. Du wirst nicht einfach Dinge »wissen«, die nicht Teil der Art und Weise sind, in der du als Asperkid funktionierst … genauso wenig, wie ich plötzlich wissen werde, wie es ist, mit blonden Haaren aufzuwachen.

Sozialpsychologen versuchen das Ganze zu erklären. Sie sind Wissenschaftler, die untersuchen, wie Menschen interagieren und Beziehungen aufbauen, und sie verwenden schicke Begriffe wie »soziale Norm« (denk mal an »Norm« und »normal«), um verborgene Regeln zu beschreiben. Die Wissenschaftler sagen, dass Menschen sich gegenseitig beobachten und dann übereinander nachdenken. Diese Gedanken führen zu Gefühlen. Und dann agieren Menschen auf der Grundlage ihrer Gefühle. Es ist ein Kreislauf: Jeder Mensch im menschlichen Spektrum folgt diesem Muster – wir beobachten, denken, fühlen und handeln.

»Geheime« Regeln sind nur ein Teil dieser großen Ursache-Wirkungs-Beziehung. Wie »gut« du die Regeln befolgst (die Ursache), bestimmt, wie die meisten Menschen dich behandeln werden (die Wirkung). Wenn du tust, was andere von dir erwarten, wirst du von der Gruppe akzeptiert. Wenn du es anders machst, fühlen sich die Leute (Kinder und Erwachsene) bedroht, sie fühlen sich unwohl, schämen sich sogar oder haben Angst. Also flippen sie aus. Und alle möglichen unangenehmen Konsequenzen – Mobbing, Hänseleien, Streiche usw. – wirken wie eine Bestrafung. »Pass dich an, sonst …« ist die Grundbotschaft. Und das ändert sich auch nicht, wenn man erwachsen wird.

Halte das Kissen fest

Okay, wir sind bei unserem ersten »Halte das Kissen fest«-Moment angekommen. Ich weiß, du hast keine Ahnung, was das bedeutet. Eine befreundete Psychiaterin hat mir eine großartige Möglichkeit gezeigt, dies zu veranschaulichen. Sie bat ein Kind, sich vorzustellen, dass die kleinen Kissen auf ihrer Bürocouch wichtige – aber harte – Worte sind, die es sich anhören muss. Keine fiesen Worte. Keine Beleidigungen. Aber wahre Worte. Dann warf sie ihm die Kissen zu, eins nach dem anderen. Zunächst würden sie abprallen – das Kind würde sie nicht erwarten. Vielleicht würde das Kind die Kissen sogar zurückwerfen. Irgendwann würde sie sagen: »Fang es. Halte es fest.« Und das Kind würde das Kissen fangen festhalten. Das ist es, was wir alle können müssen – durchhalten und hören, dass wir uns vielleicht irren oder, wenn wir uns nicht irren, wir uns vielleicht nicht wirklich selbst helfen können.

Wir haben das »Soziale Leichtigkeit«-Wörterbuch nicht in unser Gehirn einprogrammiert; wir nehmen nicht ständig die »soziale Temperatur« eines Raums oder einer Situation wahr. Ohne sich dessen bewusst zu sein, beobachten neurotypische Menschen die Körpersprache und den Tonfall der anderen, um richtig zu erkennen, was andere über sie denken. Wenn sie merken, dass sie unangenehme oder verwirrende Gedanken oder Gefühle auslösen, können sie ihr eigenes Verhalten rechtzeitig ändern, damit sich alle wohl fühlen und zufrieden sind.

Für uns ist das jedoch keine natürliche Fähigkeit. Wir bemerken oder verstehen nicht, was andere über uns denken. Als ich aufwuchs, wurde ich schikaniert, gehänselt, ausgegrenzt … was auch immer. Das war nicht meine Schuld. Aber (ich halte hier das Kissen fest!): Wenn ich zurückblicke, kann ich erkennen, dass ich mir selbst nicht geholfen habe. Tatsächlich kann ich, festhalten, dass ich vieles, ohne es zu merken, getan habe, um nicht besserwisserisch, rechthaberisch, versnobt oder wie auch immer zu wirken. Im akuten Moment verstand ich aber nicht, wie ich andere Menschen dazu brachte, so über mich zu denken.

Wenn wir auf unerwartete Weise handeln, fühlen sich andere Menschen uns gegenüber unwohl (das kann sich in Frustration, Unsicherheit, Verlegenheit oder Verwirrung äußern). Und wenn sie sich unwohl fühlen, werden sie sich so verhalten, dass sie versuchen, die Person, die dieses Gefühl verursacht hat, dazu zu bringen, entweder zu verschwinden oder sich zu ändern.

Sie können sogar aggressiv werden, und sei es nur, um sich selbst das Gefühl zu geben, wieder die Kontrolle zu haben. Das ist der Punkt, an dem Mobbing einsetzt. Denk aber daran: Wenn du dich am Rande stehend, ausgeschlossen oder verletzt fühlst, ist das nicht dein Fehler. Punkt. Du hast nicht darum gebeten, und du musst es nicht einfach hinnehmen. Aber wenn es Dinge gibt, die du tust, soziale Regeln, die du, ohne es zu wollen, brichst – willst du darüber dann nicht Bescheid wissen? Vielleicht gibt es einige Dinge, die du tun kannst, damit sich alle von Anfang an wohler fühlen. Du sollst nicht ändern, wer du bist. Niemals. Für niemanden. Du wirst nur einige der »neurotypischen-Bräuche« lernen, die dein Leben in dieser großen, alten Welt ein bisschen einfacher machen.

Das (geheime) Regelbuch

Dieses Buch hat eine Vorgeschichte. Und es ist eine ziemlich wichtige Geschichte. Das Ganze begann kurz nachdem festgestellt worden war, dass ich mich im Autismus-Spektrum befinde. Ich unterhielt mich gerade mit einer Freundin, als ich plötzlich ein blaues Notizbuch hervorholte und wie wild zu kritzeln begann. Was ich da mache, wollte sie wissen. »Oh«, antwortete ich. »Nun, was du gerade gesagt hast, das war eine Regel. Eine soziale Regel. Ich weiß, dass sie für dich offensichtlich sind, aber für mich überhaupt nicht, also sammle ich sie.«

Als ich begriff, dass ich ein bisschen anders verdrahtet war, wurde mir klar, dass die meisten meiner heiklen, irgendwie peinlichen oder gelegentlich wirklich unangenehmen Momente im Leben dann eingetreten waren, wenn ich unwissentlich gegen eine ungeschriebene gesellschaftliche Regel verstoßen hatte. Da es nicht gerade Situationen waren, die ich wiederholen wollte, fing ich an, meine eigene Art von Wörterbuch zu erstellen. Ein Nachschlagewerk nur für mich. Ich studierte die Interaktionen zwischen Menschen. Ich reduzierte sie auf die einfachsten Wahrheiten – nur Tatsachen. Dann notierte ich alle neuen Informationen, die ich erhielt, und beobachtete, wie sich die Dinge entwickelten.

»Wow! Darüber solltest du ein Buch schreiben!«, rief meine Freundin mit breitem Grinsen im Gesicht. Und ich? Ich rümpfte die Nase und legte die Stirn in Falten. Mein erstes Buch wurde gerade gedruckt und stand noch nicht mal in den Regalen. Es war mir nicht in den Sinn gekommen, ein weiteres zu schreiben, zumindest nicht so bald. Und außerdem musste ich zweifelnd fragen: »Glaubst du, dass es überhaupt jemand lesen will?«

Das ist nun also dieses Buch.

Ein Jahrzehnt, Auszeichnungen und Zehntausende von Exemplaren in fünf Sprachen später ist die Antwort ganz klar: Ja, viele von uns brauchen dieses Buch mit den geheimen Regeln, und ja, wie viele von uns bin ich nicht immer die beste Richterin bei meinen eigenen Ideen. Deshalb möchte ich noch eine Regel hinzufügen, bevor wir anfangen: Auch wenn du denkst, dass es verrückt ist, höre zu, wenn jemand sagt: »Du kannst es schaffen. Die Leute werden sich interessieren.« Die Wahrheit darüber kann dein Leben völlig verändern. Fast unmittelbar nachdem ich mit dem Schreiben begonnen hatte, wollten meine Kinder ihre eigene Version der Regeln. Vor allem meine Tochter wies darauf hin, dass ich, wenn ich ihr eine Regel erklärte, diese immer mit einer Geschichte veranschaulichte. Diese sollten ihrer Meinung nach in das Buch einbezogen werden. Ich glaube übrigens nicht, dass es geschadet hat, dass die Geschichten mich (alias Mama) oftmals in einem weniger fabelhaften, oft eher peinlichen oder unangenehmen Moment darstellen. Keiner mag es, belehrt zu werden; mit meinen eigenen Geschichtsbeispielen möchte ich aber veranschaulichen, was ich meine. Schließlich habe ich eben alles selbst schon erlebt bzw. durchlebt. Äsop veranschaulichte seine Lehren mit Fabeln. Ich werde gleich eine ganze Schiffsladung peinlicher Geschichten als Beispiele heranziehen.

Ich biete dir hiermit … mich. Eine »Ich verstehe es, weil ich es selbst erlebt habe (und manchmal war es schön und manchmal nicht so sehr)«-Mentorin, eine Vertraute und eine Freundin. Ich bin kein Vorbild – falls das für dich »perfekt« oder »jemand, zu dem man aufschauen kann« bedeutet. Weißt du, ich bin genauso wenig ein Experte auf einer Bühne wie du! Und ich habe sicherlich noch nicht alles verstanden … aber wenn es dir nichts ausmacht, von jemandem zu lernen, der »Fehler« als Lektionen in sozial unbeholfener Verkleidung sieht, dann haben wir eine gute Zeit vor uns.

Gemeinsam werden wir die wichtigen Dinge anpacken. Die Dinge, die ich in deinem Alter gerne gewusst hätte – und die Dinge, die mich die Leute (von Jugendlichen bis zu Erwachsenen) am häufigsten fragen. Ich bin alles andere als perfekt. Ich kann nicht versprechen, dass jede Antwort fehlerfrei sein wird, aber ich kann – und werde – versprechen, dass jede Antwort ehrlich und ermutigend sein wird und von einer Person stammt, die aus erster Hand berichtet. Denn das hast du verdient. Das haben wir alle.

Ja, in vielerlei Hinsicht ist das Leben einfacher, wenn man »neurotypisch« ist. Dir etwas anderes zu erzählen, wäre eine Lüge. Und alles, wirklich alles, was ich dir sage, ist die Wahrheit. Vertraue darauf, dass in jedem Wort, das du liest, ein wissendes Lächeln steckt. Glaube bei jedem Thema, das wir anpacken, dass in jeder Zeile Wahrheit und Liebe enthalten sind. Meine Worte richten sich nicht an »sie«, sondern an dich – ich gebe dir eine Hand, die dir hilft, aufrecht zu stehen, und eine Stimme, die dich zu sich ruft. Jetzt gehören sie also auch zu dir: Nach sorgfältigen Beobachtungen (und einer ganzen Menge Schlamassel) sind dies einige der wichtigsten »geheimen sozialen Regeln«, die Asperkids kennen sollten.

Was kommt auf uns zu

139 MUSS-ICH-WISSEN-REGELN IN STICHPUNKTEN, auf die du jederzeit einen Blick werfen kannst, um dich daran zu erinnern.

30 MINI-KAPITEL ÜBER DIESE REGELN. Neurotypische Regeln ergeben für uns ohne Erklärung keinen Sinn, also übersetze ich sie für dich.

DIE POST-ITS sind superkurze, notizzettelgroße Hinweise, die keiner weiteren Erklärung bedurften, aber unbedingt gegeben werden mussten.

DIE ÜBUNGSSITZUNGEN sind sechs Comic-Geschichten, in denen du unsere Detektivarbeit in Aktion sehen kannst.

»DAS WARS DANN WOHL« ist die Art und Weise, wie ich dich in die Welt hinausschicken werde, mit dem Gefühl, stolz, bereit und großartig zu sein.

Jede einzelne »versteckte« oder »geheime« Regel ist etwas, von dem ich mir wünschte, jemand hätte es mir gesagt, als ich jünger war – etwas, das ich meinen eigenen Kindern beigebracht habe und das ich auch so gerne mit dir teilen möchte. Ich verspreche kein Leben mit Strand, Sonnenschein, Hündchen und Lollis. Vielleicht denkst du manchmal, dass du eine Regel im Griff hast, und dann ändern sich ein oder zwei Dinge, und hast direkt das Gefühl, dass du wieder am Anfang stehst. Das ist nicht schlimm. Das gilt sogar für neurotypische Menschen, das verspreche ich.

Einige Regeln mögen dir leicht erscheinen. Andere nicht. Nimm dir dieses Buch immer wieder zur Hand, lass dir Zeit, und verzeihe dir, wenn du Fehler machst. Wir alle vermasseln es immer wieder mal. Wenn du Perfektion suchst, wirst du sie in diesem Buch nicht finden. Was du finden wirst, ist eine Menge Ehrlichkeit von mir für dich. Und eine ganze Menge peinlicher Geschichten – meine eigenen. Ich bin zwar älter als du, aber ich bin dir sehr ähnlich. Ich werde dir nicht irgendwas predigen, als ob ich alles perfekt im Griff hätte. Ich glaube, wenn du dich schon auf den Weg machst und dir mutig anhörst, was ich zu sagen habe, dann hast du es verdient, über einige meiner unangenehmen Geschichten zu lachen.

Die ehrliche Wahrheit ist, dass du vielleicht auch mit einer bestimmten »Regel« oder gesellschaftlichen Erwartung nicht einverstanden bist. Ich erinnere mich, dass ich einmal einen umfangreichen Geschichtsaufsatz darüber geschrieben habe, warum ich die Aufsatzfrage selbst für falsch hielt. Hier kommt die Idee von »Es ist, wie es ist« ins Spiel. Manchmal ist eine Regel einfach so. Und dann hat man die Wahl. Du kannst sagen: »Wie auch immer« und weggehen … solange du bereit bist, die Konsequenzen zu tragen. Andernfalls ist es, wie es ist. Ob es dir gefällt oder nicht, die Regel ist die Regel.

Du. Ich. Uns. Für immer.

Am wichtigsten ist, dass du nicht versuchst, jemand zu sein, der du nicht bist. Niemals. Erinnerst du dich, was ich darüber gesagt habe, dass ich mich immer wie eine Angeberin, eine Betrügerin fühle? Das ist eine furchtbare Art zu leben. Die nachfolgenden Regeln werden dich nicht – Simsalabim! – in einen Neurotyp (NT) verwandeln. Und das ist auch gut so. Ein Asperkid zu sein ist nichts, was man verstecken muss – im Gegenteil, es ist etwas, worüber man lachen kann und worauf man sogar stolz sein kann. Es bringt dich in die Gesellschaft von Persönlichkeiten wie Elon Musk, Bill Gates und Greta Thunberg.

Information führt in den meisten Fällen zu Verständnis. Meine Kinder und ich haben festgestellt, dass es der richtige Weg ist, offen und ehrlich darüber zu reden, wer wir sind und wie wir funktionieren. Vielleicht möchtest du einen Sozialarbeiter oder den Psychologen an deiner Schule bitten, vor der Klasse über Autismus zu sprechen. Darüber, dass das Gehirn einfach anders funktioniert – nicht besser oder schlechter, nur anders. Du weißt ja selbst: Wir können uns sehr gut auf etwas konzentrieren, das uns wichtig ist, aber ansonsten sind wir vielleicht ein bisschen zerstreut oder brauchen unseren Freiraum. Die Therapeutin meiner Tochter kam zu einem Vortrag in ihre Klasse, und die Schüler (und Lehrkräfte) wussten das sehr zu schätzen. Die Kinder nannten sie sogar »mutig« und erzählten Geschichten über Menschen im Autismus-Spektrum in ihren eigenen Familien.

Wenn Leute gut darauf reagieren, etwas über Autismus zu erfahren, dann sind das Menschen, die du in deiner Nähe haben willst. Wenn sie alles andere als freundlich sind, solltest du deine Zeit lieber mit anderen Leuten verbringen. Du hast, wie jeder andere, Respekt verdient. So zu tun, als ob man normal wäre, ist nicht nur anstrengend, sondern auch traurig. Sei also so, wie und wer du bist, ohne dich zu entschuldigen, und nutze die Regeln, um mit allen um dich herum so gut wie möglich zurechtzukommen.

Wie auch immer du dich entscheidest: ob du erzählen willst, dass du im Autismus-Spektrum bist oder nicht, es ist deine Entscheidung. Denk nur daran, dass es bei diesen Regeln nicht – ich wiederhole *nicht* – darum geht, so zu tun, als wärst du jemand anders als du selbst. Sie sollen dir – nun ja, uns – helfen, mehr Vertrauen in die Freundschaften zu haben, die wir schließen, und in die Menschen, die wir sind. Wenn du zum Beispiel aus Deutschland kommst und nach Österreich ziehst oder umgekehrt, wirst du mehr oder weniger dieselbe Sprache sprechen, aber immer mit einem anderen Akzent. Wir verlieren aber nie unsere Identität. Wir lernen nur, uns besser zu verständigen. Man muss nicht jeden mögen, und egal, was man tut, nicht jeder wird einen mögen. Wir müssen jedoch alle lernen, »nett zu spielen«, wenn das Leben uns zusammenbringt. Und es wird uns immer wieder mit anderen zusammenbringen.

Nachdem du dieses Buch gelesen hast, lies es noch einmal. Die Erfahrung wird dir immer wieder dieselbe Lektion erteilen, bis du lernst, was du lernen musst. Hast du schon einmal Spielplätze gesehen, deren Boden mit weichem, recyceltem Gummimaterial bedeckt ist? Die Welt ist nicht so. Sie ist vielmehr aus hartem Asphalt. Irgendwann wirst du stolpern und fallen und dir das Knie aufschürfen. Du wirst Fehler machen. Und was machst du dann? Dort sitzen bleiben? Weinen? Schreien? Ich möchte, dass du stattdessen aufstehst, den Schotter abstreifst und weitergehst. Wenn du sieben Mal stolperst und fällst, stehst du sieben Mal wieder auf. Und betrachte mich als deine helfende Hand – etwas, an dem du dich festhalten kannst, um dich hochzuziehen.

In der ersten Auflage meines Regelbuchs ist ein Sprichwort abgedruckt. Es lautet: »Gerade als die Raupe dachte, alles sei vorbei, breitete sie ihre Flügel aus und wurde ein Schmetterling.« Es gab viele Momente in meinem Leben, in denen ich mir wünschte, ich könnte mich in ein Loch verkriechen. Es gibt immer noch einige Erinnerungen, die mich jetzt, Jahre später, zusammenzucken lassen. Aber ich bin noch nie vor Verlegenheit oder Scham gestorben. Du bist nicht anders. Wie die Raupe haben wir ohne eine Ausgabe der Regeln keine Ahnung, was uns erwartet. Aber wenn man uns das Regelbuch gibt, das alle anderen haben, haben wir die Chance zu fliegen.

Wenn du dich am Ende an keine der anderen folgenden Regeln erinnern kannst, lerne sie bitte – schreibe sie auf ein Stück Papier, klebe sie an deinen Badezimmerspiegel, was auch immer du tun musst – präge sie dir ein.

Muss-ich-wissen-Regeln in Stichpunkten

1. Beharrlichkeit bedeutet Hingabe, auch wenn man es ab und an in aller Öffentlichkeit vermasselt und Fehler macht.
2. Fähigkeiten entwickeln sich im Laufe der Zeit, nicht über Nacht.
3. Alles ist schwer, bevor es leicht wird.
4. Scheitern tut weh. Aber es ist der beste Weg, um zu lernen.
5. Wenn du das Gefühl hast, in deinen Fehlern gefangen zu sein, ist das der Zeitpunkt, an dem du kreativ werden musst.
6. Erfolg ist das, was man tut, wenn – und nicht falls – man scheitert.
7. Der größte Fehler, den du machen kannst, ist, dass du zu viel Angst hast, einen Fehler zu machen.
8. Wann immer du denkst, dass du dich bedanken solltest, solltest du das vermutlich auch tun.
9. Ein »Danke« ist eine Belohnung, die dazu ermutigt, ein bestimmtes Verhalten fortzusetzen.
10. Wenn wir die Worte oder Taten anderer nicht anerkennen, wirken wir wenig wertschätzend.
11. »Bemerken, sagen, danken« ist der einfache Schritt-für-Schritt-Prozess, um Menschen wissen zu lassen, dass sie wichtig sind.
12. »Es tut mir leid« müssen nicht die schwersten Worte sein, die man sagen muss. Aber sie gehören zu den wichtigsten.
13. Entschuldigungen machen nicht eine Person zum Gewinner und die andere zum Verlierer.
14. Eine gute Entschuldigung sagt, was falsch gelaufen ist, welche Gefühle verletzt wurden und was stattdessen hätte geschehen sollen.
15. Ein einziger Fehler lässt eine Freundschaft nicht zerbrechen.
16. Vergeben ist nicht gleichbedeutend mit Vergessen.
17. Recht zu haben ist nicht immer das Wichtigste, auch wenn es sich so anfühlt.

18 Die Art und Weise, wie du einen Fehler korrigierst (in aller Bescheidenheit, unter vier Augen), ist ebenso wichtig wie die Frage, ob du ihn korrigierst.

19 Niemand möchte von Gleichaltrigen korrigiert werden.

20 Korrigiere niemals einen Erwachsenen oder eine Autoritätsperson, es sei denn, es handelt sich um einen Notfall.

21 Zu wissen, wann, wie und ob man jemanden auf einen Fehler hinweisen sollte, ist nicht einfach, aber möglich.

22 Hervorragend sein zu wollen ist gut. Sich verbessern zu wollen ist großartig. Perfekt sein zu wollen ist arrogant.

23 Perfektionismus macht jeden noch so großen Erfolg wertlos angesichts eines einzigen Misserfolgs.

24 Unser Perfektionismus wirkt auf andere Menschen wie lästige, selbstgefällige Überlegenheit.

25 Andere Menschen wollen sich mit dir identifizieren können. Niemand kann sich mit »perfekt« identifizieren.

26 Es kann schwierig sein, den Unterschied zwischen spielerischem Necken, gemeinen Hänseleien und versehentlichen Verletzungen zu erkennen.

27 Manchmal nehmen wir uns selbst superernst. Das ist nicht dasselbe wie, »zu sensibel« zu sein.

28 Frage dich: Vertraue ich der Person, die mich ärgert?
Würde sie mich wirklich verletzen wollen?
Vielleicht kommunizieren wir falsch.

29 Jeder möchte sich gehört fühlen und wissen, dass er wichtig ist.

30 Zeige, was du weißt, und zwar nach und nach, damit jeder zu Wort kommen kann.

31 Um für andere Menschen interessant zu sein, muss man sich zunächst für sie interessieren.

32 Du musst deinen ganzen Körper einsetzen, um jemandem zu zeigen, dass du wirklich zuhörst (denke daran: Die andere Person kann nicht erkennen, dass du aufmerksam bist, wenn du es nicht zeigst).

33 Techniken des reflektierenden Zuhörens helfen dir, konzentriert zu bleiben und eine starke Verbindungen zu anderen Menschen aufzubauen.

34 Komplimente an andere sind keine Beleidigung für dich.
35 Die Fähigkeit, aufrichtige Komplimente zu machen, ist der sicherste Weg, ebenfalls welche zu erhalten.
36 Konkrete Komplimente sind am stärksten.
37 Nimm Komplimente mit einem Lächeln und einem »Danke« an.
38 Führungspersönlichkeiten hören sich die Ideen anderer an und respektieren sie. Ihr Verstand ist biegsam wie gekochte Spaghetti.
39 Ein starrer Denker zu sein (»Mein Weg ist der einzig richtige Weg«) ist wie ungekochte Spaghetti. Man zerbricht (oder bricht zusammen), wenn man aufgefordert wird, sich zu ändern.
40 Das Einzige, was sicher ist, ist Veränderung.
41 Wenn wir die Welt nur so handhaben können, wie wir sie erwarten, werden wir zerbrechen wie ungekochte Spaghetti.
42 Gruppenarbeit ist eine lebenslange Erfahrung – sie endet nicht mit dem Ende der Schulzeit.
43 Wie du etwas sagst, ist genauso wichtig wie das, was du sagst.
44 Anders ist nicht gleich falsch. In der Regel gibt es mehr als einen Weg, ein Problem gut zu lösen.
45 Jeder hat das Gefühl, der wichtigste und interessanteste Mensch der Welt zu sein.
46 Sag nicht immer, was du sagen willst oder was du fühlst. Frage dich, was die andere Person fühlen könnte. Und gehe auch darauf ein.
47 Niemand mag Kritik, aber nichts verbessert sich ohne sie.
48 Schwarz-Weiß-Denken (also ungekochte Spaghetti) kann es schwer machen, Kritik wirklich anzunehmen.
49 Alte Wunden, die durch Mobbing entstanden sind, können dazu führen, dass sich Kritik wie ein echter Angriff anfühlt, auch wenn niemand darauf aus ist, uns zu verletzen.
50 Wir müssen in der Lage sein, »das Kissen festzuhalten«, um zu lernen und als Mensch zu wachsen.
51 Kritik kann dich runterziehen. Sie kann dich aber auch aufbauen.
52 Nimm Kritik von Menschen, denen du nicht vertraust, nicht zu persönlich. Suche sie bei Menschen, denen du vertraust.

53 Je defensiver du auf Kritik reagierst, desto wahrscheinlicher ist es, dass sie wahr ist.

54 Atmen tief ein und aus, »halte das Kissen fest«, höre zu und lerne.

55 Vermeide Kritik, wenn du kannst.

56 Wenn die Kritik nett, wahr und notwendig ist, muss man sie trotzdem gut verpacken.

57 Bleibe positiv und konkret, und biete immer eine Lösung an.

58 Kritisiere eher Ideen und Handlungen als Personen.

59 Verpacke alles zwischen aufrichtig gemeinten Komplimenten, sodass es nicht nur Kritik hagelt.

60 Menschen meinen nicht immer, was sie sagen, vor allem, wenn sie um eine vermeintlich ehrliche Meinungen gebeten werden.

61 Die meisten Menschen glauben, dass Lügen falsch ist, es sei denn, sie wollen die Gefühle anderer nicht verletzen oder einen guten Eindruck hinterlassen.

62 NTs erzählen häufig Notlügen – das ist schwierig zu verstehen für Leute im Autismus-Spektrum, die fast alles für bare Münze nehmen.

63 Vertraue nur denen, die dein Vertrauen verdient haben. Sonst wirst du ausgenutzt.

64 Taktgefühl bedeutet zu wissen, wie, wann oder ob man sagt, was man denkt.

65 Ehrlich zu sein bedeutet nicht, jeden Gedanken auszusprechen, der einem durch den Kopf geht.

66 Bevor du etwas sagst, frage dich selbst: Ist es die Wahrheit? Ist es gut oder freundlich? Ist es sinnvoll oder notwendig?

67 Wir nehmen die Dinge oft wörtlich – aber NTs sprechen nicht immer wörtlich. Was sie sagen und was sie meinen, ist nicht immer dasselbe.

68 Es ist in Ordnung, verwirrt zu sein. Wir sind nicht so verdrahtet, Sprache so zu verstehen, wie andere sie verwenden.

69 Stelle dir ein Team von vertrauenswürdigen, geduldigen NT-»Beratern« zusammen. An sie kannst du dich wenden, wenn du dich in einer sozialen Situation unsicher fühlst.

70 Extremes Schwarz-Weiß-Denken lässt uns oft glauben, dass die Probleme viel größer sind, als sie tatsächlich sind.
71 Innerhalb von Sekunden können wir von Sorgen-Level 1 auf Sorgen-Level 100 springen. Das hilft niemandem, vor allem nicht uns selbst.
72 Keine Panik. Atme tief durch. Betrachte die Schritte in deiner »Verkettung von Katastrophen« – und frage dich: »Warum sollte das nicht passieren?«
73 Ermutige dich selbst, indem du dir Schritte vorstellst, die du unternehmen kannst, um die Dinge zu verbessern.
74 Alle Konflikte haben eine Vorgeschichte. Es ist an der Zeit zu handeln, bevor es zu Zusammenbrüchen kommt.
75 Wir brechen zusammen, weil wir uns überfordert fühlen.
76 Wir müssen klar kommunizieren und Probleme lösen, wenn wir ruhig sind. Keiner hört zu, wenn wir schreien.
77 Unser Körper gibt uns Signale, bevor es zu einem Zusammenbruch kommt. Achte darauf und entscheide dich, proaktiv zu reagieren.
78 Stelle dich auf eine Reizüberflutung ein und nutze deine Bewältigungsstrategien, um dich zu entspannen und deine Energie umzulenken.
79 Morgen ist ein neuer Tag.
80 »Hygiene« kommt von »Hygieia«, dem Namen der altgriechischen Göttin der Gesundheit (die beste Freundin der Göttin der Liebe und Schönheit).
81 Um gesund zu sein, muss man frisch sein.
82 Die Wahrheit ist: Die Menschen werden dich danach beurteilen, wie du dich präsentierst.
83 Unordnung und verlottertes Aussehen vermitteln den Eindruck, dass du unorganisiert und unverantwortlich bist.
84 Wenn du frisch und ordentlich aussiehst, ist es angenehmer, in deiner Umgebung zu sein, und du bist attraktiver für andere.
85 Körperpflege sollte privat stattfinden und besprochen werden.
86 Die Gedankenblindheit hindert uns daran, die Grenzen zwischen unseren Ideen, Gefühlen, Körpern und Besitztümern und denen anderer Menschen zu erkennen.

87 Die Gefühle anderer Menschen sind für sie genauso real wie deine eigenen für dich.

88 Wenn wir diese unsichtbaren Grenzen überschreiten, fühlen sich andere bedroht, verletzt oder beleidigt.

89 Um sich dann vor weiteren Unannehmlichkeiten zu schützen, stoßen sie »Außenseiter« weg.

90 Lernen wir, wo die Grenzen liegen, wird dies dazu beitragen, dass sie sich in unserer Nähe wohl fühlen und uns gut behandeln.

91 In der Welt gibt es viele unsichtbare Grenzen für Freundschaften.

92 Du musst genau wissen, was ein Freund ist, und nicht nur, was ein Freund *nicht* ist.

93 Wähle die Menschen in deinem Leben sorgfältig und bedacht aus.

94 Freundschaften sind nicht perfekt, weil Menschen nicht perfekt sind. Selbst wahre Freunde machen manchmal Fehler.

95 Eine wertvolle Freundschaft ist eine, die dir das Gefühl gibt, du selbst zu sein.

96 Freundschaften haben verschiedene Ebenen. Sie zu kennen, hilft uns zu wissen, wem wir vertrauen können und wie sehr wir der Person vertrauen können.

97 Es ist besser, ohne einen Freund zu sein, als von jemandem, der sich als Freund ausgibt, schlecht behandelt zu werden.

98 Halte Freundschaften und Gespräche in einem ausgewogenen Verhältnis; zu starkes Auftreten bereitet anderen Unbehagen.

99 Freundschaften erfordern mehr Aufmerksamkeit, je wichtiger sie werden.

100 Dating hat für verschiedene Menschen unterschiedliche Bedeutungen.

101 Sprich selbst mit der Person, die du mögen könntest. Bitte niemanden, es für dich zu tun.

102 Wenn du jemandem sagst, dass du ihn magst, dann sag es ihm unter vier Augen und auf eine Art und Weise, die nicht rumgezeigt werden kann – also nicht per SMS oder Online-Nachricht.

103 Teile keine Fotos oder Videos, die du nicht unbedingt jedem zeigen möchtest.
104 Ablehnung fühlt sich oft persönlich an, ist es aber nicht.
105 Sage niemals jemandem, dass du ihn magst, nur weil die Person dich mag oder weil du Mitleid mit der Person hast.
106 Ein Kompliment ist nur ein Kompliment. Interpretiere nicht irgendetwas hinein. Fühle dich dadurch nicht zu irgendwas verpflichtet.
107 Wenn du jemanden magst und er oder sie dich auch mag, bedeutet das nicht, dass ihr sofort ein Paar seid oder dass ihr heiraten werdet.
108 Negativität stößt ab. Positives zieht an.
109 Die eigenen Stärken und Bedürfnisse zu kennen, ist wie eine Superkraft.
110 Wut ist eine Emotion, die nur ein Pflaster ist. Sie ist real – aber die Wunde, die du heilen musst, liegt unter der Wut.
111 Wir lehren andere, wie sie uns behandeln sollen. Wir müssen uns selbst respektieren, bevor sie uns respektieren.
112 Selbstbestimmung bedeutet, die eigenen Rechte in aller Ruhe klar zum Ausdruck zu bringen.
113 Den eigenen Wert danach zu beurteilen, wie viele Menschen einen »mögen«, ist ein Rezept für Misserfolg.
114 Du musst dich selbst am meisten respektieren.
115 Würde zu haben bedeutet, dass du nicht mit etwas oder jemandem interagierst, der dich erniedrigt.
116 Wenn du glaubst, dass du würdig und stark bist, wirst du dieser Wahrheit gerecht werden. Wenn du glaubst, dass du der Liebe oder des Glücks unwürdig bist, wirst du auch dieser Wahrheit gerecht.
117 Selbstvertrauen und Würde gehören zu den attraktivsten Eigenschaften, die man haben kann.
118 Bevor du jemandem eine SMS oder E-Mail schickst, frage dich selbst: Stimmt das, was ich schreibe? Ist die Nachricht freundlich oder gut? Ist sie nützlich oder notwendig?

119 Die Menschen auf der anderen Seite des Computers sind real, mit echten Gefühlen, echten Meinungen und echten Reaktionen. Die Gefühle, Meinungen und Reaktionen, die sie online zeigen, sind allerdings möglicherweise nicht echt.

120 Was du schreibst, textest oder postest, wird immer copy-paste-fähig, zitierfähig, teilbar und rückverfolgbar sein.

121 Nicht alle Freunde sind gleich. Online gibt es unterschiedliche Freundschaftsebenen.

122 Vermeide es, wichtige Gespräche über den Beginn oder das Ende von Beziehungen, medizinische Diagnosen oder andere wichtige Lebensereignisse zu texten.

123 Halte die Zahl der Kontakte beim Schreiben von Nachrichten, E-Mails, SMS oder Posts ausgeglichen;
Gegenseitigkeit gilt auch online.

124 Menschen im Spektrum sehen Schönheit in Einzelteilen;
NTs ziehen es vor, sich auf das Gesamtbild zu konzentrieren.

125 Die Welt erwartet von uns, dass wir den Grundgedanken oder das große Ganze verstehen.

126 Aktives Zuhören und Signalwörter helfen dir, den Hauptgedanken deines Gegenübers zu verstehen.

127 »Handlesen« kann dir helfen, den Hauptgedanken in einem Text zu finden.

128 Du musst in der Lage sein, Informationen genau aufzunehmen, um deine eigenen Ideen und Meinungen zu untermauern.

129 Autisten sind oft ein bevorzugtes Ziel für Mobber, weil wir anders sind und uns oft nicht wehren können.

130 Petzen ist dazu gedacht, jemanden in Schwierigkeiten zu bringen. Erzählen ist dazu gedacht, jemandem zu helfen (auch sich selbst).

131 Du bist nur für das verantwortlich, was du tust. Sei nicht der »Polizeibeamte«, solange niemand verletzt werden könnte oder schikaniert wird.

132 Bei Mobbing geht es darum, dir Stärke zu nehmen. Wenn du drüber sprichst, erlangst du sie zurück.

133 Über deine Fehler zu lachen ist nicht dasselbe wie über dich als Person zu lachen.

134 Die NT-Welt betrachtet das Lachen über die eigenen Fehler als eine der »höchsten« Arten von Humor.

135 Eine Handlung mag lustig sein. Eine Person ist es nicht. Der Witz ist, was du getan hast, und nicht, wer du bist.

136 Mache dich nicht über deinen eigenen Schmerz lustig, nur damit es nicht so schlimm ist, wenn andere dich verletzen. Das funktioniert nicht, und es kostet dich Selbstachtung.

137 Diejenigen, die über sich selbst lachen können, wirken sicher, selbstbewusst, stark und sympathisch.

138 Eine Person, die sich nicht scheut, sich selbst zu veräppeln, schafft eine Verbindung zu allen Zuhörern.

139 Niemand kann über dich lachen, wenn du bereits lachst.

Von einem (wenn auch erwachsenen) Asperkid zum anderen:

> **—— Du bist genau so, wie und wofür du bestimmt bist. Du magst Fehler machen, aber du bist kein Fehler.**
> **Und die Welt ist schon besser, nur weil du da bist. ——**

Was du wissen musst, um die Regeln zu verstehen

2

Wie man eine Glühbirne nicht baut

Warum alles schwer ist, bevor es leicht wird

Asperger-Logik

Hast du schon einmal ein Kleinkind beobachtet, das gerade laufen lernt? Das ist eine sehr ungeschickte Angelegenheit. Egal, wie stark oder stabil es ist, egal, wie klug oder koordiniert es zu sein scheint, jedes kleine Kind fällt hin. Und zwar oft. Es gibt viele aufgeschürfte Knie und aufgebissene Lippen. Und plötzlich ist alles im Haus darauf ausgerichtet, einen Besuch in der Notaufnahme zu verhindern. Windeln dienen als Polster für den Hintern, überall tauchen plötzlich Babygitter auf, Tischecken werden mit Schaumstoffpuffern abgedeckt. In Katalogen werden Baby-Sturzhelme und sogar Mini-Ellbogen- oder -Knieschützer angeboten. Es gibt sogar »professionell zertifizierte Babysitter« (ich meine das völlig ernst, Leute), die für jeweils mehrere Tausend Dollar versprechen, Kleinkinder zu hüten und zu schützen, während sie, nun ja, in ihren Häusern herumtollen.

Ja gut, wir haben's alle verstanden. Laufen zu lernen ist ein besonderer Moment im Leben, eine enorme Aufgabe und sehr ungraziös. Und jetzt?

Nun, hier ist meine Frage an dich: Erinnerst du dich daran, wie du laufen gelernt hast? Nein, natürlich nicht. Und doch hast du es offensichtlich irgendwann getan. Und es war ein großes Ereignis für dein kleines Baby-Ich (das war eine ernsthafte Übung und kein bisschen frustrierend). Du wolltest irgendetwas Glänzendes oder einen Keks greifen. Du wolltest nicht warten, bis dir jemand dein Lieblingskuscheltier holt oder liebstes Spielzeug reicht. Du wolltest es, und zwar jetzt. Du wolltest Teil des Spaßes sein. Vielleicht wolltest du deinem Hund oder deinem Bruder folgen. Es mag Zeiten gegeben haben, in denen du dir vor Frustration die Seele aus dem Leib geschrien hast. Vielleicht hast du aber auch nur dagesessen und darüber nachgedacht und versucht, deine nächste waghalsige Flucht aus dem Kinderbett zu planen. Was auch immer du getan hast, Tatsache ist, dass du lange Zeit nicht laufen konntest, egal wie sehr du es wolltest.

Die Sache mit dem Laufen war auch für alle, die in der Nähe zusahen, eine große Sache – die Menschen, die sich um dich kümmerten, dir aufhalfen, wenn du stolpertest, und dich anfeuerten, wenn du es wieder versuchtest. Vielleicht haben sie sogar gefilmt, wie du dich hochgezogen hast, an den Möbeln entlanggelaufen bist, vorsichtig versucht hast, das Gleichgewicht zu halten … und dann auf die Nase gefallen bist. Wieder und wieder. Irgendwann warst du jedoch stark genug und hattest genug Erfahrung darin, was man *nicht* tun sollte, um das Gleichgewicht für einen oder sogar zwei Schritte zu halten. Und innerhalb weniger Tage oder Wochen wurde aus dem wackeligen Trippeln ein »Frankenstein-artiges« Watscheln und dann ein lächerlich schnelles (wenn auch überhaupt nicht koordiniertes) Laufen, das deine Eltern wahrscheinlich wieder in Angst und Schrecken versetzte.

Wenn man sich den letzten Teil anschaut, könnte man meinen, dass das Baby-Du sich praktisch über Nacht von einem Krabbeltier, das auf dem Boden liegt, in ein verrücktes kleines Marathonkind verwandelt hat. Aber das ist nicht der Fall. Denk nur an die Gesichtsbremsen und die aufgesprungenen Lippen, die Schutzgitter und den geprellten Hintern. Nein, das war kein Erfolg über Nacht. Er war hart erkämpft und erarbeitet – von einem kleinen Kind, ja, aber eine Leistung, die aufgrund deines Alters nicht weniger wert oder bewundernswert ist.

Deshalb brauchst du dich nur an deinen ersten Triumph zu erinnern, um dich an die Regel zu erinnern: Alles ist schwer, bevor es leicht wird. Das gilt für das Gehen, das Sprechen, das Fahrradfahren, das Autofahren, das Multiplizieren von Zahlen, das Konjugieren unregelmäßiger Verben und die Quantenmechanik, Verabredungen, Vorstellungsgespräche und alles, was sonst noch dazugehört. Das Leben im Allgemeinen erfordert Ausdauer. Und das bedeutet nicht nur, dass man sich lange Zeit engagiert. Beharrlichkeit bedeutet Hingabe, auch wenn man in aller Öffentlichkeit großen Mist baut. Es bedeutet, auf die Nase zu fallen und verletzt zu werden. Sich völlig gedemütigt zu fühlen, wenn man von jemandem (oder allen) gesehen wird, wie man stolpert. Mit in die Unterwäsche gestecktem Rock auf eine Party gehen (okay, das wäre mir vielleicht schon passiert), dann darüber hinwegzukommen, nicht wegzulaufen sondern dranzubleiben und es noch einmal zu versuchen.

Wie eine meiner Lieblingsfiguren im Fernsehen sagte: »Wenn du nicht bereit bist, dumm auszusehen, wird dir nie etwas Großartiges passieren.«

Talentshows im Fernsehen machen eine riesige Industrie daraus, Leute zu Superstars zu machen. Natürlich zeigen sie nicht die Vorgeschichte – stundenlanger Musikunterricht, das Üben von Tonleitern oder das Auslachen hinter der Bühne. Sie zeigen all das nicht, weil es langwierig und nicht besonders spannend ist. Aber diese holprigen Tage sind passiert. Denn alles ist schwer, bevor es leicht wird. Können bzw. Fähigkeiten entwickelt sich mit der Zeit, nicht über Nacht.

Geduldig zu sein kann wirklich schwer sein – vor allem, wenn es darum geht, was wir von uns selbst erwarten. Hast du schon mal an einer neuen mathematischer Gleichung getüftelt und warst am Ende total wütend auf dich selbst, oder hast die Nerven verloren, weil du eine neue Lektion nicht sofort verstanden hast? Hast du mal versucht, Seilspringen zu lernen, und warst der/die Einzige in der Klasse, der/die den Dreh nicht rausbekam? (Hier hebe ich die Hand.) Normalerweise wollen Asperkids dann aufgeben ... oder schreien ... oder sie flippen einfach bei jedem aus, der ihnen in den Weg kommt.

Warum aber sollten wir sofort wissen, wie man etwas gekonnt macht? Wie kommt es, dass wir glauben, dass wir – anders als alle anderen – keine Zeit und Mühe investieren müssen, bevor wir etwas tun (oder vielleicht sogar fabelhaft erreichen) können? Die Antwort ist natürlich, dass wir nicht alles beim ersten Versuch gut machen können. Und das sollten wir auch nicht von uns erwarten.

Alles ist schwer, bevor es leicht wird … aus einem bestimmten Grund. Wenn du durchhältst, wenn du dich peinlich berührt, enttäuscht oder frustriert fühlst, dann hält die Zeit, die du zum Lernen brauchst, etwas für dich parat. Etwas, das man auf keine andere Weise erreichen kann. Charakter und Kreativität. Unverwüstlichkeit und Widerstandsfähigkeit. Winston Churchill, diese große, hartnäckige Kraft, sagte einmal: »Erfolg ist nicht endgültig, Misserfolg ist nicht tödlich; es ist der Mut, weiterzumachen, der zählt.«[1] Als du ein Baby warst, wurden deine Beine stärker, weil du immer wieder aufstehen musstest. Deine Arme wurden beweglicher, weil du dich immer wieder hochziehen musstest. Deine Reflexe wurden schneller, weil du erfahren hast, wie es sich anfühlt, zu fallen. Also, ja, bei dieser Regel geht es zum Teil darum, netter zu sich selbst zu sein und Fehler zu verzeihen. Und zum Teil geht es darum, die Vorstellung zu verwerfen, dass alle anderen denken, man müsse alles beim ersten Mal richtig machen. Das tun sie nicht (wirklich) und das solltest du auch nicht (wirklich).

Irgendwoher kommt diese verrückte Idee in unseren Köpfen, dass kluge Leute oder coole Leute oder Leute, die es einfach wert sind, dass man sie um sich hat, nicht versagen. Falsch. Auch sie tun es. Glückliche Menschen, zufriedene Menschen … sie lassen einfach keinen Fehler als letztes Wort zu. Der größte Fehler, den man machen kann, ist, dass man zu viel Angst hat, einen zu machen.

Ein »Nein« oder ein »Du hast unrecht« oder eine völlige öffentliche Demütigung – so schrecklich sie sich auch anfühlen mögen (und ich stimme dir zu, dass sie sich schrecklich anfühlen) – kann dir die Chance geben, Dinge zu tun, dir vorzustellen und zu sein, die du dir nie vorgestellt hast. Gib dir ein wenig Zeit, um zu sehen, was passieren kann. Wenn du dich in deinen Fehlern gefangen fühlst, ist das genau der Zeitpunkt, zu dem du anfangen musst, kreativ zu werden. Dann kannst du das Genie, das in dir steckt, wirklich erkennen.

Tatsache ist, dass jeder, wirklich jeder, Fehler macht. Sogar scheitert. Das ist nicht entscheidend dafür, wer im Leben Erfolg hat und wer nicht. Viele Menschen entwickeln durch frühe Erfolge ein falsches Selbstvertrauen und glauben, dass ihnen alles leicht fallen wird. So wie ich es beim Tanzen getan habe.

Ich habe im Alter von zwei Jahren mit dem Tanzen begonnen und war von Anfang an richtig gut darin. Es war ein wunderbares Gefühl, und ich konnte ohne große Anstrengung alles tun, was meine Lehrer verlangten, und noch mehr. So war es für mich ziemlich schnell selbstverständlich, dass Tanzen für mich immer ein Kinderspiel sein würde. Dann, etwa im Alter von dreizehn Jahren, hatte ich die Chance, für meine erste Off-Broadway-Gruppe vorzutanzen. Alle im Raum waren älter als ich, ihre Körper füllten die Trikots ganz anders aus, und sie schienen einfach herumzulaufen, als gehörte ihnen der Laden. Ich war kurz davor, durchzudrehen.

Daher ist es wahrscheinlich keine große Überraschung, dass ich erstarrte, als die Choreografin uns in Trios aufteilte, uns die Schrittfolge zeigte, die wir sofort aufnehmen sollten, und uns dann losließ, um ihr zu zeigen, was wir konnten. Ich kann mich nicht einmal mehr daran erinnern, ob ich einen Sprung oder eine Drehung geschafft habe. Ich weiß nur, dass ich weinend aus dem Raum rannte. Ich war nicht verärgert darüber, dass ich es nicht in das Tanzensemble geschafft hatte, oder darüber, dass ich mich vor allen anderen lächerlich gemacht hatte (okay, vielleicht ein bisschen darüber – obwohl das wahrscheinlich allen mal passiert ist).

Nee. Ich war gedemütigt und wütend und zornig auf mich selbst, weil ich es nicht sofort richtig gemacht hatte, wie ich es immer zuvor getan hatte und wie es andere Leute an diesem Tag getan hatten.

Was ich allerdings nicht wusste, war Folgendes. Ja, ich konnte genauso gut tanzen wie jedes dieser älteren Kinder. Meine Lehrerin hätte mich sonst nicht zum Vortanzen eingeladen. Aber was sie mir voraushatten, waren Zeit und Erfahrung. Die Erfahrung, an mehr Proben, Vortanzen und Aufführungen teilgenommen zu haben. Die Erfahrung, es zu versuchen und nicht genommen zu werden, die Erfahrung, die Entschlossenheit zu spüren und es dann noch einmal zu versuchen. Ihre Misserfolge machten sie zu besseren Tänzern. Vielleicht nicht technisch. Aber in Bezug auf Selbstvertrauen, Reife und Anmut auf jeden Fall.

Also änderte ich meinen Spielplan. Beim nächsten Vortanzen bereitete ich mich wie verrückt vor – und bekam die Hauptrolle … eine Rolle, die mein Leben in millionenfacher Hinsicht zum Besseren verändert hat … eine Rolle, für die ich nie vorgetanzt hätte, wenn ich die erste bekommen hätte.

Also, der Unterschied zwischen denjenigen, die ihre Träume erreichen, und denen, die sie nicht erreichen, liegt nicht darin, wie gut man anfängt. Erfolg ist das, was du tust, wenn – und nicht falls – du scheiterst. Diejenigen, die sich immer wieder aufrappeln, die es immer wieder versuchen, werden triumphieren. Einer der berühmtesten Spieler in der Geschichte des amerikanischen Baseballs (mein Lieblingssport) war Babe Ruth von den New York Yankees. Als er 1935 in den Ruhestand ging, hatte er mehr Homeruns geschlagen als jeder andere Spieler – ein Rekord, der sich bis 1961 hielt. Außerdem hatte er die meisten Strikeouts. Hätte sich Ruth jedoch von all seinen Misserfolgen ablenken lassen, hätte er nie weitergespielt – und wäre in seiner Zeit nie zu einer Legende geworden.

Willst du noch mehr Beweise dafür, dass man nicht gleich ein Versager ist, wenn man es mal vermasselt? Alles klar. Hier sind ein paar berühmte Beispiele von »Verdächtigen«, die anfangs nicht alles richtig gemacht haben, aber am Ende doch alles richtig gemacht haben:

- Henry Ford: Ja, er erfand schließlich die in Amerika hergestellten Autos (neben anderen Dingen), aber der Gründer der Ford Motor Company verlor fünf Mal sein gesamtes Geld, bevor er Erfolg hatte.
- Thomas Edison: Sein Lehrer sagte ihm, dass er zu dumm sei, irgendetwas zu lernen. Bevor er eine funktionierende Glühbirne erfand, scheiterte er tausende Male. Aber Edison sagte, all das seien keine Fehlschläge gewesen. Zeitungen der damaligen Zeit berichteten, dass er darauf bestand: »Wir kennen jetzt 1000 Möglichkeiten, wie man eine Glühbirne nicht baut.«[2] Scheinbar war Edison doch gar nicht so dumm.
- Emily Dickinson: Als eine der berühmtesten amerikanischen Dichterinnen aller Zeiten gelang es ihr zu Lebzeiten nur, ein paar Dutzend Gedichte zu veröffentlichen. Dennoch hörte sie nicht auf zu schreiben, solange sie lebte … und dank ihrer unermüdlichen Arbeit sind heute mehr als 1800 ihrer abgeschlossenen Werke gedruckt.

Muss-ich-wissen-Regeln

- Beharrlichkeit bedeutet Hingabe, auch wenn man es ab und an in aller Öffentlichkeit vermasselt und Fehler macht.
- Fähigkeiten entwickeln sich im Laufe der Zeit, nicht über Nacht.
- Alles ist schwer, bevor es leicht wird.
- Scheitern tut weh. Aber es ist der beste Weg, um zu lernen.
- Wenn du das Gefühl hast, in deinen Fehlern gefangen zu sein, ist das der Zeitpunkt, an dem du kreativ werden musst.
- Erfolg ist das, was man tut, wenn – und nicht falls – man scheitert.
- Der größte Fehler, den du machen kannst, ist, dass du zu viel Angst hast, einen Fehler zu machen.

- Bill Gates: Wusstest du, dass er sein Studium in Harvard abgebrochen hat und bei der ersten Gründung eines Computerunternehmens komplett scheiterte? Traf-O-Data ist nicht gerade ein bekannter Name, nicht wahr? Mit der Microsoft-Sache scheint er allerdings ziemlich gut gefahren zu sein.
- Albert Einstein: Er konnte bis zum Alter von vier Jahren nicht sprechen und bis zum Alter von sieben nicht lesen (er war Legastheniker) und wurde schließlich von der Schule verwiesen. Ich nehme aber mal an, dass der Nobelpreis für die Veränderung des gesamten Verständnisses der modernen Physik und der Struktur des Universums all das wieder wettgemacht hat.

Das ist der Wert der Lernkurve. Wenn uns alles auf Anhieb leichtfiele, würden wir unsere Erfolge, Siege, Fähigkeiten und Talente als selbstverständlich ansehen. Ganz zu schweigen davon, dass wir wenig Respekt vor den Menschen (du weißt schon, Einstein und Freunde) hätten, die die Zeit und Mühe investiert haben, die wir nicht hatten.

Niemand hat immer Erfolg. Niemand. Was manche Menschen besonders mutig macht, ist ihr Wille, es weiter zu versuchen und niemals aufzugeben.

Wenn du also das nächste Mal versuchst, ein Fremdwort vor der Klasse auszusprechen, und es verpatzt, kannst du aufatmen. Deine Stimme bricht bei der Chorprobe weg? Das ist nicht schlimm. Du versuchst beim Karate einen Doppelsprung mit Frontkick und landest direkt auf dem Rücken? Du wirst es überleben. Es gibt keine Schutzgitter mehr an deiner Treppe, oder? Nö. Irgendwann hast du laufen gelernt. Und irgendwann wirst du dieses Wort sagen, diese Note treffen, diese Bewegung hinbekommen. Und du wirst ein viel stärkerer Mensch sein, weil du es auf dem Weg dorthin immer wieder mal vermasselt hast.

3 Die Regel des Töpfchentrainings

Wissen, wann ein »Danke« erwartet wird

Asperger-Logik

Dass Bitte und Danke zu sagen einfach zum guten Ton gehört, weißt du schon von klein auf. Und das stimmt auch. Aber jetzt bist du älter und das bedeutet, dass »Danke« viel mehr bedeutet als nur höflich zu sein. Zum richtigen Zeitpunkt und auf die richtige Art und Weise »Danke« sagen zu können, ist eine wichtige unausgesprochene Regel, auf der viel beruht.

Juchhu. Ich kann praktisch sehen, wie du mit den Augen rollst. Die nächste Regel, bitte – weiter geht's. Gib mir nur eine Sekunde. Jeder, wirklich jeder, hat es verdient, geschätzt zu werden und sich wichtig zu fühlen. Und genau das bewirkt ein gutes »Danke«.

Betrachten wir ein »Dankeschön« als eine Belohnung. So beschreiben es eigentlich Sozialwissenschaftler. Wirklich. Im Grunde genommen geht es darum, dass du, indem du erstens deine Wertschätzung und deinen Respekt zeigst, zweitens positive Gefühle in der anderen Person hervorrufst und drittens ihr spezifisches Verhalten verstärkst (sei weiterhin nett zu mir!). Mit anderen Worten: Wenn du dich bedankst, werden die Leute in Zukunft wieder freundlich zu dir sein wollen.

DANKE!
STOP

Nun, Autisten haben genauso gute Manieren wie alle anderen. Es ist nicht so sehr der Akt des Dankesagens, den wir verpassen. Wir verpassen den Schritt davor. Oft merken wir gar nicht, wofür wir uns überhaupt bedanken sollten.

Experten sagen, dass eine der am meisten vergessenen sozialen Fähigkeiten die einfache Wertschätzung ist. Auf die Worte oder Handlungen anderer zu achten, kann für Asperkids (und Erwachsene) sehr schwierig sein. Und es ist sogar noch schwieriger, sich daran zu erinnern, nach Gedanken und Bemühungen hinter den Worten und Handlungen zu suchen und sie zu erkennen.

Angenommen, du hast ein neues Videospiel und bist gerade dabei, das höchste Level zu erreichen, das du je gespielt hast. In diesem Fall fühlt sich der Ruf an den Esstisch nicht wie eine Einladung an, Zeit und Essen miteinander zu teilen. Er fühlt sich wie eine Störung an. Du willst das Spiel nicht beenden müssen. Das bedeutet, dass du wahrscheinlich nicht mit Freude wahrnehmen wirst, dass vor dir ein warmes Essen steht, das tatsächlich nicht von einem »Lebensmittelreplikator« produziert worden ist. Jemand hat das Geld für das Essen verdient und sich die Zeit genommen, die Mahlzeit zu planen, einzukaufen und zuzubereiten. Das ist allerdings sehr schwer zu bemerken, wenn man nur an das Videospiel denken kann. Oder wenn du in dein neuestes Lego-Meisterwerk vertieft bist, ist es dir vielleicht egal, dass dein Vater seinen Tagesplan umgestellt hat, um dich zur Schule fahren zu können. Wenn es Zeit ist, aus dem Haus zu gehen, bist du einfach frustriert, aufhören zu müssen.

Auch wenn niemand deine Gefühle jemals als falsch bezeichnen wird, ist es durchaus möglich, dass die andere Person nicht alles miteinbezieht. Wir haben die Angewohnheit, nur auf unsere Erfahrungen zu reagieren, ohne die Gefühle der anderen zu berücksichtigen. Wenn wir uns über etwas beschweren, das sich wie eine Unannehmlichkeit anfühlt, übersehen wir vielleicht, dass jemand tatsächlich etwas Nettes für uns getan hat. Die »Belohnung« für eine nette Geste sollte ein echtes »Danke« sein, keine »Es geht nur um mich«-Tirade.

Die Sache ist die, dass neurodiverse Menschen ein wenig mehr auf sich selbst bezogen sind als der durchschnittliche NT. Das heißt, es fällt uns schwerer, von unseren eigenen Gedanken und Erfahrungen zurückzutreten. Wir sind ein wenig mehr in unserem Kopf, unseren eigenen Interessen und unserem eigenen Leben gefangen. Wenn man genau hinschaut, neigen wir sogar dazu, das Wort »ich« ziemlich oft zu benutzen. Für andere Menschen sieht das wie Arroganz oder Egozentrik aus. Das ist es aber nicht. Egozentrisch und arrogant bedeutet, dass man sich für wichtiger hält als andere. Das tust du aber nicht. Und ich auch nicht. Normalerweise liegt unser Problem darin, dass wir daran erinnert werden müssen (oder lernen müssen, uns daran zu erinnern), unsere eigenen Gedanken überhaupt erst einmal hinter uns zu lassen.

Keine Schuldzuweisung. Ich verstehe das vollkommen. Wir sind nicht undankbar, wir sind nur sehr vertieft. Wenn ich ein Buch in den Händen halte (was seit den E-Readern die ganze Zeit der Fall ist), ist das Letzte, was ich tun möchte, … nun ja, irgendetwas. Ich bin zufrieden in meiner eigenen Welt. Aber Tatsache ist, dass meine eigene kleine Welt nicht die Welt ist, die mich bezahlen, lieben, ernähren oder beherbergen wird. Wenn wir einbezogen, gemocht, eingestellt oder zu irgendetwas oder irgendjemandem eingeladen werden wollen, dann ist es ein absolutes Muss zu lernen, wie und wann man sich aufrichtig bedankt. Eine »nicht-optionale soziale Konvention«. Und warum?

EIN WIRKLICH GUTES DANKESCHÖN IST, WIE WIR ANDEREN ZEIGEN, DASS:

- wir verstehen, dass sie sich dafür entschieden haben, freundlich zu uns zu sein.
- Wir anerkennen, dass ihre Ressourcen (Geld, Zeit usw.) anderweitig eingesetzt werden könnten.
- wir zu schätzen wissen, dass wir ihnen wichtig sind.

WENN WIR UNS NICHT BEI ANDEREN BEDANKEN (UND SEI ES NUR, WEIL WIR ES VERGESSEN), DENKEN NTs, DASS:

- es uns egal ist, was uns gegeben oder für uns getan wurde.
- wir egozentrisch sind.

- wir das Geschenk oder den Gebenden nicht zu schätzen wissen und uns das alles nicht interessiert.

Und das Ergebnis? Die Freunde beschließen, dass wir ihre Energie nicht mehr wert sind. Sie werfen uns aus Gruppen raus und meiden uns gegebenenfalls komplett. Familienmitglieder und Lehrkräfte fühlen sich unwichtig und sind nicht mehr bereit, uns weiterhin zu helfen. Um es klar zu sagen: Wir sind auf uns allein gestellt.

Was als kleines »Dankeschön« begann, entpuppt sich schließlich als ziemlich große Sache. Also lass uns diese schwer zu fassenden Erwartungen in drei kleine Schritte aufteilen.

Beobachten, erzählen, danken

Achte zuerst darauf, wenn jemand Zeit mit dir verbringt oder Geld für dich ausgibt. Das hätte die Person nicht tun müssen. Es war eine Entscheidung, die sie getroffen hat, weil sie dich wertschätzt.

Zweitens, erzähle ihr, welches Gefühl ihre Zuneigung in dir ausgelöst hat. Dieses Gefühl war das echte Geschenk. Du weißt nicht, was du sagen sollst? Versuche es erst einmal mit einem dieser Worte:

— »Ich fühlte mich ....
wegen/weil/wenn ....«
Beispiel: »Ich habe mich gefreut, als du mich eingeladen hast.« —

Gefühlswörter

besser als »zufrieden«	besser als »gut«	besser als »nett«
glücklich	behaglich/wohl	eingebunden
wichtig	ermutigt	selbstbewusst
froh	heiter/fröhlich	stolz
dankbar	beruhigt	aufgeregt

Drittens: Danke der Person in Worten und Taten. Denke daran: Nur weil du dich innerlich dankbar oder glücklich fühlst, heißt das nicht, dass die Menschen um dich herum das wissen. Es sei denn, du sprichst es aus:

— »Danke für .... Ende mit: »Danke, dass du mich einbezogen hast.« —

Die Töpfchen-Regel

Nehmen wir an, jemand hat deine Lieblingssendung aufgenommen, eine Hausarbeit für dich erledigt oder dir einen Platz beim Mittagessen reserviert. Vielleicht hat die Person dir einen guten Rat gegeben oder sich für dich eingesetzt, als du Hilfe gebraucht hast. Diese Person hat sich Mühe gegeben, um dich in ihrem Leben zu halten oder dich glücklich zu machen. Vielleicht hat deine Mutter Geld für eine Aktivität ausgegeben, die du magst, statt für etwas für sich selbst. Das sind die kleinen Dinge, die insgesamt sehr wichtig sind.

Da diese Freundlichkeiten eine stille Art und Weise sind, »Ich mag dich« zu sagen, kann man sie leicht überhören. Meine Familie hat einen »Dankeschön«-Leitfaden entwickelt, der auf einer Kindersendung zum Töpfchentraining basiert (mach einfach mal mit). In der Sendung riet ein Teddybär einem anderen: »Wann immer du denkst, dass du gehen musst, musst du es wahrscheinlich auch.« Und weißt du, was ich entdeckt habe? Die Töpfchen-Regel funktioniert bei vielen Dingen. »Danke« ist eine davon.

> **—— Wann immer du denkst, dass du DANKE sagen solltest, solltest du es wahrscheinlich auch tun. ——**

Die Wahrheit ist, dass wir, wenn wir die Worte oder Taten anderer nicht anerkennen, den Eindruck erwecken, dass wir sie nicht zu schätzen wissen und undankbar sind. Das stimmt aber überhaupt nicht. Nimm dir also die Zeit, dich umzusehen und zu bemerken, wer und was dein Tag ein wenig schöner, ein wenig leichter gemacht hat. Und wenn du denkst, dass du dich vielleicht bedanken solltest, dann solltest du das auch tun. Du kannst dabei nie etwas falsch machen. Versuche einfach, eine »Spur klei-

Muss-ich-wissen-Regeln

- Wann immer du denkst, dass du dich bedanken solltest, solltest du das vermutlich auch tun.
- Ein »Danke« ist eine Belohnung, die dazu ermutigt, ein bestimmtes Verhalten fortzusetzen.
- Wenn wir die Worte oder Taten anderer nicht anerkennen, wirken wir wenig wertschätzend.
- »Bemerken, sagen, danken« ist der einfache Schritt-für-Schritt-Prozess, um Menschen wissen zu lassen, dass sie wichtig sind.

Kleine Motivationssätze für dich

Langsam und stetig gewinnt die Freude.

Gehe nicht einfach durch ein eine schwierige Situation hindurch. Wachse dadurch.

Wenn du Leute siehst, die dich anstarren, gehe einfach davon aus, dass sie sich Notizen dazu machen, wie man genial sein kann.

Unterschiedlich verdrahtet bedeutet verschiedene Arten von Wild-Wunderbar.

ner Funken der Dankbarkeit« zu hinterlassen. »Du wirst überrascht sein, wie sie überall kleine Flammen der Freundschaft entfachen werden.«[3]

Aber auch wenn du dein neues »Dankbarkeitsradar« eingeschaltet hast, kann es sein, dass du es manchmal immer noch vermasselst. Das ist in Ordnung. In diesem Fall sind die andere große Worte sehr hilfreich: »Es tut mir leid.« In den meisten Fällen funktioniert die Töpfchen-Regel allerdings.

4 Es tut mir leid

Die schwierigsten Worte

Asperger-Logik

Du hast wahrscheinlich schon gehört, dass wir Menschen im Autismus-Spektrum die Welt in Schwarz und Weiß sehen (habe ich vorhin ja auch schon geschrieben). Nicht im Sinne von Schwarz-Weiß wie in alten Filmen, sondern im Sinne von hoch oder tief, innen oder außen, alles oder nichts. Menschen sind jedoch nicht so einfach gestrickt. Genauso wenig wie die Art und Weise, wie sie miteinander auskommen. Wenn jemand die Gefühle eines anderen verletzt – sei es aus Versehen oder nicht –, muss Reparaturarbeit bzw. Wiedergutmachungsarbeit geleistet werden, wenn die beiden Menschen weiterhin miteinander auskommen wollen.

In einer Welt des Entweder-oder, des Richtig oder Falsch, ist eine Seite der Gewinner und die andere der Verlierer. Kein Wunder, dass es uns so schwerfällt, uns zu entschuldigen. Wer will schon der Verlierer sein? Richtig? Falsch. Sich zu entschuldigen bedeutet nicht, dass man ein Verlierer ist, es bedeutet, dass die Beziehung zur anderen Person wichtiger ist als das eigene Ego.

DAS IST EIN BISSCHEN
ÜBERTRIEBEN,
MEINST DU NICHT?
ES TUT
MIR
SO
UN-
ENDLICH
LEID

Warum ist es so wichtig, »Entschuldigung« zu sagen?

Stelle dir eine gute Beziehung wie eine Waage im Gleichgewicht vor. Beide Seiten sind gleichwertig. Wenn eine Person die andere verletzt, »stiehlt« sie im Grunde etwas von deren Glück. Die Waage ist dann schief. Wenn die Beziehung wieder ins Gleichgewicht kommen soll, muss man die Dinge wieder in Ordnung bringen. Das ist die Entschuldigung.

Und obwohl sich niemand gerne entschuldigt, habe ich das Geheimnis hinter dieser Regel gelernt: Wenn man sich entschuldigt, ist das kein Zeichen dafür, dass man schwach oder ein Verlierer ist. Eigentlich ist genau das Gegenteil der Fall.

Entschuldigungen sind nicht einfach, weil sie es nicht sein sollten. Wenn wir uns entschuldigen, sollten wir uns unwohl fühlen. Vielleicht sogar nervös oder verunsichert. Deshalb sind Entschuldigungen, wenn sie ernst gemeint sind, so wirkungsvoll. Es ist unangenehm, zuzugeben, dass wir die Gefühle von jemandem verletzt haben. Es ist auch unangenehm, »das Kissen festzuhalten« und uns unserem weniger-als-besten Selbst zu stellen. Wir sind nicht weniger wert als andere, aber wir sind auch nicht mehr wert als andere.

Und jetzt eine Geschichte aus »Das ist mein Asperger-Leben«

Es war Nachmittag, als meine Mutter auf den Parkplatz fuhr. Sie hatte sich ein wenig verspätet, um eine Freundin und mich von einem Einkaufsbummel abzuholen, weil sie beim Friseur gewesen war. Die Dinge waren offenbar nicht so gelaufen wie sonst, und als sie vorfuhr, hätte ich zwei Dinge sofort bemerken müssen: Ihr Gesicht war gerötet und ihre Stimme klang komisch. Aber ich habe es nicht bemerkt. Ich war zu sehr damit beschäftigt, eine Freundin an meiner Seite zu haben. Ich weiß nicht, was mit meiner Mutter beim Friseur passiert ist, aber sie murmelte etwas davon, dass sie mit dem Friseur oder dem Schnitt nicht zufrieden war. Und ja, es sah wirklich schrecklich aus.

Ohne darüber nachzudenken, machte ich einen Spruch wie »Ich kann verstehen, warum du sauer bist« und kicherte zu meiner Freundin. Ich wollte witzig und cool sein, schätze ich. Ich wollte sie beeindrucken (eine wirklich dumme Idee). Und jetzt kann ich mich nicht einmal mehr daran erinnern, wer dieses Mädchen war. Aber ich kann mich an die Reaktion meiner Mutter erinnern. Sie fing an zu weinen. Ich hätte nie gedacht, dass es ihr so unangenehm sein könnte wie mir, wenn Kinder über mich lachten. Aber offensichtlich war es das.

Manchmal merken wir, dass wir etwas falsch gemacht haben, sind uns aber nicht sicher, was. In anderen Fällen, wie in diesem schrecklichen Moment, vermasseln wir es einfach total. Vielleicht sind diese Entschuldigungen die einfachsten sein – es bestand kein Zweifel daran, wer in diesem Fall im Unrecht war. Aber ich wollte nicht der Verlierer sein. Und ich habe mich wirklich sehr geschämt. Mein Stolz stand mir im Weg, die Dinge richtigzustellen. So oft, wie man sich über mich lustig gemacht hatte, hatte ich meiner armen Mutter dasselbe angetan. Also argumentierte ich, dass sie überreagiert habe. Dass ich es nicht böse gemeint hätte. Aber ich wusste die ganze Zeit, dass ich den eigentlichen Fehler gemacht hatte.

Die Sache ist die: Es ist sehr, sehr wichtig, sich zu entschuldigen und es auch so zu meinen. Wir müssen uns bei den Menschen, die uns nahestehen, sicher fühlen. Wir müssen wissen, dass es ihnen wichtig ist, wie wir uns fühlen, und dass sie bereit sind, ihre Fehler zuzugeben. Aber es ist auch wichtig, dass sie sich bei uns sicher fühlen. Wenn wir keine Verantwortung für unsere Fehler übernehmen können oder wollen, geben wir anderen das Gefühl, dass sie uns nicht vertrauen können … und damit gewinnen wir keine Freunde.

Eine wirklich gute Entschuldigung zeigt, dass es dir wichtiger ist, die Dinge richtigzustellen, als recht zu haben.

Eine gute Entschuldigung?

Eine gute Entschuldigung muss am richtigen Ort und mit den richtigen Worten erfolgen, um die richtige Wirkung zu erzielen.

Was ist der richtige Ort?

Allein unter vier Augen. Was auch immer falsch gelaufen ist, geht nur dich und die andere Person etwas an und das sollte auch so bleiben. Bitte darum, persönlich unter vier Augen zu sprechen (vermeide auf jeden Fall SMS oder einen Video-Anruf).

Was ist der richtige Weg?

Damit eine Entschuldigung etwas bedeutet, muss man verstehen, was man getan hat und warum man sich entschuldigt. Anders ausgedrückt: Du musst den Standpunkt der anderen Person sehen (auch wenn du nicht unbedingt mit ihr übereinstimmst).

Oh. Warte mal. Diese ganze Sache mit dem Verstehen der Gefühle von jemand anderem? Das ist Empathie, richtig? Ja, genau. Fallstrick-Alarm! Da es uns schwerer fällt, Körpersprache oder Tonfall zu deuten, merken wir oft gar nicht, dass wir etwas Verletzendes getan haben. Das macht es wirklich schwer, die Verantwortung für einen Fehler zu übernehmen oder um Vergebung zu bitten.

Wenn du glaubst, dass jemand wütend auf dich ist, aber du nicht weißt, warum, frage nach. Vielleicht hast du Angst vor der Antwort, vielleicht stimmst du ihr nicht einmal zu. Aber nicht zu wissen (oder so zu tun, als wüsstest du es nicht), warum die andere Person verletzt ist, lässt das Problem nicht verschwinden – es macht es nur noch schlimmer. Das Gleiche gilt, wenn man zu ängstlich oder zu stolz ist, sich zu entschuldigen. Scheue dich nicht davor, auf die Person zuzugehen und um ein Gespräch zu bitten. Wenn du siehst, dass du einen Fehler gemacht hast, unternimm etwas dagegen. Wenn du mit dem Auto fährst und merkst, dass du die Ausfahrt verpasst hast, würdest du dann einfach weiterfahren? Nein. Du würdest die nächste Ausfahrt nehmen, umdrehen und auf die richtige Straße zurückkehren. Und genau das musst du auch bei Menschen tun.

In einem meiner Lieblingsbücher, »All I Really Need to Know I Learned in Kindergarten« (Fulghum 2004), erinnern uns kleine Kinder daran, dass wir alle wichtigen Dinge schon vor langer Zeit gelernt haben.

Zu den Lektionen, die sie mit uns teilen, gehören: »Sei fair ... räum dein eigenes Chaos auf« und »Sag, dass es dir leidtut, wenn du jemanden verletzt hast«. Wenn kleine Kinder das können, können wir es auch.

Die bewährte Entschuldigungsformel

- Sag: »Es tut mir leid.« Gib es zu. Erfinde keine Ausreden und versuche nicht, dich aus der Sache herauszuwinden. Du tust das, um die Dinge in Ordnung zu bringen.
- Beschreibe nun, was du getan hast. Sei dabei so klar und genau wie möglich – so weiß die andere Person, dass du zugehört und ihre Version der Ereignisse gehört hast.
- Bonuspunkte! Wie würdest du dich fühlen, wenn die Rollen umgedreht wären? Mit großer Wahrscheinlichkeit fühlt dein Gegenüber jetzt genau das. Sprich diese Emotionen aus.
- Beteuere, dass du so etwas nicht wieder tun wirst. Und meine es auch so. Wenn du sagst, dass du den Fehltritt nicht wiederholen wirst, aber die gleiche Sache immer wieder tust, tut es dir nicht wirklich leid.
- Bitte um Vergebung. Vergebung bedeutet nicht, dass der Fehler vergessen ist oder dass der Schmerz vorbei ist – das braucht Zeit. Vergebung bedeutet, dass die andere Person dich versteht und dir glaubt, dass es dir wirklich leidtut.

In meinem Fall hätte ich zum Beispiel Folgendes sagen können (ich wünschte, hätte es getan): »Mama, es tut mir leid, dass ich mich über deinen Haarschnitt lustig gemacht habe und dich vielleicht auch in Verlegenheit gebracht habe. Ich werde dich nicht mehr ärgern. Kannst du mir bitte verzeihen?«

Und umgekehrt gilt dasselbe: Wenn du jemandem so wichtig bist, dass er sich aufrichtig entschuldigt, solltest du diese Entschuldigung annehmen. Denke an die Gefahren des Schwarz-Weiß-Alles-oder-nichts-Denkens:

— Ein Fehler lässt eine Freundschaft nicht zerbrechen. —

Du machst Fehler, ich mache Fehler. Ein gelegentlicher Fehler bedeutet nicht, dass wir entbehrlich sind (Gott sei Dank!).

Manchmal reicht »Es tut mir leid« nicht aus

Es gibt ein paar besondere Situationen, in denen »Es tut mir leid« nicht ausreicht:

- Wenn man sich in einer Beziehung oft entschuldigen muss, ist sie wahrscheinlich nicht sehr gesund.
- Wenn jemand um Verzeihung bittet, dich aber weiterhin immer wieder verletzt, tut es ihm nicht wirklich leid, egal wie sehr er behauptet, es versuchen zu wollen. Vergeben ist nicht dasselbe wie Vergessen oder der Fußabtreter von jemandem zu sein.
- Erinnere dich an die Regel »Keine Ausreden«. Wenn sich eine andere Person entschuldigt, dann aber einen Weg findet, dir die Schuld für den Fehler zu geben, den sie gemacht hat, ist das ein No-Go. Du bist niemals dafür verantwortlich, wenn jemand anders dich verletzt. Niemals.
- Und zu guter Letzt, lass dir das von jemandem sagen, der es selbst erlebt hat: Niemand hat das Recht, dich zu verletzen oder dir Angst zu ma-

chen – egal aus welchem Grund. Keine Entschuldigung deckt das ab. Keine Ausreden oder Erklärungen. Punkt.

Freunde zu finden ist nicht annähernd so schwer, wie sie zu halten, habe ich festgestellt. Für das eine braucht man ein paar Gesprächsanfänge oder ein gemeinsames Interesse. Das andere erfordert Mühe, Zeit und viel anhaltende Aufmerksamkeit. In vielen Fällen weiß man erst dann, dass man einen echten Freund gefunden hat, wenn man eine schwierige Zeit hinter sich hat und sie gemeinsam überwunden hat. Es braucht einen großen Charakter, um diese kleinen, sehr kraftvollen Worte zu sagen: »Es tut mir leid.« Und es braucht ein Gegenüber, das sie hört und annimmt. Und wenn alles gesagt ist, lasst die Sache hinter euch. Morgen ist ein neuer Tag.

Muss-ich-wissen-Regeln

- »Es tut mir leid« müssen nicht die schwersten Worte sein, die man sagen muss. Aber sie gehören zu den wichtigsten.
- Entschuldigungen machen nicht eine Person zum Gewinner und die andere zum Verlierer.
- Eine gute Entschuldigung sagt, was falschgelaufen ist, welche Gefühle verletzt wurden und was stattdessen hätte geschehen sollen.
- Ein einziger Fehler lässt eine Freundschaft nicht zerbrechen.
- Vergeben ist nicht gleichbedeutend mit Vergessen.

5 Die »Beharrlichkeit« der »Behaarlichkeit«

Recht haben vs. eingebunden werden

Asperger-Logik

Für Menschen mit Autismus müssen Worte genau sein. Fakten müssen wahr sein. Oder gültig. Oder zumindest nicht falsch. Alles andere ist wie Nägel auf einer Kreidetafel oder das Geräusch von aneinanderreibenden Styroporblöcken. Es kratzt und ist kaum zu ignorieren.

Ein Onkel in meiner Familie hatte eine Sammlung von Sammelfiguren aus Keramik, die in den 1950er- und 1960er-Jahren sehr beliebt waren. Meistens sind es kleine Kinderfiguren mit Kopftüchern, Schals und Holzschuhen … und es sind keine Spielzeuge. Frag mal ein Kind, das jemals ein Haus besucht hat, in dem jemand Keramikfigürchen sammelt, und es weiß Bescheid. Man fasst sie nicht an, die Figuren.

Nun, Onkel Charles hatte solche Figürchen. Sie reihten sich in seinen hohen Regalen aneinander, perfekt arrangiert, aber auf jeden Fall außer Reichweite. Nur waren sie nicht hoch genug. Denn wenn Kinder zu Besuch kamen, schlich sich immer jemand an die Sammlung, griff nach oben … und drehte eine Figur um. Nur um ihn zu ärgern. Ein einziges, winziges Figürchen außerhalb der sonst so akribisch arrangierten

DAS NAVI SAGT, DASS WIR IN ZWANZIG MINUTEN ENDLICH DA SIND.
Z Z Z
ACHTZEHN MINUTEN UND ZWEIUNDDREISSIG SEKUNDEN ... ABER WER ZÄHLT SCHON MIT?

Keramikkinder war so irritierend wie das kleine Etikett im Nacken eines neuen Hemdes.

Für uns geht es nicht darum, derjenige zu sein, der recht hat, sondern darum, dass die Dinge so sind, wie sie sein sollten.

Neurotypische Menschen verstehen das nicht wirklich. Sie sehen, dass wir alle möglichen anderen sozialen Regeln brechen, um die oberste Autismus-Regel, die Wahrheit, durchzusetzen. Wenn du also eine Lehrerin korrigierst, die dich bittet, deinen Mantel wegzulegen, und du antwortest, dass du keinen Mantel trägst, sondern eine Regenjacke, wird sie sich nicht darum scheren, dass du in Wirklichkeit recht hast. Sie wird feststellen (wie auch die Kinder um dich herum), dass du gerade gleichzeitig zwei soziale Regeln gebrochen hast. Erstens: Niemanden vor anderen zu korrigieren oder zurechtweisen. Und Zweitens: Keine ältere Person zu korrigieren. Ein großes Tabu. Du, mein Freund, bist also in Schwierigkeiten. Oh ... und die anderen Kinder, die das Gespräch gehört haben, denken wahrscheinlich, dass du versuchst, die Lehrerin in Verlegenheit zu bringen – wahrscheinlich auch kein großer Gewinn. Manchmal fühlt es sich so an, als ob die Welt innerhalb eines Augenblicks aus den Fugen geriete. Du hast von Regenjacken gesprochen und plötzlich sind alle sauer auf dich. Wann ist das denn passiert?

Die Lektion des Whiteboards

Letzte Woche war ich in dem Karatestudio in der Nähe unseres Hauses. Die Lehrenden dort sind großartig und wollen den Kindern helfen, sich zu tollen Menschen zu entwickeln, nicht nur zu »Schwarzgürteln«. Das tun sie unter anderem dadurch, dass sie jede Woche ein Wort mit Charakter hervorheben. In dieser Woche war das Wort »Beharrlichkeit«. Auf jeder Tafel im Raum stand in leuchtenden Farben »Beharrlichkeit«. Fett, fluoreszierend, »Beharrlichkeit«. Nur ich bemerkte, was ich für einen eklatanten Fehler hielt. Statt »Beharrlichkeit« hatten sie »Behaarlichkeit« geschrieben. Natürlich meinten sie »Durchhaltevermögen«. Aber im Zusammenhang mit dem Autismus-Spektrum bedeutet Beharrlichkeit meist eher »Besessenheit«. Eine Idee, die sich im Kopf festsetzt und sich immer und immer wieder wiederholt. Und immer wieder. Und immer wieder.

Und da saß ich nun und beharrte auf dem Wort »Beharrlichkeit«. Ich konnte weder dem Unterricht noch den Lehrenden Aufmerksamkeit schenken. Alles, woran ich denken konnte, war, dass »Beharrlichkeit« (überall, wohin ich sah) »Behaarlichkeit« geschrieben wurde.

Es war nicht das erste Mal, dass das passiert war. Vor ein paar Monaten war schon mal das Charakterwort »Beharrlichkeit« drangewesen, und auch damals hatten sie das Wort falsch geschrieben. Ohne wirklich darüber nachzudenken, hatte ich den Ausbildern (vor Zuschauern und der Klasse) offen gesagt, dass sie einen Fehler gemacht und das Wort der Woche falsch geschrieben hatten.

Fairerweise muss man sagen, dass sie viel netter waren, als sie hätten sein müssen. Ich bin mir ziemlich sicher, dass der Lehrer rot wurde, denn als ich ihn auf einen Fehler hinwies, hatte ich ihn, wenn auch unbeabsichtigt, dazu gebracht, sich dumm vorzukommen, weil er einen doofen Rechtschreibfehler gemacht hatte. Er lachte darüber, und ich (die ich mich bemühte, meine Worte wieder in den Mund zu stopfen) versuchte, das Ganze mit einem lahmen Witz darüber abzutun, dass ich ein Rechtschreibfanatiker sei. Unangenehm. So in etwa läuft dieses »Muss-in-allem-genau-sein-Problem« ab. Wir werden unserem dringenden Bedürfnis nach Präzision nie entkommen. Das ist in Ordnung. Eigentlich ist es mehr als in Ordnung. Es ist ein Teil dessen, was unseren Verstand so besonders macht und ihn in die Lage versetzt, das Niveau intensiver Analyse zu erreichen, das Marie Curie die Entdeckung des Radiums oder Mozart die geniale Komposition ermöglichte.

Es ist nur so, dass das Karatestudio nicht das Labor der Curies ist. Und die Schulkantine ist nicht Mozarts Arbeitszimmer.

Wenn wir wollen, dass die neurotypische Welt positiv auf uns reagiert, müssen wir die geheimen Regeln lernen, wie und wann wir andere korrigieren. Das, wie auch alles andere, was ich dir erzähle, habe ich gelernt, indem ich die Regeln zunächst *nicht* kannte.

Im Grunde muss man den Nutzen sehen. Es fühlt sich gut an, einen Fehler zu beheben. Als würde man sich einmal gerade aufrichten oder tief durchatmen. Ah, das ist besser. Aber das gilt nur für denjenigen, der den Fehler behoben hat. Überlege mal: Wenn jemand dich häufig auf deine

Fehler im Miteinander hinweist oder dann, wenn andere zusehen, wie fühlst du dich dann? Wahrscheinlich verärgert oder zumindest verlegen.

Wie du einen Fehler korrigierst, ist mindestens genauso wichtig wie die Frage, ob du ihn korrigierst

Was machst du gerade? Du liest ein Buch, das, nun ja, über einige unserer häufigsten Fallstricke spricht. Du wirst damit ganz gut fertig, weil ich es dir privat erzähle (nun ja, es ist ein Buch, aber du liest meine Worte selbst und bekommst sie nicht vorgelesen). Außerdem ist die Aussicht, sich selbst besser zu fühlen, mehr Freunde zu haben, Verabredungen zu haben, mit Erwachsenen auszukommen, ein wenig Unbehagen wert.

Es ist fast wie eine mathematische Gleichung. Was ist wichtiger: eine bestimmte Korrektur sofort vorzunehmen oder lange genug durchzuhalten, um etwas anderes dagegen zu tun? Ist es dein Ziel, dass die Dinge »richtig« sind, oder willst du einen Streit anfangen? Neurodiverse Menschen neigen dazu, die meiste Zeit nach Logik zu handeln. Der Rest der Welt tut das nicht. Da draußen herrschen Stolz, Emotionen und Ansehen. Sei also vorsichtig. In einem Buch heißt es, der erste Grundsatz, um mit anderen auszukommen, sei: »Kritisiere, verurteile oder beschwere dich nicht.«[4] Aber Kritik ist genau das, als das deine Korrektur in den Ohren anderer klingen mag.

Und das ist eine mächtige und gefährliche Sache – auch wenn man es nicht so meint. Eine andere Person herauszufordern, verletzt in der Regel ihren Stolz und lässt sie sich peinlich berührt oder dumm fühlen. Wenn das passiert, ist das Ergebnis fast nie gnädige Akzeptanz oder Veränderung zum Besseren; es sind eher Gefühle von Wut und Groll dir gegenüber. Je mehr du versuchst, jemandem zu beweisen, dass er im Unrecht ist, desto mehr wird er wahrscheinlich behaupten, dass er recht hat.

In manchen Fällen siegt aber auch die »Sofort-Korrektur«. Bevor deine Laborpartnerin Sprengstoff in den Bunsenbrenner wirft, ist es an der Zeit, sie aufzuhalten. Aber trotz aller Notfälle findest du hier einige Leitlinien, die dabei helfen sollen, herauszufinden, wann/ob es sich lohnt, jemanden zu korrigieren.

Das Wenn, Wann und Wie

Bewerten: Kann es warten?

- Ist die andere Person im Moment gerade beschäftigt? Zu beschäftigt, um wirklich zuzuhören?
- Befindet sich die andere Person in Gesellschaft anderer Menschen?
- Ändert der Fehler den Hauptgedanken, oder ist er nur ein Detail?
- Muss eine Annäherung exakt sein, um die allgemeine Aussage zu treffen (z. B. dass eine Fahrt dreizehn Minuten dauert und nicht zehn)?
- Wird jemandem Schaden zugefügt, wenn man eine falsche Aussage so stehen lässt?

Wenn du kannst, halte dich zurück und überdenke nochmals in aller Ruhe. Du kannst auch aufschreiben, was du sagen willst, wenn du es wirklich sofort loswerden musst … sozusagen ein alternativer Druckablass.

Privatsphäre, bitte

Niemand mag es, vor anderen Leuten korrigiert zu werden. Als ich ein Kind war, gab es nichts Schlimmeres, als wenn meine Mutter mich vor anderen Leuten bestrafte. Ich konnte nicht einmal hören, was sie sagte; ich war zu sehr damit beschäftigt, gekränkt zu sein. Das gilt für die meisten Menschen. Wenn man jemanden vor einer Menschenmenge korrigiert, hört er nicht zu, sondern er reagiert (und meistens nicht gut).

Wenn es dir wirklich nur darum geht, einen Fehler zu korrigieren und die Person, die ihn gemacht hat, nicht in Verlegenheit zu bringen, warte, bis ihr zwei allein seid.

AUCH ONLINE. Jede Social-Media-Plattform ist »öffentlich«. Selbst eine Textnachricht kann problemlos an andere weitergeleitet werden, die gar nichts mit der Sache zu tun haben.

Wen darfst du korrigieren, wen eher nicht?

Du kannst jemanden, über den du Kontrolle oder auf den du Einfluss hast, freundlich korrigieren (z. B. beim Babysitten oder Nachhilfegeben). Korrigiere Gleichaltrige nur, wenn du musst – sie werden es nicht mögen (dann wirst du zu hören bekommen: »Du bist nicht mein Lehrer!« oder »Du bist doch nicht meine Mutter«). Und korrigiere eine ältere Person oder eine Autoritätsperson nur, wenn es absolut notwendig ist. Sie mag zwar im Unrecht sein und du im Recht, aber wenn es nicht aus Sicherheitsgründen nötig ist, ist es einfach unhöflich, »nach oben« zu korrigieren.

Tatsache oder Meinung?

Fakten können überprüft werden. 2 + 2 = 4. Immer. Meinungen variieren. Sie können untermauert werden – aber sie können auch bestritten werden. Vergewissere dich, dass du nur einen Fakt korrigierst. Deine Meinung ist, genau wie die eines jeden anderen, nicht absolut.

Achte auf die Sprache

Aussagen, die mit »Mir ist aufgefallen, dass du vielleicht« oder »Ich denke, vielleicht« beginnen, sind weit weniger aggressiv als »Du irrst dich«. Beziehe deine Beobachtung auf die Tatsache, nicht auf die Person.

Lass es einfach

Manchmal ist es lohnender, einen Fehler in Ruhe zu lassen, egal wie unangenehm er sich für uns anfühlt. Wenn du weißt, dass ein Lehrer einen nicht korrekten Begriff für etwas verwendet, er aber bereits mit der Geschichte begonnen hat, unterbrich ihn nicht und lenke die Aufmerksamkeit nicht auf dich. Das ist es nicht wert, und du kannst vielleicht etwas Interessantes lernen, wenn du dich wieder auf das Wesentliche konzentrieren kannst.

Lass es auf sich beruhen

Mit zunehmender Übung wird es einfacher zu erkennen, dass es sich lohnt, die Dinge auf sich beruhen zu lassen. Es gibt Zeiten, in denen wir alle froh sind, wenn wir nicht auf unsere weniger guten Momente hingewiesen werden.

Habe Geduld, wenn all das einige Zeit dauert. Zu lernen, wann, ob oder wie man einen Fehler korrigiert, ist etwas, mit dem viele Erwachsene (ob Autisten oder nicht) immer noch Schwierigkeiten haben.

Das führt uns zurück zu mir ins Karatestudio, wo mir das Leben plötzlich eine Art Neustart lieferte. Ich bin der festen Überzeugung, dass Fehler nur dann Fehler sind, wenn wir nicht aus ihnen lernen. Also war ich fest entschlossen, aus meinem Fehler zu lernen und es nächstes Mal besser zu machen.

Diese verdammte Beharrlichkeit war beharrlich, das versichere ich dir. Gleiches Wort, gleicher Schreibfehler. Ich konnte es nicht fassen! Das Schicksal ließ diese beharrliche Beharrlichkeit vor mir baumeln und forderte mich auf, etwas zu sagen. Aber dieses Mal erkannte ich die Falle und hielt den Mund. Ich saß im hinteren Teil der Studiogalerie, zückte mein Handy und schrieb einer Freundin eine SMS (Druckabbau!), in der ich mich über meine eigene alberne Besessenheit mit dem Fehler lustig machte.

Und zack, absolute poetische Gerechtigkeit.

Die eine Leitlinie, die ich oben nicht erwähnt habe, ist die wichtigste von allen:

> — Bevor du dich zu Wort meldest, solltest du dich vergewissern, dass du im Recht bist. —

Während ich eine SMS schrieb, rebellierte meine Autokorrektur. Was war das? Ich rief meine Wörterbuch-App auf. WAS?! Ähm. »Behaarlichkeit«, so scheint es, ist überhaupt kein Wort. Ich bin eine Autorin, die Bücher veröffentlich hat, eine Grammatikliebhaberin, eine ehemalige Englischlehrerin, und ich habe anscheinend mein ganzes Leben lang »Beharrlichkeit« als »Behaarlichkeit« (und damit alle Formen des Wortes) falsch ausgesprochen und falsch geschrieben.

Ah, Demut. Am Ende haben wir alle eine Lektion gelernt. Ich habe gelernt, dass statt zwei »a« zwei »r« in diesem Wort vorkommen, das ich schon seit Ewigkeiten benutze. Und die Karateschüler haben gelernt, niemals aufzugeben, auch wenn sie müde oder frustriert oder (schluck) peinlich berührt sind ... etwas, das viel wichtiger ist als ein Rechtschreibfehler, insbesondere ein nicht vorhandener Rechtschreibfehler. Manchmal, so denke ich, braucht man einfach eine gewisse »Beharrlichkeit«, um zu wissen, wann man etwas sagen muss und wann man froh sein kann, dass man es gelassen hat.

Muss-ich-wissen-Regeln

- Recht zu haben ist nicht immer das Wichtigste, auch wenn es sich so anfühlt.
- Die Art und Weise, wie du einen Fehler korrigierst (in aller Bescheidenheit, unter vier Augen), ist ebenso wichtig wie die Frage, ob du ihn korrigierst.
- Niemand möchte von Gleichaltrigen korrigiert werden.
- Korrigiere niemals einen Erwachsenen oder eine Autoritätsperson, es sei denn, es handelt sich um einen Notfall.
- Zu wissen, wann, wie und ob man jemanden auf einen Fehler hinweisen sollte, ist nicht einfach, aber möglich.

DA UNTEN IST EIN AUFFANGNETZ, NICHT WAHR?
... LEUTE?!

6 Vollkommen unvollkommen

Glückwunsch, du bist menschlich

Asperger-Logik

Jeder möchte sich erfolgreich fühlen. Das ist so ziemlich ein Selbstläufer. Denn wer wacht schon morgens auf und sagt: »Ich kann es kaum erwarten, bei allem, was ich heute versuche, zu versagen!« Niemand. Wir alle wollen uns stolz, klug, attraktiv und wichtig fühlen. Und manche Menschen ziehen eine ziemliche Show ab, um die Welt davon zu überzeugen, wie toll sie sind. Seltsamerweise sind die Menschen, die am meisten von ihrer Großartigkeit überzeugt zu sein scheinen, in der Regel diejenigen, die selbst am wenigsten davon überzeugt sind.

Dennoch ist der Wunsch, irgendeinen Teil unseres Lebens zu verbessern, eine gute Sache. Es kann uns helfen, Freundschaften zu stärken, in der Schule besser abzuschneiden und sogar gesünder zu leben. Das ist wunderbar. Problematisch wird es, wenn nicht mehr »besser« das Ziel ist, sondern »perfekt« an seine Stelle tritt. Allmählich konzentrieren wir uns nur noch auf das, was wir falsch machen, egal, wie viel wir richtig machen. Es ist, als wäre man ein berühmter Sänger, der auf der Bühne vor Tausenden von jubelnden Fans auftritt – und alles, was er sieht, ist der eine schlechtgelaunte Fan, der in der letzten Reihe nicht mitsingt. Die tausend anderen Fans, die sich die Lunge aus dem Leib schreien, sind machtlos und wertlos im Vergleich zu diesem einen Miesepeter. Wenn Perfektion das Ziel ist, werden wir immer scheitern. Und leider lassen wir es zu, dass unsere ganze Stärke, unser ganzer Wert durch einen einzigen, mickrigen Fehler zunichtegemacht wird.

Genau das verursacht unser häufiges Schwarz-Weiß-Denken, unser Alles-oder-nichts-Denken. Es macht zwar manche Situationen einfacher und weniger chaotisch, aber alles in allem führt es dazu, dass wir viel härter zu uns selbst sind, als wir sein sollten. Das liegt zum Teil daran, dass wir schreckliche Angst vor dem Versagen oder Scheitern haben. Das haben die meisten Menschen, aber wir scheinen hier das Ranking anzuführen. Eigentlich verständlich. In der Regel haben wir in der Welt der NT mehr als unseren gerechten Anteil an unerwarteten »Fehlern« erlebt, was zu mehr als dem gerechten Anteil an Hänseleien, Ablehnung und Beleidigungen geführt hat. Kein Wunder, dass wir so viel Angst haben, es zu vermasseln! Wer will schon mehr von solchen Erfahrungen? Kommt dann noch das schleichende Bewusstsein hinzu, dass wir nicht viel in der Welt kontrollieren können, sind wir kurz davor, völlig auszuflippen. Glaubt mir, Leute, das habe ich auch schon erlebt.

Du willst also mit universellen Gesetzen argumentieren …

Meine Mutter war eine ziemlich durchschnittliche Schülerin. Wenn sie bei einem Test richtig gut abschnitt, war das für sie ein Grund zum Feiern, und wenn nicht, war es kein Weltuntergang. Und dann war da ich – ein bekennender Perfektionist. Wenn ich die Tinte auf meinen Hausaufgaben verschmierte, schrieb ich alles neu. Ich konnte nicht einmal Schäfchen zählen, um einzuschlafen – weißt du warum? Ich war viel zu gestresst, wenn ich von 100 herunterzählte … jede Zahl bedeutete im Geiste eine möglicherweise nicht ganz perfekte Punktebenotung. 98? »Argh?!« Ich zuckte zusammen: »Was habe ich falsch gemacht?«

Ich weiß, ich weiß. Irgendwie nervig, oder? Ganz zu schweigen davon, dass es zu Magengeschwüren führt. Aber ich wette, du bist genauso hart zu dir selbst. Perfektionismus ist bei anderen Menschen nämlich viel leichter zu erkennen. Und neurodiverse Menschen sind notorische Perfektionisten. Wir sehen die Welt und uns selbst als richtig oder falsch, alles oder nichts. Und dann machen wir uns selbst fertig, weil der Versuch, perfekt zu sein, das unvollkommenste Ziel ist, das man sich vorstellen kann. Es ist nicht erreichbar. Es existiert nicht. Das ist so, als würde man darauf bestehen, dass man nur dann erfolgreich sein kann, wenn man der nächste Weihnachtsmann wird. Tja, das wird nicht passieren. Wenn das das Einzige ist, was dich glücklich macht, kannst du dich genauso gut gleich für ein Leben im Elend entscheiden.

Andererseits ist Unvollkommenheit völlig natürlich. Hast du schon einmal von der Brown'schen Bewegung gehört? Das ist die unmerkliche, zufällige Bewegung mikroskopisch kleiner Teilchen. Selbst wenn die Dinge perfekt ruhig und glatt aussehen, ist in Wirklichkeit ein chaotisches, zufälliges Durcheinander im Gange. So funktioniert das Universum nun einmal, die Gesetze der Thermodynamik besagen es. Das ist Entropie, oder natürlich vorkommende Unordnung. Versuche doch mal zu argumentieren, warum du (oder wir) über den universellen Gesetzen stehst, und ich garantiere dir, dass du nicht weiterkommen wirst. Obwohl wir uns in vielerlei Hinsicht von den NTs um uns herum unterscheiden, sind wir in einer wichtigen Hinsicht gleich: Jeder sterbliche Mensch, der jemals existiert hat, ist unvollkommen und so wird es immer sein. Deprimierend? Das braucht es nicht. Du befindest dich in guter Gesellschaft. Einstein. Gandhi. Mutter Teresa. Sie alle waren ebenfalls unvollkommen. Sei also vorsichtig mit der Alles-oder-nichts-Falle. Unvollkommenheit ist nicht gleichbedeutend mit völligem Versagen.

Sabotage

Das bringt uns zu einer weiteren Art, wie uns Perfektionismus sabotiert. Es stellt sich heraus, dass wir in unserem Bestreben, perfekt zu sein und eine öffentliche Demütigung zu vermeiden, am Ende auch noch unglaublich nervig sind. Na super. »Kinder wie du haben mich früher wütend gemacht«, sagte meine Mutter einmal zu meiner großen Überraschung. An diesem Tag hatte ich einen Test zurückbekommen, bei dem ich 96 Prozent erreicht hatte. Die meisten Leute, das weiß ich jetzt, hätten für eine Bewertung mit 96 alles gegeben. Das ist eine absolut solide Eins oder »ausgezeichnete« Note. Aber ich war ein absolutes Nervenbündel. Im Unterricht entglitten mir alle Gesichtszüge, und alles, woran ich denken konnte, war der dumme Fehler, den ich bei einer lausigen Frage gemacht hatte, die ich von vornherein hätte richtig beantworten müssen. Jetzt, Stunden später, war ich immer noch verärgert.

Ich habe mir aber nie Gedanken darüber gemacht, wie diese Reaktion für andere Kinder aussah. Oder was ich mir damit selbst antat.

Verstehe mich nicht falsch – es ist in Ordnung, hervorragend sein zu wollen. Es ist großartig, sich verbessern zu wollen. Es ist der ganze »Wie du mit dir selbst umgehst«-Teil, der schwierig ist, besonders wenn du nicht wirklich darüber nachdenkst, wie du auf die Menschen um dich herum wirkst. Perfektionismus ist eigentlich nur ein netter klingendes Wort für Arroganz. Es ist der Glaube oder die Erwartung, dass wir über Fehlern stehen sollten. Besser oder besonderer zu sein als alle anderen um uns herum. Also eigentlich, dass wir über dem Menschsein stehen. Und das, das kann ich dir aus eigener Erfahrung sagen, wird nicht dazu führen, dass man dich in der Mittagspause an den Tisch einlädt.

Was mir auf der Highschool nicht klar war: Für die meisten Kinder war meine schlechteste Note besser als ihre beste. Mein Gejammer war also Gejammer auf extrem hohem Niveau. Eigentlich wollte ich mich selbst kritisieren. Aber die anderen bekamen das natürlich anders mit. Ohne darüber nachzudenken, hatte ich die herablassende Botschaft gesendet, dass ich mich allen im Raum überlegen fühlte. Ich war von mir selbst enttäuscht – aber aus der Sicht der anderen beleidigte ich auch sie. Mein schmollender Perfektionismus verletzte nicht nur mein eigenes Selbstwertgefühl. Er führte auch dazu, dass sich andere Menschen schlecht fühlten, eifersüchtig auf mich waren und von mir genervt. Das bedeutete natürlich, dass sie mich behandelten, als wäre ich eingebildet und egozentrisch. Und das war ich wohl auch, ohne es zu wollen.

Seltsamerweise ist die Kehrseite, dass ich einer Freundin, die in einem Test eine Eins bekommen hätte, gratuliert hätte. Ich wäre stolz auf sie gewesen. Und ich hätte auch stolz auf mich sein sollen. Wenn man klug, freundlich, schnell oder kreativ ist, wird man bewundert. Nervtötend perfekt zu sein (oder noch schlimmer, so zu denken oder zu handeln, als ob man es wäre), ist, nun ja, nervig.

Das Drahtseil und der Schuhkarton

Das Leben, so stellt sich heraus, ist ein bisschen wie ein Drahtseilakt im Zirkus. Du bist der Luftakrobat, der auf einem dünnen Seil balanciert – und du denkst, alle sind da, um dir dabei zuzusehen, wie du erstaunlich perfekt von einem Ende zum anderen balancierst. Aber das Geheimnis ist: Das ist überhaupt nicht das, was die Welt will. Die Welt liebt es, arrogante Menschen scheitern und fallen zu sehen. Schaue dir einfach mal die Boulevardzeitungen an.

Um die Liebe des Publikums zu gewinnen, müssen die Menschen sehen, wie wir auf dem Drahtseil des Lebens wackeln. Sei glaubwürdig. Sei unvollkommen menschlich. Und weißt du was? Wir brauchen diese wackligen Momente, um uns an unser Menschsein zu erinnern. Und damit alle um uns herum mit uns mitfiebern und uns anfeuern.

Wirklich, niemand sonst interessiert sich so sehr für deinen Erfolg oder Misserfolg, wie du glaubst – es ist deine Reaktion, die sie bemerken werden. Flippst du aus, wie ich es getan habe? Wirst du dich selbst

Muss-ich-wissen-Regeln

- Hervorragend sein zu wollen ist gut. Sich verbessern zu wollen ist großartig. Perfekt sein zu wollen ist arrogant.
- Perfektionismus macht jeden noch so großen Erfolg wertlos angesichts eines einzigen Misserfolgs.
- Unser Perfektionismus wirkt auf andere Menschen wie lästige, selbstgefällige Überlegenheit.
- Andere Menschen wollen sich mit dir identifizieren können. Niemand kann sich mit »perfekt« identifizieren.

zu ernst nehmen (was bedeutet: Ich bin sooo viel besser als du)? Oder wirst du einfach ein fröhlicher, bescheidener Mensch sein wie alle anderen? Unvollkommen, aber echt. Wenn du einem Freund gratulieren würdest, wenn er das erreicht hätte, was du erreicht hast, dann gratuliere dir selbst. Manchmal ist gut genug auch gut genug.

Stelle dir vor, du packst jeden Fehler in einen Schuhkarton, schließt den Deckel und stellst ihn auf ein hohes Regal im Schrank. Er ist immer noch da, falls du ihn wirklich noch einmal ansehen möchtest. Aber du hast ihn nicht ständig in deinem Blickfeld. Suche dir eine bestimmte Sache heraus, die du gut gemacht hast – z. B. hast du in der zweiten Halbzeit gut verteidigt oder die Aufsatzfrage mit Bravour gemeistert –, erkenne deine Leistung an und mache weiter. Du wirst dich dafür viel mehr mögen und die Menschen um dich herum auch.

7 Aber ich habe nicht gelacht

Mit dir lachen vs. über dich lachen

Asperger-Logik

Ich war sechs Jahre alt, glaube ich. Wir standen in einer Reihe mit Blick auf die Spiegelwand und auf eine Schar von Besuchern auf Klappstühlen. Es war Elterntag in der Tanzschule Skip Randall, und als die Musik anfing, gaben wir alle unser Bestes, um unsere neue Steppnummer vorzuführen. Als wir zu der Stelle kamen, an der wir mit den Fingern wackelten und mit den Hüften wippten wie freche kleine Damen, kicherte das ganze Publikum bewundernd. »Wie süß!«, lachten sie alle. Nur ich wollte nicht niedlich und lustig sein. Wir sollten erwachsen aussehen! Ich war beleidigt und peinlich berührt … und wütend. Ich fing an zu weinen. Später erklärte mir meine Mutter, dass die Erwachsenen nicht über uns gelacht hatten, sondern dass sie uns so süß fanden, dass sie mit uns lachten.

Ich sah ihr direkt in die Augen und sagte: »Aber ich habe nicht gelacht.« Spulen wir mal vor zur Mittelschule. Ich war mit meiner Tanzgruppe in New York City, wir übernachteten in einem Hotel. Von den etwa einem Dutzend Mädchen war ich um ein paar Jahre die Jüngste. Außerdem war ich die beste Tänzerin … was mir in der Gruppe nicht viele Freunde eingebracht hatte.

COMEDY-
ECKE

Am Morgen des Tanzwettbewerbs stellte ich mich unter die Dusche. Ein oder zwei Minuten später öffnete sich die Badezimmertür – und ein riesiger Eimer Eiswasser regnete über den Duschvorhang auf meinen Kopf. Die Tür schlug zu, und aus dem Schlafzimmer ertönte schallendes Gelächter. Völlig allein und zitternd setzte ich mich auf die Fliesen. Ich beschloss, nichts darüber zu sagen, bis ich meine Eltern später sah … als ich das tat, war ihre Antwort, dass ich zu empfindlich sei. Die Mädchen hätten wahrscheinlich nur einen Scherz mit mir gemacht.

Aber ich hatte nicht herumgealbert. Und sie hatten es auch nicht.

Mit dir lachen vs. über dich lachen

Uns, die wir im Autismus-Spektrum leben, fällt es besonders schwer, Körpersprache und Tonfall zu erkennen. Das ist, das gebe ich zu, ein totaler Flop für uns, denn Berichten zufolge finden zwischen 55 und 80 Prozent der gesamten Kommunikation nonverbal statt. So viel kann uns bei einem persönlichen Treffen komplett entgehen.

ES IST NICHT VERWUNDERLICH, DASS DABEI ZWEI DINGE ZU PASSIEREN SCHEINEN:

1. Wir lernen, uns selbst sehr ernst zu nehmen. Manchmal zu ernst. Und manchmal verwechseln wir tatsächlich freundliche Hänseleien oder unbeabsichtigt verletzte Gefühle mit Mobbing. Und warum? Wenn du nicht ganz genau weißt, wer *für* und wer *gegen* dich ist, dauert es nicht lange, bis du ständig auf der Hut bist. (So ist es mir beim Tanztraining ergangen. Die Erwachsenen waren wirklich erfreut über den hüpfenden Haufen kleiner Mädchen. Niemand wollte uns beleidigen.)
2. Andere Menschen glauben uns nicht, wenn wir sagen, wir seien ausgelacht worden – niemand sonst hat es gehört oder gesehen. Deshalb nehmen Erwachsene oft

> an, dass es nicht wirklich passiert ist. Oder die anderen Kinder sagen, wir seien zu empfindlich (so etwas gibt es nicht) oder könnten keinen Spaß vertragen. Nach einer Weile fragt man sich, warum man sich die Mühe machen sollte, sich zu verteidigen. (Genau das ist in der Duschsituation passiert. Ich wurde schikaniert, aber meine Eltern dachten, ich würde nur überreagieren).

Jeder macht von Zeit zu Zeit schlechte Witze oder sagt Dinge, die er am liebsten zurücknehmen würde. Wie unterscheidet man also spielerische Neckereien von versehentlichen emotionalen »Autschs« oder sogar verletzenden Hänseleien?

Stelle dir die Frage: Vertraue ich der Person?

Und? Fühlst du dich bei ihnen sicher, du selbst zu sein? Ist es deine Mutter oder ein langjähriger Freund, ein Lehrkraft, die du magst, oder deine Lieblingscousine ... ist das jemand, der dich liebt und sich um deine Gefühle kümmert? Mit anderen Worten: Glaubst du nach allem, was du über diese Person weißt, dass sie dich wirklich runtermachen will? Wenn du der Person vertraust, war die Verletzung wahrscheinlich nicht beabsichtigt.

Auch wenn unser Schmerz echt ist, geben wir Handlungen oder Worten oft eine Bedeutung, die nicht beabsichtigt war. Könnte es sich um ein Missverständnis handeln? Es ist möglich, dass die Person nicht gemerkt hat, dass sie einem heiklen Thema zu nahe gekommen ist. Oder es könnte helfen, sich daran zu erinnern, dass das Lachen über die eigenen Handlungen zeigt, dass man sich selbst als unvollkommen akzeptiert – wie jeder andere auch. Bist du also die Witzfigur? Oder, wenn du einen Schritt von der Situation zurücktreten kannst: Ist etwas, das du getan oder gesagt hast, tatsächlich ziemlich lustig?

Kleine Motivationssätze für dich

Vor und nach allem andern sind wir alle im menschlichen Spektrum.

Fast alles lässt sich herausfinden.

Du bist das einzige Du, das es jemals gegeben hat, gibt oder geben wird. Sei das beste DU, das du sein kannst.

Möglicherweise wird es nicht so, wie du es geplant hast, es kann aber sogar besser werden.

Necken ist sogar eine Art, wie manche NTs ihre Zuneigung zeigen. In der Familie meines Mannes bedeuten Necken, dass sie dich mögen – sie vertrauen darauf, dass du weißt, dass sie nur scherzen und es nicht böse meinen. Es hat eine Weile gedauert, bis ich das verstanden habe. Und genau das könnte auch für dich schwierig sein.

Ein Quiz

Wenn du dir nicht sicher bist, was die Motivation einer Person ist, mache mal dieses kleine Quiz:

FÜHLE ICH MICH VON DIESER PERSON (IM ALLGEMEINEN) GEMOCHT?

A Ja
B Nein
C Nicht sicher

HAT MICH DIESE PERSON SCHON EINMAL VERLETZT?

A Nein
B Ja (mit Absicht)
C Ja (aber wirklich aus Versehen)

BEZIEHT SICH DER WITZ AUF EIN THEMA, VON DEM SIE WEISS, DASS ICH UNSICHER (Z. B. GEWICHT) ODER LEIDENSCHAFTLICH (Z. B. VEGETARISMUS) BIN?

A Nö
B Auf jeden Fall
C Ja, aber das weiß sie nicht.

WENN ICH SAGE: »ICH FINDE DAS NICHT SEHR LUSTIG«, UND SIE MERKT, DASS ICH ES ERNST MEINE, WAS WÜRDE SIE DANN SAGEN ODER TUN?

A »Es tut mir wirklich leid.«
B Sie würde weiter lachen und necken.
C Sie ist vielleicht überrascht, hört aber auf.

Häufigste Antwort A: spielerisches Necken

Die Chancen stehen gut, dass es sich um jemanden handelt, dem du wichtig bist und der *mit* dir lachen wollte – nicht über dich. Das ist eine Person, die dich respektiert und aufhört, wenn du sagst, dass du nicht magst, was da vor sich geht.

Aber – frage dich ehrlich, ob du dich vielleicht zu ernst nimmst, denn das nimmt dem Leben den ganzen Spaß. Ist an den Sticheleien wirklich etwas Wahres dran, das sogar ein bisschen lustig ist? Wenn ja, lache mal mit. Das nimmt den Druck, so perfekt sein zu müssen, lässt dich sympathischer erscheinen und sorgt wahrscheinlich für eine tolle Geschichte (»Weißt du noch, wie ich versucht habe, mit diesem Mädchen zu reden und dabei auf die Nase gefallen bin? Buchstäblich?«).

Häufigste Antwort B: gemeine Hänseleien

Nicht lustig. Auf keinen Fall. Das ist nicht in Ordnung, und du bist nicht übermäßig sensibel. Du kannst einen Scherz vertragen, klar, aber das hier ist nicht lustig. Hänseleien, die sich wiederholen, die etwas betreffen, wofür du nichts kannst (Geld, Aussehen) oder etwas, was du wirklich liebst (Star Wars, Harry Potter), die mit einem falschen »War doch nur ein Scherz!« abgetan werden oder die darauf abzielen, dass du dich peinlich berührt oder verletzt fühlst, sind gemein. Und es wird nicht aufhören, bis ein Erwachsener eingreift. Also warte nicht, frag um Hilfe.

Häufigste Antwort C: versehentliche Verletzungen

Manchmal machen sogar unsere besten Freunde einen Fehler und sagen etwas, das sie nicht sagen sollten. In diesen Fällen handelt es sich um ein »versehentliches Autsch«, eine Stichelei, die nicht in Ordnung ist, aber wirklich nicht verletzend gemeint war – und die aufhören wird, wenn du deutlich machst, wie du dich fühlst. Sage also »Ich habe mich … gefühlt« und erwarte eine Veränderung. Wenn die Hänseleien jedoch weiterhin passieren, wirf einen Blick auf die Anmerkungen zu »Häufigste Antwort B«.

Sobald du dich entschieden hast, ob es sich um eine Situation handelt, in der die anderen mit oder über dich lachen, lies die Regeln in »Zicken, Petzer and Rüpel« (Seite 275) und/oder »Spieglein! Spieglein!« (Seite 93). All das ist eine knifflige Angelegenheit und erfordert Übung. Du hast Verbündete – du musst nur wissen, wo du sie finden kannst.

Muss-ich-wissen-Regeln

- Es kann schwierig sein, den Unterschied zwischen spielerischem Necken, gemeinen Hänseleien und versehentlichen Verletzungen zu erkennen.
- Manchmal nehmen wir uns selbst super ernst. Das ist nicht dasselbe wie »zu sensibel« zu sein.
- Frage dich: Vertraue ich der Person, die mich ärgert? Würde sie mich wirklich verletzen wollen? Vielleicht kommunizieren wir falsch.

ICH WÜNSCHTE, ICH WÄRE INTERESSANTER!
HÖRE MEHR ZU UND REDE WENIGER.

8 Puff! Du bist interessant!

Interessant sein durch Interessiert-Sein

Asperger-Logik

Die Oprah Winfrey Show kam zum ersten Mal ins Fernsehen, als ich noch in der Grundschule war, und war fünfundzwanzig Jahre lang ein absoluter Renner im Fernsehen. Auch wenn du erst Jahrzehnte später geboren wurdest, musst du dieser Frau Anerkennung zollen, die Tag für Tag, Jahr für Jahr, in den Wohnzimmern der ganzen Welt angeschaut wurde. Als sie die Serie beendete, fasste Frau Winfrey alles, was sie gelernt hatte, mit den Worten zusammen: »Ich habe in dieser Sendung mit fast 30.000 Menschen gesprochen, und alle 30.000 hatten eines gemeinsam: Sie alle wollten Bestätigung ... Sie wollten wissen: ›Sehen Sie mich? Hört ihr mich? Bedeutet das, was ich sage, irgendetwas für euch?‹ ... Ich habe nur dann Fehler gemacht, wenn ich nicht zugehört habe.«[5]

Asperkids sind im Allgemeinen gute Redner – zumindest, wenn wir über die Themen sprechen, die uns wirklich faszinieren. Dinosaurier, Weltraum, griechische Götter, Superhelden, Züge, Tiere, Disney. Du weißt schon – die speziellen Interessen, mit denen man einen ganzen Tag verbringen kann, ohne zu merken, dass die Stunden nur so vorbeiziehen. Nun, in meiner Familie haben wir mehrere spezielle Interessen gleichzeitig. Und ich kann dir sagen, dass jemand, den alles fasziniert, was an Mythologie so faszinierend ist, sich nicht unbedingt für die Unterschiede zwischen einem Allosaurus und einen T-Rex interessiert. Der Paläontologe hingegen ist auch nicht gerade erpicht darauf, jede Sage über die Göttin Athene zu erfahren, und der kleine Spider-Man auch nicht. Wenn wir nicht aufpassen, kann sich das Abendessen wie drei Monologe anhören – jedes Asperkid redet über sein Lieblingsthema, ohne die anderen wirklich einzubeziehen.

Hört bei all dem Gerede überhaupt noch jemand zu? Nicht wirklich. Aber wenn man die Kinder fragte, würden sie sagen, dass sie freundlich und begeistert sind. Sie taten alles, um die Art von Mensch zu sein, die jeder gerne kennenlernen möchte. Allerdings irren sie sich.

Teil des Geschehens sein – nicht das ganze Spiel

Gute Gespräche sollten so sein wie ein gut abgestimmter Tennis- oder Volleyballabschlag. Kennst du das, wenn die Zuschauer auf dem Platz erst in die eine, dann in die andere Richtung, dann hin und wieder zurück schauen? Es ist wie ein Duett. Die eine Seite überwältigt die andere nicht – beide Seiten sind gleichermaßen beteiligt. Auch in Gesprächen und Beziehungen sollte jeder das Gefühl haben, Teil des Geschehens zu sein.

Wir sind großartig darin, uns Informationen zu merken – besonders wenn es um unsere speziellen Interessen geht. Deshalb werden wir Asperkids oft als »kleine Professoren« bezeichnet, wenn wir sehr jung sind. Nur ist das nicht ganz das Kompliment, für das wir es vielleicht halten. Schließlich sind wir verdammt stolz darauf, jede Automarke oder Schmetterlingsart, oder was auch immer dich fasziniert, zu kennen. Und das sollten wir auch sein! Unser Problem ist, dass wir denken, dass die Welt der NTs von diesem Wissensschatz beeindruckt sein wird und alles hören will, was wir zu erzählen haben – also reden wir … und reden … und reden. Wir übersehen die Anzeichen dafür, dass wir die Menschen eher langweilen als interessieren und – was noch schlimmer ist – als belehrend rüberkommen (ein schönes Wort, das ein Seelsorger benutzte, um mir zu sagen, dass ich im Grunde genommen wie eine Besserwisserin klang).

> **—— Niemand wird es mögen, wenn er denkt, dass du dich aufspielst und angibst. ——**

Wie schafft man es also, an einem Gespräch teilzunehmen, ohne es an sich zu reißen, wenn man doch so viel über das Thema weiß? Vielleicht sogar mehr weiß als eine Lehrkraft? Ganz einfach. Man macht es Stück für Stück. Wir können unsere ganze Energie darauf verwenden, allen zu zeigen, was wir alles wissen, aber wir werden damit niemanden beeindrucken. Oder jemanden dazu bringen, uns zu mögen. Glaube mir das. Ich habe es getan. Und daher habe ich den Namen »Wörterbuchhirn«.

Mehr reden als zuhören. Über sich selbst reden. Deine Interessen. Deine Erfahrungen. Andere Leute unterbrechen, weil du eine Idee hast, die nicht warten kann. So gewinnt man vielleicht Quizspiele (und ich liebe »Jeopardy!«), aber sicher keine Freunde.

ERINNERE DICH STATTDESSEN DARAN:

- Ich weiß, dass ich weiß, was ich weiß. Alle anderen müssen es nicht auch noch wissen.
- Wenn ich mein Wissen nach und nach einbringe, können sich auch andere Menschen schlau fühlen.
- Ich muss auf den richtigen Moment warten, um das Wort zu ergreifen – zum Beispiel, wenn mir jemand eine Frage stellt oder ein Lehrer die ganze Klasse um eine Antwort bittet.
- Ich muss geduldig sein! Die anderen werden schon irgendwann bemerken, dass ich eine Menge über das Thema weiß.
- Da auch sie die Möglichkeit hatten, sich zu beteiligen, werden sie eher bereit sein, mit mir zu arbeiten oder zu reden oder sich mit mir zu treffen.

Menschen mögen Menschen, die ihnen ein gutes Gefühl geben

Hier ist die nicht sehr schön klingende, aber absolut wahre Tatsache: »Die Leute interessieren sich nicht für dich. Sie interessieren sich nicht für mich. Sie interessieren sich für sich selbst – morgens, mittags und nach dem Abendessen.«[6] Das ist nichts Persönliches! Es ist nur so, dass, wie Oprah sagte, das größte Bedürfnis aller darin besteht, sich wahrgenommen zu fühlen. Gehört zu werden. Von Bedeutung zu sein. Das trifft auf dich zu. Auf mich. Auf jeden.

> —— Wenn du für andere Menschen interessant sein willst, musst du dich zunächst für sie interessieren. ——

Das erreicht man nicht, indem man auf sie einredet. Das machst du, indem du ihnen zuhörst. Nichts, was du sagen kannst, keine Tatsache, die du mitteilen kannst, wird für einen anderen Menschen so interessant sein wie das, was du ihn über sich selbst sagen lässt. »Die Zahnschmerzen eines Menschen bedeuten ihm mehr als eine Hungersnot in China, die eine Million Menschen tötet ... Denke daran, wenn du das nächste Mal ein Gespräch beginnst.«[7]

Kinder mögen keine anderen Kinder, die sich »hochmütig« verhalten. Erwachsene eigentlich auch nicht. Niemand wird mit jemandem zusammenarbeiten oder abhängen wollen, der aufdringlich ist, sich aufspielt oder den Ideen anderer nicht wirklich zuhört. Du auch nicht, oder? Wo bleibt da der Spaß? Alle sind zufriedener, wenn jeder in der Gruppe die gleiche Chance hat, sich einzubringen. Wenn du das verhinderst, sendest du die Botschaft aus, dass du beweisen musst, dass du schlauer bist, dass du die besseren Ideen hast und dass du einfach wichtiger bist als alle anderen.

Glaube mir, dem »Wörterbuchhirn«. Beherrsche den Drang, mit deinem Wissen anzugeben (Tipps dazu folgen), und trage immer nur häppchenweise kleine Teile bei. Du musst keine Enzyklopädie voller Fakten parat haben, genau wissen, was du sagen musst, oder sogar einen Hau-

Muss-ich-wissen-Regeln

- Jeder möchte sich gehört fühlen und wissen, dass er wichtig ist.
- Zeige, was du weißt, und zwar nach und nach, damit jeder zu Wort kommen kann.
- Um für andere Menschen interessant zu sein, muss man sich zunächst für sie interessieren.

fen lustiger Witze parat haben. Die verrückte, streng geheim gehaltene soziale Regel lautet wie folgt: Um viel zu lernen und öfter einbezogen werden, musst du ein wirklich guter Zuhörer werden. Willst du wissen, wie? Gut, dann lies mal weiter.

9 Spieglein! Spieglein!

Reflektieren, reflektieren, reflektieren

Asperger-Logik

Inzwischen hast du begriffen, dass Menschen zuzuhören – und nicht auf sie einzureden – eigentlich dazu dient, sie zu beeindrucken und sie dazu bringt, dich besser kennenlernen zu wollen. Klingt ziemlich einfach, oder? Falsch. Um ein guter, aktiver Zuhörer zu sein, muss man sich Gedanken machen, sich vorbereiten und viel, viel üben. Dabei kommt zuerst dein Körper zum Einsatz und zuletzt deine Worte. Und auch wenn es sich zunächst seltsam anhört, ist es in Wirklichkeit eine einfache Logik. Indem du andere ermutigst, über sich selbst zu sprechen, gibst du ihnen das Gefühl, wichtig zu sein. Und wenn du ihnen das Gefühl gibst, wichtig zu sein, wollen sie mehr mit dir zu tun haben.

Wo fangen wir also an?

Mit dem ganzen Körper zuhören

Deine Ohren sind vielleicht alles, was du zum Hören benötigst, aber du brauchst viel mehr, um zu zeigen, dass du zuhörst. Denke daran, dass die andere Person nicht erkennen kann, dass du zuhörst, wenn du es nicht mit deinem Körper deutlich machst.

Augen

Das ist für uns nicht ganz einfach. Im Allgemeinen zeigen NTs Interesse, indem sie Augenkontakt mit der anderen Person herstellen und halten. Für viele von uns ist Augenkontakt jedoch sehr unangenehm; wir denken dann mehr darüber nach, wie wir die Person ansehen, als darüber, was gesagt wird.

VERSUCHE ES MAL SO:

- Blicke auf die Stelle zwischen den Augen oder auf die Nase der Person; das erweckt den Eindruck, dass du in die Augen schaust.
- Sage: »Ich höre wirklich zu, manchmal kann ich aber aufmerksamer zuhören, wenn ich wegschaue.«

Verstand

Der menschliche Verstand kann nicht zwei Gedanken gleichzeitig denken. Das ist eine wissenschaftliche Tatsache. Wir können sehr schnell hin- und herwechseln, aber wir können nicht an zwei Dinge gleichzeitig denken. Das heißt, wenn du darüber nachdenkst, was du als Nächstes sagen willst, hörst du nicht zu, was dein Gegenüber sagt. Wenn du also gleich mit einem »Aber …« einsteigen willst, warte, bis du die ganze Aussage der anderen Person gehört hast. Du kannst nicht hören, was sie sagt, wenn du darüber nachdenkst, wie deine eigene Antwort lauten wird.

Hände, Füße etc.

Auf und ab hüpfen, nicht still sitzen, wie verrückt herumzappeln – all das mag sich für dich nicht ablenkend anfühlen. Vielleicht hörst du sogar besser zu, wenn du etwas hast, womit du deine Hände beschäftigen kannst. Aber für dein Gegenüber sieht es wahrscheinlich nicht so aus, als hörtest du wirklich aufmerksam zu. Wenn du dich viel bewegst, vermittelt das den Eindruck, dass du ungeduldig bist oder dich langweilst. Du könntest vielleicht sagen: »Was du sagst, ist wirklich interessant. Ich muss nur irgendwie meine Hände beschäftigen oder mich ein bisschen bewegen, damit ich wirklich gut zuhören kann.« Und das sollte absolut in Ordnung sein.

BENUTZE DEINEN GANZEN KÖRPER, UM ZU ZEIGEN, DASS DU AUFMERKSAM BIST:

- Neige dich zur sprechenden Person hin.
- Nicke gelegentlich mit dem Kopf, um zu zeigen, dass du das Gesagte verstehst und dem Gespräch folgst.
- Lächele, wenn es ein fröhliches Thema ist.
- Halten Sie die Arme nicht verschränkt vor dem Körper; das signalisiert sonst, dass du nicht offen für die Ideen anderer bist.
- Vermeide, dich ablenken zu lassen, beispielsweise durch ein Handy. (Erinnerst du dich an den Punkt, dass man nicht an zwei Dinge gleichzeitig denken kann? Das kannst du wirklich nicht.)

Ins Wort fallen

Auch wenn wir es nicht so meinen, zeigt das Unterbrechen einer anderen Person, dass wir uns nicht wirklich dafür interessieren, was sie sagt, und dass das, was du zu sagen hast, wichtiger ist. Ins Wort fallen ist eine weit verbreitete Angewohnheit – und eine, die schwer zu ändern ist. Wie kann man also damit aufhören?

- Schließe deinen Mund. Im wahrsten Sinne des Wortes. Wenn du den Mund geöffnet hast und gerade sprechen willst, schließe ihn. Selbst wenn du nicht sprichst, vermittelt das Öffnen des Mundes die Botschaft, dass du reden willst, anstatt zuzuhören.
- Stelle dir einen Notizblock vor. Einer der Hauptgründe dafür, dass wir andere unterbrechen, ist, dass wir Angst haben, zu vergessen, was wir sagen wollen. Stelle dir also einen Notizblock vor, auf dem du deine Gedanken aufschreiben kannst. Indem du dir den Gedanken vergegenwärtigst, kannst du ihn dir viel leichter merken. Wenn du einen echten Notizblock hast, kannst du deine Gedanken natürlich auch aufschreiben, achte aber darauf, der anderen Person trotzdem zuzuhören oder sie um eine kurze Pause zu bitten, damit du etwas aufschreiben kannst.

Sobald dein Körper mitmacht, ist auch dein Geist konzentrierter. Das ist ein guter Anfang. Du bist auf dem besten Weg, anderen zu zeigen, dass du ihnen zuhörst und dass du dich für das interessierst, was sie sagen. Das bedeutet, dass du andere dazu bringst, sich mehr für dich zu interessieren, und für das, was du schließlich sagen wirst.

Spieglein! Spieglein, Spieglein!

Du wendest dich der Person zu, nickst und hörst zu. Du benutzt diese ganze Körpersprache, die der Person, die spricht, deutlich macht, dass du ihr Aufmerksamkeit schenkst. Sie fühlt sich wichtig. Sie fühlt sich interessant. Und das alles nur deinetwegen. Das ist super. Menschen handeln auf der Grundlage der Gedanken, die sie über etwas oder jemanden haben, und der Gefühle, die sie für ihn hegen. Indem du der sprechenden Person das Gefühl gibst, dass sie wichtig und interessant ist, hast du ihr wirklich gute Gedanken über dich vermittelt.

Du weißt nun, wie du deine Körpersprache einsetzen kannst – lass uns jetzt deine Stimme wieder mit ins Boot holen.

Reflektierendes Zuhören

Nach dem College ging ich an die Universität, um Beraterin (und dann Lehrerin) für Kinder der Mittel- und Oberstufe zu werden. Zu dieser Zeit wusste ich noch nicht, dass ich im Autismus-Spektrum war – oder was Autismus überhaupt war. Aber ich wusste, dass eine bestimmte Fähigkeit, die uns beigebracht wurde, einen großen Unterschied in der Art von Gesprächen machte, die ich mit Menschen führen konnte.

Ohne mir dessen bewusst zu sein, lernte ich, auf eine Art und Weise zuzuhören, die völlig unspektakulär ist … aber sehr, sehr wirkungsvoll. Diese Strategie nennt sich »reflektierendes Zuhören«. Für mich habe ich die Strategie »ein Spiegel sein« genannt. Das klingt zunächst vielleicht ein wenig nach »Psycho-Gefasel« – das Zeug, das Berater und Psychologen verwenden, aber lies auf jeden Fall weiter. Immerhin habe ich diese Strategie auf der Schule für Sozialarbeit gelernt. Und glaube mir, es funktioniert. Reflektierendes Zuhören lässt andere Menschen wissen, dass wir nicht nur zuhören, sondern sie auch verstehen. Es kann wirklich schwierig sein, die Ideen anderer Menschen zu verstehen. Zu *zeigen*, dass wir etwas verstehen, ist noch schwieriger – aber um anderen das Gefühl zu geben, gehört zu werden, ist genau das ein Muss.

Diese Fähigkeit macht die Zeit, die du mit deinen Eltern, Lehrern, Freunden, Dates, deinem zukünftigen Vorgesetzten, deinen Geschwistern verbringst, zu etwas ganz Besonderem.

Was es ist … und was es nicht ist

REFLEKTIERENDES ZUHÖREN IST:

- eine Möglichkeit, die Gedanken beim Zuhören nicht abschweifen zu lassen.
- eine Methode, sicherzustellen, dass du verstehst, was jemand tatsächlich sagt und fühlt, und nicht, was du glaubst, dass er gesagt oder gefühlt hat.
- der Beweis, dass du die Ideen des Redners verstehen willst.
- eine Möglichkeit, der sprechenden Person zu helfen, ihre eigenen Gedanken zu verstehen, wodurch sie sich stärker fühlt (und froh ist, mit dir zusammen zu sein)
- der Beginn besserer, wahrhaftigerer Freundschaften.

REFLEKTIERENDES ZUHÖREN IST NICHT:

- eine Möglichkeit, zu beweisen, dass du recht hast.
- eine Methode, jemanden zu überreden oder zu überzeugen, dir zuzustimmen.
- eine Erklärung deinerseits, dass du mit dem Standpunkt der Person einverstanden bist oder nicht, sondern nur, dass du ihn verstehst.

Nachfolgend nun eine Anleitung, wie du am besten vorgehst.

Schritt 1: Die Worte wiedergeben

Gib das Gehörte wieder (wiederhole es oder fasse es zusammen), aber in Form einer Frage, beginnend mit:

»Du fühlst ...« oder »Es klingt, als ob du ...« oder »Du fragst dich, ob ...«

Wenn du die Person richtig widerspiegelst (du also ein guter Spiegel bist), wird sie dir das auch sagen.

Wenn du die Botschaft nicht ganz verstanden hast, sollte die sprechende Person das auch sagen. Es kann sich sogar herausstellen, dass du zwar richtig zugehört hast, aber dass dein Gegenüber nicht genau das sagt, was es meint.

Zum Beispiel: Du hörst einen Freund sagen: »Ich kann nichts richtig machen!« Du erwiderst: »Hast du das Gefühl, dass du viel vermasselst?«

Schritt 2: Das Gefühl widerspiegeln

Der Moment der Herausforderung! Kannst du ein bestimmtes Gefühl in der Stimme der Person hören? Ich weiß, das ist schwierig, aber versuche es. Spricht die Person sehr schnell? Laut? Ganz leise? Schau dir ihren Körper an. Stampft sie mit den Füßen oder lässt sie die Schultern hängen? Weint sie? Lacht sie? Wird sie rot? All dies sind Hinweise auf die Emotionen, die sich unter der Oberfläche verbergen können. Und vielleicht kannst du deinem Gegenüber sogar helfen, zu erkennen, was es tatsächlich fühlt!

Ein guter Anfang sind (fülle die Lücken mit Gefühlswörtern aus, siehe »Die Regeln des Töpfchentrainings«, Seite 47):

»Du fühlst dich ....«

»Du klingst ....«

»Du siehst .... aus.«

»Fühlst du dich ....?«

Zum Beispiel: Deine Schwester sagt: »Das Mädchen benimmt sich wie eine Prinzessin.« Du könntest antworten: »Du klingst wütend« oder »Du siehst traurig aus« oder »Du scheinst verärgert.«

Schritt 3: Rückfragen

Nimm dir Zeit, um sicherzustellen, dass du verstehst, was dein Gegenüber dir sagt. Stelle ein oder zwei Fragen, um sicherzugehen, zum Beispiel mit einer der nachfolgenden Formulierungen:

»Du fühlst dich .... weil .... Ist das richtig?«

»Du fühlst dich .... , wenn ....«

»Du fühlst .... , dass ....«

Und ja, hier ist ausnahmsweise in Ordnung, zu unterbrechen! Fange die Unterbrechung am besten mit »Entschuldige, dass ich dich unterbreche …« an, und die andere Person wird sich nicht unterbrochen fühlen. Sie wird sich wichtig fühlen.

Zum Beispiel: Du hast deinen Freund sagen hören: »Bei meinem Bruder komme ich mir so dumm vor.« Du könntest antworten: »Du klingst ziemlich frustriert wegen deines Bruders. Stimmt das? Ist etwas passiert?«

Schritt 4: Glaube

Du musst nicht das Problem einer anderen Person lösen, das solltest du auch nicht. Denke daran, dass wir versuchen, aus der schrecklichen Rolle des »Besserwissers« herauszukommen. Oft reden die Leute nur, weil sie darauf vertrauen, dass du zuhörst, und nicht, weil sie eine Lösung von dir wollen. Dein Ziel ist es, der Spiegel zu sein – zu reflektieren, nicht zu urteilen oder Ratschläge zu erteilen. Sage also nicht einfach deine Meinung, wenn du nicht gefragt wirst. Zeige stattdessen, dass du an die Fähigkeit der anderen glaubst, Probleme zu lösen.

Das gilt es zu vermeiden

Diese Antworten stehen der Kommunikation im Weg. Sie bringen ein Gespräch zum Erliegen und sind nicht gerade hilfreich, wenn man zuhört:

»Das war dumm.«

»Da hast du völlig recht.«

»Es ist deine Schuld.« »Du irrst dich.«
»Ich glaube, du bist einfach nur ....«
»Was du wirklich brauchst, ist ...«
»Das erinnert mich an die Zeit, als ich ...«

Was du stattdessen versuchen kannst

Du möchtest die erzählende Person unterstützen und zur Problemlösung ermutigen:

»Und wie willst du das anstellen?«
»Was sollte deiner Meinung nach geschehen?«
»Was willst du als Nächstes tun?«
»Was hältst du von der ganzen Sache?«

Empathie – die Fähigkeit, die Emotionen anderer Menschen zu erahnen und nachzuempfinden – ist für jeden schwer zu fassen. Wir alle neigen dazu, aus unserer eigenen Perspektive zu raten, zu erzählen, zuzustimmen oder zu widersprechen. Sei also nicht frustriert, wenn dir das, vor allem am Anfang, seltsam oder unecht vorkommt. Wahrscheinlich wird es sich für dich etwas hilflos anfühlen, und vielleicht klingt es sogar für andere Menschen ein bisschen so. Aber was soll's? Du versuchst es immerhin. Und wenn du übst – mit der Familie, engen Freunden usw. –, wirst du gut genug darin werden, um ein viel besserer Zuhörer zu werden. Und das macht dich für den Rest der Welt viel interessanter.

Muss-ich-wissen-Regeln

- Du musst deinen ganzen Körper einsetzen, um jemanden zu zeigen, dass du wirklich zuhörst (denke daran: Die andere Person kann nicht erkennen, dass du aufmerksam bist, wenn du es nicht zeigst).
- Techniken des reflektierenden Zuhörens helfen dir, konzentriert zu bleiben und eine starke Verbindungen zu anderen Menschen aufzubauen.

WAS MACHST DU DA?
NUR NACH KOMPLIMENTEN ANGELN!
ÄHM... DU HAST SEHR SCHÖNE HAARE?

10 Gern geschehen

Die Macht der Komplimente

Asperger-Logik

Ich erinnere mich noch sehr genau daran, dass mich ein Date an einem Abend mal zum Rollschuhlaufen mitgenommen hatte. Das war irgendwie komisch (und lustig), denn ich war neunzehn und das Durchschnittsalter der Kinder um uns herum war wahrscheinlich zwölf. Jedenfalls gingen wir hinein, die Lichter drehten sich im Kreis und die Musik war aufgedreht. Die Angestellte hinter dem Tresen, ein sehr hübsches Mädchen in meinem Alter, kam herüber, um unser Geld entgegenzunehmen.

»Du hast den hübschesten Lidschatten«, sagte ich. Hatte sie auch. Die Farben waren weich und schön gemischt – und ich wusste genau, dass so ein Make-up nicht ganz leicht war. Sie schaute mich einen Moment lang an, fast misstrauisch. Als sie dann mein aufrichtiges Grinsen sah, erwiderte sie das Lächeln. »Vielen Dank«, sagte sie sichtlich erfreut. »Ich habe die Farben gerade erst gekauft.« »Sie sehen toll aus«, erwiderte ich und ging mit meiner Verabredung weg, um die Rollschuhe anzuziehen.

Als wir die Schuhe anzogen, schaute er mich an, offensichtlich beeindruckt. »Das war ziemlich erstaunlich«, sagte er. Ich hatte nicht die leiseste Ahnung, was er meinte. »Du hast ihr ein Kompliment gemacht –

und du hast es ernst gemeint. Du hast ihr nicht nur geschmeichelt, du hast etwas wirklich Nettes gesagt.« Ich zuckte mit den Schultern und lächelte: »Keine große Sache. Ich war nur ehrlich.«

Ich habe gelernt, dass Frauen und Mädchen sich nur selten gegenseitig ehrliche Komplimente machen. Wenn ich etwas Nettes über dich sage, scheint es nur zwei Möglichkeiten zu geben: Entweder will ich etwas von dir, oder ich bin falsch und gehässig. Wie lächerlich, dachte ich damals. Und denke ich auch heute noch.

Komplimente sollten wie kleine Geschenke sein. Offenbar ist es aber viel komplizierter als das. Neurodiverse Menschen fügen oft noch eine weitere Ebene hinzu. Wir neigen dazu, ein Kompliment, das jemand anderem gemacht wird, als eine Herabsetzung unserer selbst zu betrachten. Aber das ist schlichtweg nicht so.

—— Komplimente an andere sind keine versteckten Beleidigungen an dich. ——

Wenn deine Lehrerin das Gedicht eines anderen Schülers lobt, heißt das nicht, dass deines schlecht ist. Das ist nicht der richtige Zeitpunkt, um zu sagen: »Oh, aber schauen Sie sich doch mal meins an!« Du würdest einen Wettbewerb schaffen, wo keiner existiert, und wie ein schlechter Verlierer aussehen. Oder wenn ein Trainer zu jemandem aus dem Team sagt: »Überragender Lauf«, würdest du nicht mit einem weinerlichen »Ich bin auch schnell gelaufen!« antworten. Niemand hat behauptet, dass du eine lahme Ente bist.

Wenn wir nicht in der Lage sind, mit Lob für jemand anderen umzugehen, spricht unsere eigene Unsicherheit aus uns. Und das ist nicht besonders attraktiv. Wir müssen in unseren Köpfen Platz für die Talente und Fähigkeiten anderer Menschen haben, ohne uns bedroht zu fühlen oder zu denken, dass wir plötzlich wertlos oder zumindest weniger wert sind.

Es ist nicht nur schwer für uns, sich einzugliedern, es fühlt sich manchmal an wie das Letzte, was wir auf der Welt tun wollen. Zu lernen, als Mitglied einer Gruppe zufrieden zu sein, anstatt immer etwas Besonderes zu sein, kann riskant erscheinen. Werden wir dann überhaupt noch jemandem etwas bedeuten?

Die Antwort lautet: Ja, das tun wir, und du wirst es tun … mehr denn je. Sieh mal, jeder Mensch hat einzigartige Gaben zu bieten. Das ist kein Zufall. Wenn jeder von uns der beste Sänger der Schulklasse wäre, wer würde dann am Broadway singen? Wenn jeder Wissenschaftler der beste Chemiker wäre, wer würde dann die Sterne erforschen? Wir versuchen oft, uns von der Masse abzuheben – im Guten wie im Schlechten –, weil wir denken, sich anzupassen bedeutet zu verschwinden. Und dieser Gedanke macht jedem Angst!

Der Wunsch, sich wichtig zu fühlen, ist wahrscheinlich eine der größten Kräfte auf der Welt. Schüchterne Menschen ziehen sich in den Hintergrund zurück, Mutige suchen bis zum Äußersten nach Aufmerksamkeit und Bewunderung. Aber glaube mir, wenn du andere lobst (oder zumindest tolerierst, dass andere gelobt werden), wird deine Bedeutung nicht geringer. Im Gegenteil, es erhöht die Wahrscheinlichkeit, dass man auch dir ein Kompliment macht. Erinnerst du dich an die Goldene Regel? Was du nicht willst, das man dir tu …

Der berühmte Schriftsteller Ralph Waldo Emerson sagte: »Jeder Mensch, dem ich begegne, ist mir in gewisser Weise überlegen. Dadurch lerne ich von ihm.« Er hat nicht gesagt: »Ich fühle mich von ihm bedroht.« Oder: »Ich muss mich mit ihm messen.« Nein, er sagte, man solle aufrichtig darauf achten, was man von jedem Menschen lernen könne. Also, blättere mal zurück: Wie hat mein Date reagiert, als ich einem anderen hübschen Mädchen ein Kompliment gemacht habe? Hat er plötzlich auf meinen Lidschatten geschaut und gedacht: »Ihr Make-up ist nicht so schön?« Hat er mich für das Mädchen an der Kasse sitzen lassen? Wohl kaum. Er war beeindruckt, dass ich das Können einer anderen zu schätzen wusste, ohne dass ich das Gefühl hatte, mein eigenes in Frage zu stellen. Deine warmen Worte über oder zu einer anderen Person werden dich nicht schmälern; ganz im Gegenteil. Du wirst durch Zuversicht und Freundlichkeit strahlen.

—— Komplimente sind wie ein Lächeln – je mehr du gibst, desto mehr wirst du erhalten. ——

Wie man ein gutes Kompliment macht

Herauszufinden, wie man ein anständiges Kompliment macht, scheint ziemlich offensichtlich zu sein. Ist es aber nicht. Schmeicheleien sind einfach – aber nicht sehr aufrichtig. Und allgemeine Komplimente sind nicht sehr wirkungsvoll.

Schritt 1: Spezifisch sein

»Das Kleid steht dir wirklich gut« ist viel aussagekräftiger als »Du siehst gut aus«. »Das war eine wirklich interessante Frage, die du heute in Geschichte gestellt hast« ist viel besser als »Gute Präsentation heute«. Je genauer du beschreibst, was du bewunderst, desto mehr zeigst du, dass du aufmerksam bist.

Schritt 2: Sei noch genauer

Nenne das »Warum?« zu dem, was du gesagt hast. Warum sieht das Kleid schön aus? »Das Kleid steht dir sehr gut, weil die Farbe zu deinen Augen passt.« Warum war die Frage interessant? »Das war eine wirklich interessante Frage, die du im Geschichtsunterricht gestellt hast, weil du einen Punkt angesprochen hast, über den ich noch nie nachgedacht habe.«

Muss-ich-wissen-Regeln

- Komplimente an andere sind keine Beleidigung für dich.
- Die Fähigkeit, aufrichtige Komplimente zu machen, ist der sicherste Weg, ebenfalls welche zu erhalten.
- Konkrete Komplimente sind am stärksten.
- Nimm Komplimente mit einem Lächeln und einem »Danke« an.

Kleine Motivationssätze für dich

Es erfordert Mut, erwachsen zu werden und die Person zu werden, die du wirklich bist.

Mutig zu sein, bedeutet, Angst zu fühlen und es trotzdem zu wagen.

Denke in »und«, nicht »aber«. Richte das Mögliche neu aus.

Menschen werfen Steine auf glänzende Dinge. Strahle trotzdem.

Schritt 3: Mache weiter

Komplimente können wirklich gute Gesprächseinstiege sein. Stelle einfach eine Frage zum Thema des Kompliments, um das Gespräch in Gang zu halten. Wenn du zum Beispiel ein Lego-Kunstwerk bewunderst: »Wo hast du dieses Set gefunden? Das habe ich noch nie gesehen!« Oder, im Falle der Geschichtsfrage: »Hast du viel über Churchill (oder was auch immer das Thema war) gelesen?«

Gern geschehen

Ein aufrichtiges Kompliment ist immer eine willkommene Aufmunterung für den Tag. Nimm anderen Personen diesen Auftrieb nicht weg, indem du ihn in Frage stellst oder dich davon bedroht fühlst. Du hast deine eigenen, einzigartigen Talente zu bieten, auch wenn du noch dabei bist, sie zu entdecken (ich bin es, weiß Gott, auch immer noch!). Mache Komplimente – ehrlich und oft. Es wird Menschen geben, die sie zurückweisen oder sogar mit dir streiten, aber das ist deren Problem, nicht deines. Und wenn dir Komplimente gemacht werden (was der Fall sein wird), nimm sie dankbar an, ohne viel Aufhebens oder Trara. Lächle, sage »Danke«, und sei stolz auf das Lob, das du verdient hast.

HMM, SEHR
... KNUSPRIG!

11 Gebrochene Spaghetti

Die Vorteile, wie eine gekochte Nudel zu denken

Asperger-Logik

Wir wissen bereits, dass das autistische Denken ein wenig starr sein kann. Alles oder nichts. Schwarz oder weiß. Es gibt nicht viel Platz für »unscharfe« Grauzonen. Du nimmst diese Straße und keine andere, um dorthin zu gelangen, wohin du musst, weil sie der direkteste und schnellste Weg ist – da gibt es keine Diskussionen. Du bestellst Pizza bei einer bestimmten Pizzeria, weil es die beste ist – keine Diskussion. Ich spiele Batman und du Joker – weil ich es sage. Ich bin die Lehrerin und du bist der Schüler; tu jetzt, was ich sage. Ich bin nicht herrisch, ich habe nur recht. Schließlich hat jeder ein Recht auf meine Meinung.

Ja, ich denke, du verstehst, was ich meine. Es ist etwas komisch. Wir fühlen uns wohler, wenn wir das Sagen haben, damit wir anderen sagen können, wie die Dinge wirklich laufen sollten (mit den besten Absichten!), aber unsere Führungsqualitäten (das heißt, wie gut wir andere ermutigen und führen) sind ein kleiner Schwachpunkt.

In fast jeder kleinen Gruppe, an die ich mich erinnern kann – Arbeitsgruppen in der Schule, meine Studentenverbindung, Tennis, Cheerleading, sogar die Elternvereinigung der Vorschule meiner Kinder – war ich lautstark, logisch und leidenschaftlich. Ich wusste eine Menge. Und normalerweise, zumindest am Anfang, wurde ich gebeten, eine Führungsrolle zu übernehmen. Aber dann: Boom. Meine weniger als fabelhaften sozialen Kompetenzen kamen zum Vorschein und plötzlich war ich am Ende.

Ich muss zugeben, dass ich eine Weile gebraucht habe, um zu verstehen, warum das nicht geht. Wenn ich am meisten über etwas wusste und mich am meisten dafür interessierte, sollte ich dann nicht auch das Sagen haben? Nicht zu meinem eigenen Wohl, sondern zum Wohl von ... nun ja, was auch immer die Sache sein mag. Nö.

Die Vorteile, wie eine gekochte Nudel zu denken

Eilmeldung: Gute Führungskräfte sind nicht immer diejenigen, die die meisten Fakten gesammelt oder die meiste Zeit investiert haben; sie verschwenden keine Zeit damit zu zeigen, warum sie recht haben. Die besten Führungskräfte können sich die Ideen anderer anhören, sie respektieren und einbeziehen und sagen niemals: »Du liegst falsch«.

Kurz gesagt, sie sind gekochte Nudeln. Moment mal! Bedeutet eine gekochte Nudel zu sein nicht, dass man ein Weichei oder ein Schwächling oder etwas in der Art ist? Nun, ja, in manchen Fällen ist das wahr. Aber für unsere Zwecke bedeutet es, ein flexibler Denker zu sein. Du wirst schon noch sehen.

Spektrumsdenken ist, wie ich schon sagte, meist etwas starr. Wir wollen nicht rechthaberisch sein, wir sind nur sicher, dass wir recht haben. Das ist unser natürlichster Denkstil – und er hat eindeutige Vorteile. Die Details und den Stress der endlosen Möglichkeiten auszublenden, ist beruhigend – wie das Ausblenden von lästigem Lärm. Es ist zum Beispiel einfacher, sich für eine Position zu entscheiden: dafür oder dagegen, ja oder nein. Es geht schneller, entweder mit A oder B zu antworten. Es ist effizienter. Es ist weniger anstrengend!

Aber das ist keine Garantie dafür, dass wir die beste – oder einzige – Lösung finden. Starres Denken ist das, was ich damit meine, »ungekochte

Spaghetti« (oder andere ungekochte Nudeln) zu sein. Gehe mal in deine Küche, hole dir welche und schaue sie dir an. Starr, gerade und schmal. Biegst du sie zu sehr – zack! Sie brechen. Biegt man uns zu weit – zack! Wir brechen zusammen.

Die Alternative ist die gekochte Nudel. Sie ist dehnbarer, biegsamer und insgesamt anpassungsfähiger. Flexible Denker – Gekochte-Spaghetti-Menschen – sind eher in der Lage, sich an Veränderungen in der Routine anzupassen, Lösungen für neue Probleme zu finden und ihre Ziele zu ändern, wenn sich die Möglichkeiten ändern. Mit anderen Worten: keine Zusammenbrüche. Sie drehen und wenden sich, bleiben aber ganz.

Die einzige Konstante auf der Welt

Wenn man jung ist, scheint alles ewig zu dauern. Die Schlange im Lebensmittelladen. Das Warten auf den Führerschein. Es ist schwer zu erkennen, wie schnell sich alles ändert. Aber es ändert sich. Eigentlich ist Veränderung die einzige Konstante im Leben. Freunde ziehen um. Wir machen unseren Abschluss und gehen auf eine neue Schule. Haustiere gehen von uns. Egal wie sehr wir versuchen, alles beim Alten zu belassen, wir können es nicht. Mein Vater ist 2007 gestorben. Nichts, was ich tun

Muss-ich-wissen-Regeln

- Führungspersönlichkeiten hören sich die Ideen anderer an und respektieren sie. Ihr Verstand ist biegsam wie gekochte Spaghetti.
- Ein starrer Denker zu sein (»mein Weg ist der einzig richtige Weg«) ist wie ungekochte Spaghetti. Man zerbricht (oder bricht zusammen), wenn man aufgefordert wird, sich zu ändern.
- Das Einzige, was sicher ist, ist Veränderung.
- Wenn wir die Welt nur so handhaben können, wie wir sie erwarten, werden wir zerbrechen wie ungekochte Spaghetti.

kann, wird ihn zurückbringen. Im College aß ich jeden Tag mit denselben Mädchen am selben Tisch zur selben Zeit. Sie waren meine »Schwestern« und liegen mir noch immer sehr am Herzen. Aber jetzt lebe ich Stunden von ihnen entfernt und habe die meisten von ihnen seit einem Jahrzehnt nicht mehr gesehen. Meine Kinder – die ich über alles liebe – werden jeden Tag ein bisschen mehr erwachsen. Ein Zitat, das ich gesehen habe, macht das alles wieder gut. »Weine nicht, weil es vorbei ist«, hat jemand gesagt. »Lächle, weil es geschehen ist.« Jede Veränderung ist nur ein Teil deiner sich immer weiter entwickelnden Lebensgeschichte.

Die Welt ist chaotisch. Sie ist unberechenbar, und manchmal ist sie ungerecht. Und das kann erschreckend sein, ich weiß.

Egal, wie viele Routinen, Kalender, visuelle Zeitpläne oder andere Pläne, die wir machen: Das Leben wird mit Sicherheit unsicher sein. Und wenn wir starren Denker nur damit umgehen können, die Welt so zu verstehen, wie wir sie erwarten, werden wir zusammenbrechen. Es gibt also noch eine weitere Veränderung, die stattfinden muss: Wir müssen zu gekochten Nudeln werden. Oder zumindest Nudeln al dente. Lies ruhig weiter – es folgen Kochlektionen.

12 Nudeln kochen

Wie man dieses flexible Denken in die Tat umsetzt

Asperger-Logik

Gruppenarbeit mochte ich in der Schule am wenigsten. Ich hatte immer den Eindruck, dass ein oder mehrere Mitglieder nichts taten, während die anderen sich an die Vorgaben hielten und alles erledigten. Und dann war da noch das Problem, genau zu wissen, was zu tun ist und wie es zu tun ist, aber nicht als rechthaberisch oder besserwisserisch gelten zu wollen. Kann ich die Aufgabe nicht bitte einfach allein machen?

Nö. Damals nicht, und auch später nicht. Ich sage es nur ungern, aber die Arbeit in Gruppen hört nicht auf, wenn du die Schule oder die Uni abschließt. Gruppenarbeit findet überall statt. Klar, man kann Sportarten wählen – wie Kampfsport –, bei denen man auf sich allein gestellt ist. Und ja, man kann einen Beruf wählen – wie den eines Schriftstellers –, bei dem man viel selbständig denken und arbeiten kann. Aber auch Karateschüler müssen mit Sparringspartnern üben, und Autoren müssen auf ihre Lektoren hören. Universitätslabore sind auf Forschungsteams angewiesen. Regierungen geben Geld aus und verabschieden Gesetze auf der Grundlage von Ausschussarbeit. Geschworene entscheiden, ob ein Mann

OKAY ...
DEINE VARIANTE
FUNKTIONIERT AUCH!
KISS
the
COOK

freikommt. Ehen sind Teamarbeit. Das gilt auch für Familien. Gruppenarbeit findet sich einfach überall.

Was tust du also? Wie in aller Welt können wir erfolgreicher zusammenarbeiten? Es läuft alles auf ein Wort hinaus: R-E-S-P-E-K-T.

Mit anderen zusammenspielen

Die Meinung anderer zu respektieren ist nicht dasselbe, wie mit ihnen übereinzustimmen. Es bedeutet nur, dass du ihr Recht akzeptierst, zu glauben und zu sein, wer und was sie wollen, ohne dass du sie verurteilst. Schließlich mögen wir es auch nicht, wenn NTs uns als »seltsam« oder »anormal« beurteilen. Wir müssen ihnen die gleiche Höflichkeit entgegenbringen. Das ist Respekt.

Ungekochte Spaghetti sein: Die Don'ts

Wenn du bereit bist, das flexible Denken auszuprobieren, lass uns damit beginnen, welche Dinge du vermeiden solltest – und warum du sie vermeiden solltest:

- Sage niemals jemandem, dass er im Unrecht ist (dazu gehört auch die Verwendung anderer Formulierungen, die dasselbe bedeuten, wie »Das ist nicht richtig«, oder »Auf keinen Fall …«, oder »Wie kannst du nur denken, dass …« usw.). Die andere Person mag im Unrecht sein und du könntest recht haben, aber das ist im Moment nicht das Thema. Dein Ziel ist es nicht, recht zu haben, sondern effizient und effektiv mit der Person zusammenzuarbeiten. Wenn wir jemanden als falsch oder dumm bezeichnen oder ein Teammitglied auf andere Weise beleidigen, verletzen wir seinen Stolz. Wir bringen den anderen in Verlegenheit. Oder wir frustrieren ihn. Oder beides. Und wenn wir die Gefühle der anderen Person erst einmal verletzt haben, kann sie keine Logik und kein noch so guter Sachverhalt mehr überzeugen. Mitschüler wollen nicht mit uns arbeiten oder uns für Teams auswählen. Die Lehrer sind verärgert. Freunde (oder sogar Menschen, mit denen du vielleicht ausgehen möchtest) ziehen es vor, mit anderen Leuten abzuhängen.

— Sei achtsam. Ohne es zu merken, kannst du die Botschaft »Du irrst dich« auch auf andere Weise aussenden. Dein Körper und deine Stimme müssen zeigen, dass du gewillt bist, die Ideen der anderen zumindest zu respektieren. Das bedeutet: kein Augenrollen, kein genervtes Seufzen. Nicht laut werden oder Weggehen. Kein Aufgeben. Das sind alles Wege, um Menschen bzw. deren Meinung schlecht zu machen. Das alles vermittelt die Botschaft »Du bist so ein Idiot!« oder »Ich bin so viel besser als du« oder »Es ist mir egal, was du sagst«. Ganz gleich, wie frustriert, wütend, gelangweilt oder verärgert du bist, ganz gleich, für wie falsch du einen Standpunkt hältst, diese Art von Reaktion ist ganz und gar unter deiner Würde und vollkommen unangebracht.

Ungekochte Spaghetti sein: Die Dos

— Denke daran: Der andere kann mit seinen Fakten, seiner Argumentation, seiner Herangehensweise etc. völlig, komplett und absolut falschliegen. Aber er glaubt nicht, dass er sich irrt. Deshalb ist jede Zeit, die du darauf verwendest, ihn auf seine Fehler hinzuweisen, verschwendete Zeit. Um jemanden von etwas zu überzeugen, musst du herausfinden, warum er so denkt und sich so verhält, wie er es tut. Man muss sich in seinen Kopf hineinversetzen – und das beginnt mit Zuhören.

- Hör zu. Lies noch einmal das Kapitel »Spieglein! Spieglein!« (Seite 93), um das aktive und reflektierende Zuhören zu trainieren, denn die erste Aufgabe in einer Gruppe oder einem Team besteht darin, den anderen zuzuhören, ohne eine eigene Antwort zu planen.
- Es kommt nicht darauf an, was du sagst, sondern wie du es sagst. Das war der Lieblingsspruch meiner Mutter mir gegenüber. Ich glaube, ich habe ihn als Kind bestimmt eine Million Mal gehört, aber ich nehme an, das liegt vielleicht daran, dass ich ein bisschen mehr auf ihren Rat hören musste. Ja, es stimmt. Sanftes Feedback wird viel besser funktionieren als eine aggressive Reaktion. »Ich fände es toll, wenn ...« ist viel netter als »Mach es so ...« oder »Ich denke, du solltest ...«.
- Versuche, auf die Ideen anderer mit Wertschätzung zu reagieren. Wir reden hier nicht über leere Floskeln – finde eine ehrliche Anerkennung für den Beitrag des anderen und kommuniziere sie auch. »Du hast viel recherchiert!« oder »Das ist eine hilfreiche Idee« zeigen Wertschätzung und bieten Ermutigung, ohne der Schlussfolgerung zuzustimmen.
- Präsentiere deine Idee als Frage und nicht als Forderung oder Tatsache. Verwende das kleine Wörtchen »und« anstelle von »aber«. Versuche es mal: »Habt ihr auch an ... gedacht?« oder »Ich habe mich gefragt, ob es auch funktionieren könnte, wenn wir ...« oder »Super. Und außerdem, was haltet ihr alle davon, wenn ...?«

- Schlage vor, die Fakten gemeinsam zu prüfen. In einem der berühmtesten Bücher zum Thema »Mit anderen auskommen«, das je geschrieben wurde, heißt es: »Niemand wird dir jemals widersprechen, wenn du sagst: ›Ich könnte falschliegen. Prüfen wir die Fakten‹.«[8] Stattdessen kannst du sagen: »Bist du einverstanden?« oder »Nun, ich hatte eigentlich eine andere Idee, aber vielleicht irre ich mich. Das wäre ja nicht das erste Mal! Könnten wir uns alle Fakten gemeinsam ansehen?« Plötzlich hast du ein Team gebildet, in dem jeder eine Stimme hat, die gehört wird.

Die ganze Sache mit der Sichtweise der anderen Person

Henry Ford, Erfinder und Legende der Automobilindustrie, sagte: »Wenn es ein Erfolgsgeheimnis gibt, dann liegt es in der Fähigkeit, den Standpunkt des anderen einzunehmen und die Dinge sowohl aus seiner Sicht als auch aus der eigenen zu sehen.« Es ist vielleicht gar nicht so überraschend, dass Ford als mutmaßlicher Asperger den Wert der Perspektive erkannte – es war für ihn wahrscheinlich genauso schwer herauszufinden wie für dich und mich.

Ich würde sogar noch einen Schritt weiter gehen und sagen, dass es nicht nur wichtig ist, die einzigartige Sichtweise jeder Person zu akzeptieren, sondern auch zu verstehen, warum sie so denkt. Persönliche Erfahrungen haben oft einen großen Einfluss auf die Meinung der Menschen. Der Familie eines Soldaten fällt es vielleicht schwer, Diskussionen von Kriegsgegnern zu tolerieren. Jemand, der kürzlich verlassen wurde, möchte vielleicht nicht unbedingt hören, warum »Liebe die tollste Sache der Welt ist«. Je mehr du über den Gesprächspartner weißt, desto besser verstehst du, warum er glaubt, was er tut, auf welche einzigartigen Erfahrungen er zurückgreifen kann und welche sensiblen Themen er vielleicht nicht ansprechen möchte.

Wenn Emotionen im Spiel sind, wird die Logik niemals die Oberhand gewinnen. Die Wahrheit ist, dass alle erfolgreich sein wollen. Sie wollen sich klug, wichtig und beliebt fühlen, genau wie du. Ich weiß, dass es schwer ist, in einer Welt zurechtzukommen, in der so vieles verwirrend erscheint. Eine der größten Ängste, die wir ständig mit uns herumtragen, ist, dass wir nicht wissen, was auf uns zukommt. Wir wissen nicht, was passieren wird oder was jemand sagen wird oder wie er reagieren wird. Also häufen wir eine Routine nach der anderen an, einen Termin nach dem anderen, ein Ritual nach dem anderen, um zu versuchen, die Welt zu organisieren. Aber es funktioniert nicht. Wir sind immer noch ängstlich.

Nimm dir Folgendes als Leitfaden: Jeder hat das Gefühl, die wichtigste und interessanteste Person der Welt zu sein. Wenn du das nächste Mal in ein Gespräch verwickelt bist oder du dich für eine Aufgabe, ein Date oder eine Party verabredest, frage dich: »Wie würde ich mich fühlen, wenn ich an ihrer Stelle wäre? Was würde ich hören wollen?« Reagiere nicht mit dem, was du sagen willst oder was du gerade fühlst. Reagiere auf das, was die andere Person fühlen könnte. Wenn du diese eine Regel beherzigst, wird sich das Leben nicht mehr so beängstigend oder unberechenbar anfühlen, einfach weil du dir die Zeit genommen hast, den Standpunkt eines anderen zu berücksichtigen. Und du hast dich wie eine gekochte Nudel verhalten.

Muss-ich-wissen-Regeln

- Gruppenarbeit ist eine lebenslange Erfahrung – sie endet nicht mit dem Ende der Schulzeit.
- Wie du etwas sagst, ist genauso wichtig wie das, was du sagst.
- Anders ist nicht gleich falsch. In der Regel gibt es mehr als einen Weg, ein Problem gut zu lösen.
- Jeder hat das Gefühl, der wichtigste und interessanteste Mensch der Welt zu sein.
- Sag nicht immer, was du sagen willst oder was du fühlst. Frage dich, was die andere Person fühlen könnte. Und gehe auch darauf ein.

UND DAS SOLL
HILFREICH SEIN?

13 Du musst das Kissen festhalten

Asperger-Logik

Wenn ich ein Manuskript bei meinen Lektoren und Verlegern einreiche, weiß ich, welche Botschaften ich den Lesern vermitteln möchte. Ich habe mir Gedanken über mein Publikum gemacht und darüber, was es wissen will. Ich habe über meine eigenen Erfahrungen nachgedacht und eine Menge Erinnerungen durchlebt, um diejenigen herauszufiltern, die meine Ideen am deutlichsten illustrieren. Das ist eine Menge Arbeit – und mehr als das: In diesen Worten steckt eine Menge Herzblut. Um es ganz offen zu sagen: Es ist mir wichtig, was ich schreibe, und es ist mir wichtig, dass es dir gefällt.

Doch bevor diese Worte bei dir ankommen, passieren sie Lektoren und Verlagsteams, Marketingstrategen und Produktionsabteilungen. Und das ist beängstigend. Jede der lesenden Personen hat eine Meinung. Deshalb werde ich – unabhängig davon, wie gut mein ursprüngliches Manuskript ist – konstruktive Kritik erhalten.

Machen wir mal ein kleines Experiment. Stelle dir vor, du hättest stundenlang (und stundenlang, und stundenlang) am Computer gesessen und einer Welt von Fremden dein Herz ausgeschüttet. Wie wirst du reagieren, wenn die Rückmeldungen in deinem Posteingang eintreffen? Halte diese Gedanken nun fest. Wir kommen gleich darauf zurück.

Kritik ist beängstigend. Sie ist direkt und einschüchternd. Wir alle wollen absolut gemocht (oder geliebt) werden. Und Kritik kann wehtun. Sie kann dein Selbstvertrauen erschüttern. Aber, seien wir ehrlich, nur so können wir herausfinden, was wir besser machen können. Und wenn wir uns nicht damit zufriedengeben wollen, für den Rest unseres Lebens alles so gut zu machen, wie wir es heute können, müssen wir lernen, Kritik zu ertragen. Mehr als das, wir müssen lernen, sie zu nutzen.

Niemand mag es, kritisiert zu werden, aber es ist nicht ungewöhnlich, dass es für Menschen im Autismus-Spektrum besonders schwer ist, damit umzugehen. Erinnerst du dich an die Veranschaulichung »Halte das Kissen fest« (Seite 21), die ich in der Einleitung erklärt habe? Selbst wenn die Beobachtungen anderer weich und sanft sind (wie ein Kissen), flippen wir oft mehr als nur ein wenig aus, wenn sie uns entgegengeschleudert werden. Der Sinn dieser ganzen »Kissen«-Geschichte ist: Wenn wir diesen Kissen ausweichen oder sie abprallen lassen, dann bleiben sie um uns herum liegen und werden immer wieder nach uns geworfen. Wahrscheinlich jedes Mal härter. Wenn wir die Kissen aber auffangen können – wenn wir das Feedback in aller Ruhe festhalten können, dann gibt es bald nichts mehr, was nach uns geworfen werden kann. Die Kissenschlacht ist vorbei.

Ich habe recht. Du liegst falsch. Und das war's.

Manche von uns sind sich einfach zu sicher, dass ihr Weg der richtige ist. Wenn unsere Denkweise in Frage gestellt oder abgelehnt wird, fühlen wir uns nicht respektiert. Wir sind zu sehr darauf fixiert.

Als ich auf dem College war, war ich Vorsitzende meiner Studentenverbindung (was sich vielleicht seltsam anhört, aber nicht alle Menschen im Spektrum sind introvertiert ... wir können auch extravertiert sein, nur eben für kürzere Zeiträume). Unter anderem war ich für unsere Partys zuständig. In einem bestimmten Semester hatten wir das Problem, dass die Mitglieder mehr Gäste einluden, als sie durften. Das führte dazu, dass uns die Erfrischungen zu schnell ausgehen würden, der Partyraum zu voll werden würde und wir mehr Geld für Material ausgeben müssten, als das Budget hergäbe. Das alles erklärte ich in einer Versammlung. Alle waren sich einig, dass jedes Mädchen nur zwei Einladungen ausgeben durfte, die die Gäste dann zum Einlass vorlegen mussten.

Am Abend der Party lief alles reibungslos – es waren viele Leute da, aber nicht zu viele, die Musik machte Spaß, alle sahen toll aus und hatten viel Spaß. Dann gab es ein Problem an der Tür. Dort standen zwei Typen aus der Oberstufe, die reinwollten. Es waren nette Jungs, aber sie waren bekannt dafür, völlig aufzudrehen ... und sie hatten keine Einladungen. Höflich (und nervös) sagte ich, dass sie gehen müssten. Aber die Präsidentin unserer Studentenverbindung, die selbst in der Oberstufe war, stand an der Tür und sagte ihnen, sie sollten trotzdem reinkommen. Dann drehte sie sich zu mir um und sagte, ich würde aus einer Mücke einen Elefanten machen. »Hör auf, so ein Tugendbold zu sein«, sagte sie zu mir. Es sei schließlich eine Party und alle wollten einfach nur Spaß haben.

Ja gut, ich gebe es zu – ich wurde wütend. Richtig wütend. Und das habe ich auch gesagt. Obwohl ich zwei Jahre jünger war als sie (was bedeutete, dass sie mir sowohl in ihrer Position als auch im Alter überlegen war), hatte sie die Regeln gebrochen. Was mich betraf, so leitete ich diese Party und war für das Budget verantwortlich. Sie hatte kein Recht, mir zu sagen, was ich zu tun hatte, und genau das sagte ich ihr.

Lass mich diese Szene mit fünfzehn zusätzlichen Jahren an Perspektive malen. Wir hatten eigentlich beide recht. Was bedeutet, dass wir eigentlich auch beide im Unrecht waren.

Als Leiterin der Verbindung und Oberstufenschülerin hätte die Präsidentin mich privat zur Seite nehmen und höflich sagen sollen, dass wir eine Ausnahme von der Regel machen würden, anstatt mich in der Öffentlichkeit zu blamieren. Ihr Stil war miserabel. Aber weißt du was? Sie hatte genug von ihrer Zeit und ihren Talenten in die Gruppe gesteckt, sodass sie es verdient hatte, zu einer Party einzuladen, wen immer sie wollte.

Und ihre Kritik an mir war auch berechtigt. Ich war so sehr auf »die Regel« fixiert, dass ich das Gesamtbild übersehen hatte – das war es nicht wert, viel Aufhebens darum zu machen. Die Jungs rauszuschmeißen, hätte sie und wahrscheinlich viele ihrer Freunde, die bereits drinnen waren, verärgert. Ich war eine ungekochte Spaghetti, ein starrer Denker. Ich war mir sicher, dass ich recht hatte und sie im Unrecht war. Die größeren sozialen Folgen, die ich hätte verursachen können, kamen mir gar nicht in den Sinn.

Alte Wunden

Es gibt noch einen weiteren Grund, aus dem es uns schwer fallen kann, mit einer kritischen Bewertung oder einer Meinungsverschiedenheit fertigzuwerden. Viele von uns haben bereits genug Kritik für ein ganzes Leben erfahren. Für diejenigen, die gemobbt wurden (von Lehrern, Kindern oder sogar Familienmitgliedern), fühlt sich ein weiteres Urteil so an, als würden wir erneut angegriffen werden. Du kannst dir sogar die Wortwahl anhören, mit der einige von uns Kritik beschreiben: »Ich wurde … angegriffen, geschlagen, fertiggemacht.« Das liegt daran, dass wir uns genauso fühlen, als wären wir gegen einen Spind geschleudert, in einer Toilette in die Enge getrieben oder auf dem Spielplatz erschreckt worden. Wieder einmal. (Und ich weiß das, weil ich all diese Dinge erlebt habe.) Wir fühlen uns wirklich bedroht. Oder dumm. Weniger wert. Einsam. Abgelehnt. Korrigiert oder getadelt. Und das ist einfach zu viel Schmerz, um ihn zu ertragen.

Was machst du, wenn jemand dich tatsächlich angreifen will? Kämpfen oder flüchten, richtig? Du rennst weg oder du kauerst dich zusammen oder wehrst dich mit allem, was du hast. Mein Freund ist wirklich klug – ein Typ, der zum Spaß über Quantenphysik spricht. Aber die Schule war furchtbar für ihn. Er hat Lernschwierigkeiten wie eine Aufmerksamkeitsdefizit-Hyperaktivitätsstörung (ADHS) und Legasthenie, die in seiner Kindheit nie diagnostiziert wurden. Obwohl sein IQ das Gegenteil zeigt, fühlte er sich immer dumm und bekam schlechte Noten. Es ist daher nicht allzu überraschend, dass jede Art von Kritik, die ihm das Gefühl gibt, dass jemand seine Intelligenz in Frage stellt, ihn ganz schön fertigmacht.

Der alte Instinkt, sich selbst zu schützen, ist immer ganz nah an der Oberfläche. Er geht sofort in Kampfposition – ballt sogar die Fäuste oder beißt die Zähne zusammen und muss sich selbst daran erinnern, dass niemand in diesem Haus denkt oder sagen würde, er sei »dumm«. Er hört

Muss-ich-wissen-Regeln

- Niemand mag Kritik, aber nichts verbessert sich ohne sie.
- Schwarz-Weiß-Denken (als ungekochte Spaghetti) kann es schwer machen, Kritik wirklich anzunehmen.
- Alte Wunden, die durch Mobbing entstanden sind, können dazu führen, dass sich Kritik wie ein echter Angriff anfühlt, auch wenn niemand darauf aus ist, uns zu verletzen.
- Wir müssen in der Lage sein, »das Kissen festzuhalten«, um zu lernen und als Mensch zu wachsen.

sozusagen nur die alte Leier in seinem Kopf von damals. Und so kann er vor lauter Lärm in seinem Kopf kaum einen Wert der Kritik erkennen.

Bearbeitung

Niemand mag es, kritisiert zu werden. Und um ehrlich zu sein, gutes Feedback zu geben, ist echt schwierig. Aber wenn eine Botschaft gut rübergebracht wird, von jemandem, dem es wichtig ist, und wenn wir lernen können, »das Kissen festzuhalten«, werden wirklich gute Veränderungen stattfinden. Das verspreche ich.

Man sagt, dass Kritik wie ein Schmerz im Körper sei – nicht besonders angenehm, aber notwendig. Sie lenkt die Aufmerksamkeit darauf, das zu reparieren, was kaputt ist.

Erinnerst du dich, dass ich dir vom Bearbeitungsprozess erzählt habe? Das Erstaunlichste, was passiert ist, ist, dass ich gelernt habe, wem ich vertrauen kann und wann ich zuhören muss. Ich vertraue darauf, dass ich eine gute Autorin bin. Ich vertraue darauf, dass Menschen, die den ganzen Tag lang Bücher lesen, wollen, dass meine Bücher gut werden. Ich vertraue auf das Können meiner Lektoren, und sie vertrauen auf meine Leidenschaft. Jetzt hole ich tief Luft, öffne die E-Mail und weiß, dass die Worte, die ich lese, mir helfen werden, etwas Besseres zu schaffen, als ich es jemals allein hätte tun können.

OKAY ... ICH BIN BEREIT ...
LOS GEHT'S!

14 Durchatmen und den Hammer beobachten

Wissen, wie man mit Kritik umgeht

Asperger-Logik

»Konstruktive Kritik« ist ein seltsamer Ausdruck. Es ist eine Art Oxymoron wie »Jumbo-Shrimp«. Kritik weist im Allgemeinen auf Schwächen hin, oder? Das ist nicht gerade vertrauensaufbauend.

Es stimmt, niemand mag es, wenn man ihm sagt, dass er im Unrecht ist. Und es ist sehr, sehr schwer, Kritik nicht persönlich zu nehmen. Da ist diese ganz natürliche Abwehrreaktion, über die wir vorhin gesprochen haben. Also verschließen wir unseren Verstand, verbeißen uns und werden entweder stur, wütend oder gemein. Oder vielleicht alle drei. Und weißt du, wer dabei verliert? Niemand außer man selbst.

Stelle es dir mal so vor: Du siehst, wie jemand mit einem Hammer auf dich zukommt – etwas Gewaltiges, das dich verletzen kann. Du schützt also deinen Kopf oder hebst die Fäuste, bereit zum Angriff. Halte stattdessen mal einen Moment inne. Atme tief durch. Dieser Hammer ist wie Kritik. Kritik kann ein Werkzeug zur Zerstörung sein, aber sie kann auch – von dir selbst – zum Aufbau genutzt werden. Sie kann dich umwerfen oder genau das Werkzeug sein, das du brauchst, um dich aufzubauen.

Die Bombe entschärfen, die Perspektive schätzen

Okay, du wurdest kritisiert. Glaubst du, dass die andere Person mehr Erfahrung oder Informationen hat als du selbst? Ein Elternteil. Ein älterer Bruder. Dein Lehrer. Vertraust du darauf, dass diese Person glaubt, dass du es besser machen oder besser sein kannst? Wenn die Antwort Nein lautet und die Person nur versucht, eine Reaktion von dir zu bekommen, gib ihr nicht nach. Wenn du dich aufregst, gibst du deine Stärke ab.

Hast du schon einmal von der Entschärfung einer Bombe gehört? Nun, man kann auch gemeine Kritik entschärfen. Wenn dir jemand vorhält, wie dumm eine Idee oder wie falsch dein Make-up ist, entschärfe die Kritik, indem du der Person indirekt zustimmst.

Was?! Ja, du hast richtig gelesen. Das sähe dann so aus: »Weißt du (schüttle den Kopf oder lache ein wenig), das ist ein wirklich interessanter Punkt. Vielen Dank, dass du ihn angesprochen hast. Ich werde ihm sicher die Aufmerksamkeit schenken, die er verdient« (was übrigens keine ist!). Und jetzt geh weg oder wende dich ab. Und herzlichen Glückwunsch! Du hast dieser Person gerade gesagt, dass ihr Argument nicht einmal deine Zeit wert war. Die Kritik war lächerlich, und die Person war es auch. Gut gemacht, Asperkid. Gut gemacht.

Wenn jemand kritisiert, dem du vertraust

Lautet die Antwort auf die Frage »Vertraust du dieser Person?« hingegen Ja, ist das Feedback wahrscheinlich wertvoll. Atme tief durch, »halte das Kissen fest« und höre dir die Kritik gut an.

Wir haben gerade ein ganzes Kapitel damit verbracht, zu klären, warum Kritik für autistische Menschen besonders schwer zu ertragen ist. Selbst wenn wir also verstehen, dass sie gut für uns sein kann, wie nehmen wir sie an? Im wirklichen Leben wirst du starke Emotionen empfinden, ich sage also nicht, dass es einfach wird. Nicht einmal annähernd. Ich sage nur – von einer neurodiversen Person zur anderen –, dass du keine andere Wahl hast, wenn du in der NT-Welt zurechtkommen willst. Die Fähigkeit, Kritik zu tolerieren und zu nutzen, ist eines der wichtigsten Kriterien dafür, ob wir reif sind – oder eben nicht.

Tipp 1: Es geht nicht um dich

Bei konstruktiver Kritik geht es immer nur um eine Idee, eine Handlung oder eine Sache. Es geht eigentlich nicht um dich. Das ist wirklich wichtig, deshalb sage ich es noch einmal: Bei konstruktiver Kritik geht es nicht um dich. Die Kritik kann sich auf deine Idee, deine Zeichnung, deine Leistung oder deine Entscheidung beziehen – aber sie ist kein Urteil darüber, wer du bist, oder wie klug oder wertvoll du als Person bist.

—— Verwechsle Kritik an dem, was du getan, geschaffen oder gesagt hast, nicht mit einer persönlichen Bewertung. ——

Tipp 2: Je defensiver du bist, desto wahrscheinlicher ist es, dass die Kritik (zumindest teilweise) berechtigt ist

Glaubst du nicht? Okay, versuchen wir dieses Experiment. Nehmen wir an, ich komme zu dir und sage: »Du bist ein alter Knacker.« Das ist natürlich lächerlich. Da ist überhaupt nichts Wahres dran. Du wirst dich also nicht aufregen.

Aber was wäre, wenn ich etwas anderes sagen würde? Etwas wie: »Du bist seltsam.« Nun, das ist nicht sehr nett, aber weißt du was, wir sind neurodivers, wobei der diverse Teil bedeutet, dass wir ein wenig anders sind als die meisten anderen Menschen. Wir sind nicht typisch. An dieser Bemerkung könnte also ein winziges bisschen Wahrheit dran sein. Vielleicht fühlst du dich sogar ein wenig unwohl und gehst ein wenig in die Defensive. »Was meinst du damit?«, könntest du zum Beispiel erwidern. »Wie kommst du darauf, mich seltsam zu nennen?«

Lasse uns das Experiment nun auf die Spitze treiben. Was wäre, wenn ich sagen würde: »Du bist ein verrückter Besserwisser und hältst dich für etwas Besseres als alle anderen. Niemand will mit dir befreundet sein«? Das würde jeden auf die Palme bringen, aber ganz besonders Autisten, weil es uns an unserer empfindlichsten Stelle trifft. Wir haben Angst, dass niemand unser Freund sein will. Und manchmal ist das sogar wahr.

Warum erzähle ich dir das alles? Weil ich denke, dass die letzte Aussage das Schrecklichste ist, was jemand zu dir oder einem anderen Asperkid sagen könnte. Und weil es zu mir gesagt wurde. Ich habe furchtbar geweint – weil ich glaubte, es sei wahr. Und das war es auch, zumindest ein bisschen.

Das ist die Gefahr für uns Asperkids. Wir »brechen« diese versteckten Regeln und senden am Ende alle möglichen Botschaften, die wir nicht beabsichtigen. Ich habe es meistens nicht bemerkt, aber ich habe mich oft wie eine Besserwisserin angehört. Und deshalb wollten nicht allzu viele Leute mit mir befreundet sein. Oh, sie hatten keinen direkten Grund, gemein zu sein – aber ich habe die Dinge mit meinem Verhalten auch nicht besser gemacht.

Erinnere dich an eine Zeit in deinem Leben, in der dich ein Kommentar von jemandem wirklich berührt hat. Sei ehrlich – hat die Aussage am Ende auch nur ein bisschen gestimmt? Wahrscheinlich ja, und deshalb hat sie dich so geärgert.

Tipp 3: Warte nicht darauf, dass »Mobber« gemein sind.

Suche die Kritik von Freunden und Menschen, denen du vertraust, in einer Menge, die du ertragen kannst. Wenn du mutig genug bist, zuzuhören, entdeckst du vielleicht Dinge, die du ändern kannst und die dein ganzes Leben verbessern werden. Hier ein paar Tipps, um den besten Nutzen aus den Ratschlägen, die sie geben, zu ziehen:

- Warte, bis sich dein Körper beruhigt hat. Wenn du etwas hörst, das schwer zu verarbeiten ist, wird dein Körper reagieren. Vielleicht hast du das Gefühl, dass du keine Luft bekommst oder dass du einen Kloß im Magen hast. Dir wird heiß und vielleicht errötest du auch. Vielleicht verkrampfst du dich. Während all das geschieht, kannst du nicht zuhören oder klar denken. Atme langsam und tief ein. Wenn es dir hilft, stelle dir vor, dass die Kritik an jemand anderen gerichtet ist. Und ganz wichtig: Tue, sage oder schreibe nichts, bevor du dich nicht beruhigt hast.

- Schließe deinen Mund und öffne deinen Verstand. Denke daran, dass du dem Feedback nicht zuhören kannst, wenn du gleichzeitig darüber nachdenkst, was du sagen willst. Argumentiere nicht und verteidige nicht. Höre einfach erstmal zu.
- Sei zuversichtlich und selbstbewusst. Es geht nicht um dich. Glaube an dich selbst und an deine Talente. Erinnere dich daran, dass die Kritik *kein* persönlicher Angriff ist. Sie wird geäußert, damit du dein Bestes tun und sein kannst. Verschwende deine Zeit oder Energie nicht darauf, irgendetwas zu verteidigen – höre auf die Wahrheit in der Kritik.
- Sei ein Spiegel. Nutze die Fähigkeit des reflektierenden Zuhörens. Wiederhole die Kritik, die du hörst. Vergewissere dich, dass du die Botschaft klar verstehst.
  »Du fühlst/denkst also (Gefühl/Beobachtung) über (dein Verhalten/deine Leistung/Idee), weil (die Kritik).« (Beispiel: »Du bist also besorgt über die Qualität meines Berichts, weil er nicht genügend Belege enthält?«)
- Stelle Fragen. »Was könnte ich anders machen? Hast du irgendwelche Vorschläge? Wie sollte ich es deiner Meinung nach angehen? Wusstest du, dass … (ergänze alle fehlenden Fakten)?« Achte darauf, dass du wirklich konkrete Verbesserungsvor-

schläge machst. Dies ist besonders wichtig, wenn der Kritiker eine allgemeine Beschwerde vorbringt, ohne eine Erklärung oder einen Vorschlag zu machen. Bitte den Kritiker, dir zu helfen, das zu sehen, was er sieht. Fragen wie diese werden dir helfen, die besten Ratschläge zu erhalten und die Kritik so objektiv (über eine Sache, nicht über dich) wie möglich zu gestalten.

- Bedanke dich und versuche es. Wenn du sicher bist, dass du die Kritik und den Lösungsvorschlag verstanden hast, bedanke dich bei der anderen Person und probiere den Rat aus. Sieh das Feedback als Chance, etwas zum Besseren zu verändern.

Wir sind wirklich gut darin, jedes Detail dessen zu kennen, was wir glauben und zu wissen, warum wir es für richtig halten. Das heißt aber nicht, dass wir immer recht haben oder dass wir die Besten sind, die wir sein können. Es kann in der Tat andere Perspektiven oder Fakten geben, die wir nicht bedacht haben. Aber die einzige Möglichkeit, diese zu entdecken, ist, dass sie uns jemand zeigt. Wenn du also jemanden mit einem Hammer in der Hand siehst, d. h., wenn du eine Kritik hörst, prüfe, ob die Person dich wirklich mit dem Hammer »erschlagen« will. Oder wird dir ein Werkzeug angeboten, das du brauchst, um ein besseres Ich zu schaffen?

Muss-ich-wissen-Regeln

- Kritik kann dich runterziehen. Sie kann dich aber auch aufbauen.
- Nimm Kritik von Menschen, denen du nicht vertraust, nicht zu persönlich. Suche sie bei Menschen, denen du vertraust.
- Je defensiver du auf Kritik reagierst, desto wahrscheinlicher ist es, dass sie wahr ist.
- Atme tief ein und aus, »halte das Kissen fest«, höre zu und lerne.

15

Sprich in Sandwiches und mache Vorschläge

Wissen, wie man gutes Feedback gibt

Asperger-Logik

Du weißt bereits, dass eine der am sichersten »versteckten« Regeln besagt, dass Menschen nicht gut darauf reagieren, wenn man ihnen sagt, dass sie falschliegen. Das liegt daran, dass Kritik häufig verletzend gemeint ist oder sich auf eine Person und nicht auf eine Idee, eine Handlung oder ein Ergebnis konzentriert. Wir haben darüber gesprochen, und es stimmt so weit auch alles. Aber das wirkliche Leben ist nicht die perfekte Welt. Wir können nicht zu jedem, den wir treffen, ehrlich sagen: »Du hast mit allem recht.« Das wäre nicht realistisch. Ein Beispiel: Du bist dabei, dein Zimmer neu zu gestalten, und deine Mutter bringt einen Haufen Farbmuster mit, von denen sie glaubt, dass sie dir gefallen werden; sie hat sich viel Mühe gegeben, aber du findest die Farben schrecklich. Du kannst nicht einfach lächeln, während sich dein Zimmer in ein Meerschaumgrün verwandelt. Oder was ist, wenn ein Freund dich bittet, seinen Geschichtsaufsatz Korrektur zu lesen, und der ist nicht so toll?

WOW! DAS IST SUPER ...
DEN KÄSE KÖNNTEST DU NOCH ETWAS BESSER MACHEN ...
ABER DIE TOMATEN SIND PERFEKT!

Wenn er dich um Hilfe bittet, solltest du ihm ein ehrliches Feedback geben. Also, hier sind zwei Wahrheiten:

> **— Wahrheit Nr. 1: Viele Menschen bitten um Ehrlichkeit, obwohl sie sie gar nicht wollen. Wahrheit Nr. 2: Viele Leute kneifen und geben nicht ihre ehrliche Meinung ab. —**

Hast du jemals die Anfangsrunden von Talentshows gesehen, in denen einige der Kandidaten, die vorsprechen und wirklich glauben, dass sie das Zeug zum Superstar haben, in Wirklichkeit … furchtbar sind? Wie kam es zu dieser Fehleinschätzung? Ganz einfach. Keiner hat ihnen jemals die Wahrheit gesagt. Niemand hatte jemals den Anstand – oder den Mut –, ihnen auf respektvolle, freundliche Weise ehrliches Feedback zu geben. Die meisten Leute würden lieber lügen oder gar nichts sagen. So stehen diese armen Wettbewerbsteilnehmer am Ende im Fernsehen wie Trottel da. Das ist einfach nicht fair.

ES IST IN ORDNUNG UND NOTWENDIG, EHRLICHES – ABER KRITISCHES – FEEDBACK ZU GEBEN, UM:

- jemandem helfen, ein Ziel zu erreichen oder seine Leistung zu verbessern;
- eine positive Veränderung anzuregen (bei einer Schulregel, einem Lieblingsblog;
- ein Gespräch zu beginnen oder zu vertiefen (Kritik an einem Buch, einem Film, einer Theorie).

KRITIK IST NICHT COOL, WENN SIE DAZU DIENT, UM:

- jemanden zu beleidigen;
- sich aufzublasen, indem man andere niedermacht.
- Beschwerden loszuwerden, die sich bei dir aufgestaut haben.

Niemand kann sich der Tatsache entziehen, dass es Zeiten gibt, in denen wir kritisches Feedback geben müssen. Und es ist wirklich schwer, das dann gut rüberzubringen. Aber mache dir keinen Kopf: Den meisten Menschen – ganz gleich, wie sie verdrahtet sind – fällt es ebenfalls schwer, Kritik zu äußern. Sei also geduldig mit dir selbst (und mit anderen).

An meinem ersten Arbeitstag nach dem Studium setzte sich mein Chef mit mir zusammen und sagte: »Es macht mir nichts aus, wenn Sie eine Beschwerde haben, aber kommen Sie damit nie ohne einen Gegenvorschlag zu mir.« Egal, wie nett du eine Kritik verpackst, mache dir nicht die Mühe, sie vorzubringen, wenn du keine Lösung zu bieten hast. Ein Vorschlag sollte nützlich und hilfreich sein – ein klarer Weg zur Verbesserung und Veränderung.

Und bleibe dabei positiv. Ein ganzes Bündel von »Du sollst nicht« ist nicht besonders ermutigend. Deshalb solltest du dich von »Du sollst nicht«, »Du kannst nicht« und »Du darfst nicht« fernhalten und stattdessen positive Formulierungen verwenden: »Du kannst«, »gut«, »stark«. Du könntest also sagen: »Es wäre toll, wenn …« oder »Du kannst sogar …« oder »Eine Sache, die es noch besser machen würde …«

Wir haben bereits über die Macht von aufrichtigen Komplimenten gesprochen. Wenn wir unseren freundlichen Worte ständig ein Urteil oder eine Korrektur folgen lassen, beginnen die Menschen, uns zu misstrauen. Anstatt das Kompliment zu schätzen, warten sie auf den nächsten Schlag.

Versetze dich zum Beispiel in die Lage des Empfängers dieser Nachricht: »Du hast den Mathetest gut bestanden, *aber* ich hoffe, dass du beim nächsten Mal auch in Englisch besser abschneidest.«

War das überhaupt ein Kompliment? Autsch. Oh, vielen Dank für nichts.

Wie ehrlich war das ursprüngliche Kompliment, wenn es in Wirklichkeit nur dazu diente, »Honig ums Maul zu schmieren«, um den anderen später niederzumachen? Wenn du ein verbindendes Wort im Satz benötigst, verwende statt »aber« lieber »und«. Das ist eine viel angenehmere Verbindung, die nicht verletzt oder andeutet, dass ein größeres Problem besteht. Füge ein Lob für das hinzu, was funktioniert, und beobachte, wie sich der Tonfall ändert: »Du hast den Mathetest gut bestanden, *und* so schlau wie du bist und so hart wie du arbeitest, wette ich, dass du alle deine Noten so verbessern kannst. Deine Mühen zahlt sich wirklich aus!«

Und zuletzt: Sei bei deinen Vorschlägen klar und konkret. Achte darauf, dass du dich auf die Maßnahmen konzentrierst, nicht auf die Person selbst. Diese wird dem Zuhörer helfen, die Kritik nicht persönlich zu nehmen und sich stattdessen darauf zu konzentrieren, sich aktiv zu verbessern. Das könnte so klingen: »Die Sprache in deinem ersten Absatz ist wirklich stark. Ich würde gerne mehr Beschreibungen dieser Art in der gesamten Arbeit hören« oder »Du sahst neulich so hübsch in dem grünen Kleid aus. Du solltest wirklich weiterhin so helle Farben tragen!«

Vor allem müssen wir auf unsere »mentalen Filter« achten und entscheiden, wie viel Wahrheit wir erzählen ... ganz zu schweigen davon, wie es sich für den Empfänger anhört. Es gibt auch Fragen, die du dir selbst stellen kannst, bevor du sprichst: »Ist das, was ich sagen will, wahr? Ist es freundlich? Ist es notwendig?« (siehe Kapitel »Ungefiltert«, Seite 141) Wenn du alle drei Fragen mit Ja beantworten kannst, formuliere deine Kritik aus. Und wenn du etwas sagen musst, das weniger als »Toll!« ist, dann sag es in Sandwiches.

Sag es in Sandwiches

Meine Familie hat jedes Jahr zu Weihnachten ein Spiel gespielt. Jeder stahl und vertauschte abwechselnd etwas von einem Stapel geheimnisvoller Geschenke. Erwachsene und Kinder gleichermaßen – alle machten mit. Und obwohl sich ihre Methoden von Jahr zu Jahr nicht änderten, schaffte es die »Spielshow-Moderatorin« Mama immer, jemanden zu überlisten. Das Päckchen mit dem schönsten Geschenkpapier, den schönsten Schleifen und dem meisten Glitzer enthielt immer ... eine Rolle Toilettenpapier. Das hätte doch eine große Enttäuschung sein müssen, oder? Vor allem nach all den Diebstählen, die normalerweise damit verbunden waren, dieses Geschenk zu ergattern. Das Seltsame war jedoch, dass der Gewinner des Klopapiers immer ein breites Lächeln auf den Lippen hatte, selbst wenn alle anderen Spieler wunderschöne

Schmuckstücke bekamen – denn sorgfältig und schön verpackt scheint fast alles ein Gewinn zu sein.

Die Verpackung ist alles. Wenn du Kritik äußerst, solltest du immer mit positiven Bemerkungen beginnen und enden. Das ergibt sozusagen ein »Sandwich«. Wenn du zu Beginn etwas Nettes sagst, wird sich der Zuhörer nicht angegriffen fühlen. »Mit einem Lob zu beginnen ist wie der Zahnarzt, der seine Behandlung mit Betäubung beginnt. Der Zahn muss immer noch gebohrt werden, aber das Betäubungsmittel ist schmerzlindernd.«[9] Wenn du deine Ausführungen mit ehrlichen, freundlichen Worten beginnst, wird dein Gegenüber nicht in die Defensive geraten und sich die Ohren zuhalten, bevor du überhaupt die Chance hast, mehr zu sagen.

In diesem Sinne sollte auch das Letzte, was du sagst, ein Kompliment sein. Es besiegelt das Erlebnis für den Zuhörer und drückt dem gesamten Gespräch einen »Es ist okay«-Stempel auf.

Diese beiden Lobeshymnen sind die Brotscheiben deines Sandwichs. Dazwischen schichtest du die eigentliche Kritik, die du möglichst unter vier Augen äußern solltest.

Übrigens hast du vielleicht bemerkt, dass dieses Buch voller Beispiele meiner eigenen Fehler ist (ich habe eine Menge gemacht). Allerdings mache ich auch eine Menge Dinge richtig. Warum mache ich mir also die Mühe, der ganzen Welt von meinen Fehlern zu erzählen? Indem ich auf meine eigenen Fehler hinweise, ist es für dich vielleicht viel einfacher, dich ähnlichen Herausforderungen zu stellen, ohne dich zu schämen. Du lachst und lernst mit mir und fühlst dich nicht so allein, wenn du über deine eigenen Verbesserungsmöglichkeiten nachdenkst. Nutze diese Strategie auch, wenn du Kritik übst: Teile deine eigenen Fehler mit, bevor du andere kritisieren. Hochmut kommt vor dem Fall. Lass Demut vor der Kritik kommen.

Und das ist sie, die Kritik-Formel. Ja, es ist immer noch besser, Kritik zu vermeiden, wenn es möglich ist. Aber wenn du doch ein faires und ehrliches Feedback geben musst, solltest du es gut verpacken:

—— Brot (aufrichtiges Lob) + Kritik + Brot (aufrichtiges Lob/Aufmunterung) ——

VERSUCHE SICHERZUSTELLEN, DASS DIE KRITIK:

- unter vier Augen angesprochen wird,
- zwischen aufrichtigen Komplimenten eingebettet ist,
- mit der Erwähnung deiner eigenen Fehler beginnt
- positiv bewertet wird,
- spezifisch ist,
- mit einem positiven Gegenvorschlag verbunden ist,
- sich auf eine Sache oder Handlung, nicht auf eine Person, konzentriert,
- notwendig ist

Wenn du dich in einer Situation wiederfindest, in der du negatives Feedback geben musst, kannst du ehrlich *und* hilfsbereit sein. Verwende die Sandwich-Formel, hier sind zwei Beispiele dafür, wie die Situation ablaufen könnte:

»Mama, es war so nett von dir, diese Farbmuster für mich zu besorgen, und ich würde mich freuen, wenn du mich zu Baumarkt mitnimmst, damit ich mir auch noch ein paar andere aussuchen kann. Danke. Du bist wirklich eine große Hilfe für mich.«

Muss-ich-wissen-Regeln

- Vermeide Kritik, wenn du kannst.
- Wenn die Kritik nett, wahr und notwendig ist, muss man sie trotzdem gut verpacken.
- Bleibe positiv und konkret, und biete immer eine Lösung an.
- Kritisiere eher Ideen und Handlungen als Personen.
- Verpacke alles zwischen aufrichtig gemeinten Komplimenten, sodass es nicht nur Kritik hagelt.

Kleine Motivationssätze für dich

Mit ruhigem Selbstvertrauen zu sprechen, wird immer lauter sein, als mit offensichtlicher Unsicherheit zu schreien.

Alles ist schwer, bevor es leicht wird.

Du bist ein Purzelbaum aus Schönheit und wunderbaren Ideen.

Weißt du, was das Beste am heutigen Tag ist? Du bist ein Teil davon.

»David, dein einleitender Absatz ist wirklich überzeugend. Und wenn du diese Argumentation auch auf Seite zwei beibehältst, dann wird das ein richtig guter Aufsatz.«

Vermeide es nach Möglichkeit, Kritik zu üben, aber wenn du musst, gilt: Verpacke sie in Sandwiches und mache konkrete Verbesserungsvorschläge. Weißt du, es scheint, dass meine Mutter wieder einmal recht hatte (erstaunlich, dass das immer wieder passiert). Es kommt nicht immer darauf an, was man sagt, sondern wie man es sagt.

16 Ungefiltert

Notlügen und Vertrauen

Asperger-Logik

Es scheint drei Arten von Reaktionen zu geben, wenn es darum geht, über Menschen zu »reden«. Es gibt diejenigen, die nichts davon hören wollen. Denke an Klopfer in »Bambi«. »Wenn du nichts Nettes sagen kannst, sag gar nichts.« Kluger Hase. Dann gibt es Leute, die gerne Trash-Talk hören. Wie eine meiner Lieblingsfiguren in dem Film »Magnolien aus Stahl« sagt: »Wenn du nichts Nettes sagen kannst, komm und setz dich neben mich.« Das sind gefährliche Leute. Sie sorgen für Spaß auf einer Party, aber du kannst darauf wetten, dass kein Geheimnis bei ihnen sicher ist.

Und dann sind da noch wir. Wir sind diejenigen, die am Ende etwas über andere oder zu anderen sagen, was wir nicht beabsichtigen, um dann Ärger zu verursachen. Das sind die »Was habe ich gesagt? Ich war doch nur ehrlich!«-Momente.

Es ist wieder diese lästige Sache mit der Perspektive der anderen Person. Psychologen nennen das »Theory of Mind«, aber eigentlich sollten wir es einfach den großen blinden Fleck nennen. Denn so ist es wirklich, nicht wahr? Herauszufinden, was eine andere Person denkt oder fühlt,

OHH ... DANKE,
TANTE ERNA!
PINK ... MEINE
LIEBLINGSFARBE!

ist so schwierig. Die Tatsache, dass NTs oft nicht meinen, was sie sagen, macht das Ganze noch viel schwieriger.

Ein Beispiel: Nur weil jemand nach deiner ehrlichen Meinung fragt, will er sie nicht unbedingt tatsächlich hören, vor allem wenn deine Meinung negativ ist. Oder wenn jemand sagt, er wolle »alles« über deine Lego-Sammlung wissen, ist sein Verständnis von »alles« wahrscheinlich nicht dieselbe wie deine. Und wenn jemand fragt, wie es dir geht, will er wahrscheinlich nicht viel mehr wissen als »Gut, danke«.

Stichpunkte und Notlügen

Ich habe gehört, dass uns »mentale Filter« fehlen, etwas, das Gedanken auffängt, bevor sie aus unserem Mund kommen und (versehentlich) Menschen beleidigen oder verletzen. Ich glaube aber nicht, dass das das eigentliche Problem ist. Wenn du willst, dass ich mich mit zurückhalte oder »sandwiche«, dann kann ich das tun. (Ich habe sogar ein oder zwei Regeln darüber geschrieben, wie man das macht!) Das können wir alle! Es ist nur wieder ein Problem mit den versteckten Regeln.

Wir nehmen die Dinge für bare Münze. Was du siehst, ist das, was du bekommst. Das ist eines meiner Lieblingsmerkmale von uns. Wir sagen, was wir meinen, und wir meinen, was wir sagen. Es liegt in unserer Natur, dass wir die Wahrheit mehr schätzen als fast alles andere. Und (hier liegt der Fehler) wir gehen davon aus, dass andere Menschen das ebenfalls so handhaben. Also geben wir Informationen so weiter, wie wir sie haben wollen – vollständig und ehrlich. Aber was die Welt wirklich will, sind oft nur Stichpunkte und Notlügen.

Kleine Notlügen, Flunkereien, Halbwahrheiten. Kleine Ausrutscher, um sich selbst oder jemand anderen davor zu schützen, gekränkt zu werden. Ein Freund schickt eine Nachricht, dass er auf dem Weg zu dir ist, aber in Wirklichkeit ist er noch zu Hause und zieht sich an. Das ist eine »unwichtige« Verwischung der Grenzen. Eine kleine Übertreibung, die die Geschichte ein wenig verzerrt. Das sind alles niedliche Namen für eine weniger niedliche Sache: Lügen.

Für viele neurodiverse Menschen ist eine Regel eine Regel und eine Lüge eine Lüge. Uns allen wird beigebracht, dass Lügen falsch ist; daher ist auch eine Notlüge falsch. Mir ist klar, dass das eine »Schwarz-Weiß«-Logik ist. Aber weißt du was? Ich bin Autistin. So bin ich eben. Ich werde dir also nicht sagen, dass ich Notlügen okay finde. Das tue ich nicht. Die meisten Menschen sind da allerdings anderer Meinung. Die allgemeine versteckte Regel lautet, dass Lügen falsch sind, es sei denn, sie dienen dazu, die Gefühle anderer zu schonen oder einen guten Eindruck zu hinterlassen. Das bedeutet, dass man damit rechnen muss, dass Notlügen ein wichtiger Bestandteil täglicher Gespräche sind – viel häufiger, als dass man sich Sorgen machen muss, wenn man dreiste, unverschämte Lügen bemerkt. Und das ist wirklich verwirrend für uns, die wir die Wahrheit sagen und das auch von anderen erwarten. Wir werden also sehr oft ausgenutzt.

Als ich auf der Mittelschule war (die schlimmste Zeit, in der ich gemobbt wurde), ging ich zu einer Übernachtungsparty. Irgendwann rief ein beliebter Junge aus unserer Klasse an und sprach mit ein paar der Mädchen. Dann gaben sie mir das Telefon in die Hand. Es war der »Cousin« des Jungen in der Leitung, sagten sie mir. Er hatte mein Foto gesehen und wollte mit mir reden. Alle Mädchen feuerten mich an (ich war so nervös und so aufgeregt!), und in der nächsten Woche rief er mich sogar zu Hause an. Doch schon bald fand ich heraus, dass es gar keinen Cousin gab, sondern nur den Jungen selbst, der seine Stimme verändert hatte. Das Ganze war nur ein Riesenstreich zwischen den Mädchen auf der Party und dem Jungen aus unserer Klasse, um mich in Verlegenheit zu bringen. Und es funktionierte – denn nie im Leben wäre ich auf die Idee gekommen, dass all diese Leute lügen könnten.

Um eins klarzustellen: Ich sage nicht, dass Autisten nicht in der Lage sind, zu lügen. Das können wir sehr wohl. Wir sind jedoch nicht besonders gut darin. Außerdem lügen NTs viel häufiger und leichter als wir. Warum?

SIE TUN ES, UM:

- Konfrontation zu vermeiden;
- Probleme zu minimieren (insbesondere, wenn sie verantwortlich sind);
- zu übertreiben und wichtiger zu erscheinen;
- Macht zu erlangen.

Der beste Schutz, den ich dir bieten kann, damit du nicht wie ich »überlistet« wirst, ist diese faire Warnung:

> **— Bekannte sind keine Freunde, und sie haben dein Vertrauen nicht verdient. Vertrauen kann nur durch Zeit oder Autorität erworben werden. Oder durch beides. —**

Bekannte sind keine Freunde

Die meisten Menschen, die du kennst, sind Bekannte. Wir sprechen über jemanden, den du kennst – vielleicht sogar jemanden, den du oft siehst. Allerdings kennst du diese Person nicht gut, vielleicht ist sie die Freundin eines Freundes. Ein Bekannter ist kein Freund, obwohl er vielleicht freundlich ist. In der Zukunft kann sich aber eine Freundschaft entwickeln. Im Moment siehst du die Person vielleicht in der Schule oder bei einer bestimmten Aktivität, aber eure Beziehung bleibt räumlich begrenzt – ihr verbringt keine Freizeit zusammen. Da du die Person nicht gut kennst, kannst du nicht darauf vertrauen, dass sie dich nicht anlügt, freundlich bleibt oder dein Vertrauen nicht missbraucht.

Muss-ich-wissen-Regeln

- Menschen meinen nicht immer, was sie sagen, vor allem, wenn sie um eine vermeintlich ehrliche Meinungen gebeten werden.
- Die meisten Menschen glauben, dass Lügen falsch ist, es sei denn, sie wollen die Gefühle anderer nicht verletzen oder einen guten Eindruck hinterlassen.
- NTs erzählen häufig Notlügen – das ist schwierig zu verstehen für Leute im Autismus-Spektrum, die fast alles für bare Münze nehmen.
- Vertraue nur denen, die dein Vertrauen verdient haben. Sonst wirst du ausgenutzt.

Vertrauen muss man sich verdienen

Glaube und vertraue Menschen nur dann, wenn sie sich im Laufe der Zeit (ein langjähriger Freund) oder durch Autorität (Eltern, Lehrer, Polizei) als ehrlich und vertrauenswürdig erwiesen haben.

Zumindest was die Empfängerseite von Kritik betrifft, bist du jetzt gewarnt. Als Nächstes befassen wir uns mit dem Treibsand von »zu viel Wahrheit und Ehrlichkeit«. Gibt es so etwas wie zu viel Ehrlichkeit? Vielleicht – lies weiter, um zu sehen, ob du mir zustimmst.

17 Taktgefühl und der Dreifachfilter

Wie ehrlich ist zu ehrlich?

Asperger-Logik

Zunächst einmal ist Nachfolgendes eine Meinung. Meine, und sicherlich nicht die von allen. Ich glaube nicht an Lügen – keine großen Lügen, keine kleinen Lügen, gar keine. Ich möchte, dass die Menschen wissen, dass, wenn ich etwas sage, sie sich darauf verlassen können, dass es wahr ist. *Wie* wir die Wahrheit sagen, kann einen großen Unterschied in der Wirkung ausmachen, die sie hat. Wir sprechen hier von Taktgefühl, das mindestens genauso wichtig ist wie Ehrlichkeit. Einfach ausgedrückt: Taktgefühl bedeutet, auf eine Weise ehrlich zu sein, die andere vor verletzten Gefühlen bewahrt. Es bedeutet zu wissen, wie, wann oder ob wir sagen sollten, was wir denken.

Überlege mal: Was würde passieren, wenn du jeder Person, die du triffst, jeden Gedanken mitteilen würdest, den du über sie hättest? Menschen, die du magst, würden sich vielleicht nicht gewürdigt, unattraktiv, übergewichtig, unintelligent, unterbewertet und unerwünscht fühlen. Wenn die Menschen jeden unserer Gedanken hören würden, würden wir ihren Respekt verlieren und die Beziehungen beschädigen. Mit ande-

NUN, SIE HAT NACH MEINER EHRLICHEN MEINUNG GEFRAGT!

ren Worten: Nicht jeder Gedanke muss laut ausgesprochen werden, damit wir ehrlich bleiben.

Als ich ein Kind war, nahm mich meine Großmutter mit in die New Yorker U-Bahn. Mit uns im Wagen saß eine ganze Gruppe von Teenagern, die voll auf Punk standen. Tattoos. Irokesen-Haarschnitt. Das ganze Zeug. Und ich starrte sie mit offenem Mund an. »Schau mal!«, keuchte ich laut und zeigte auf sie. Meine Großmutter, die Angst hatte, ich könnte die Leute beleidigen, sagte mir forsch, ich solle aufhören zu glotzen, ich könnte jemanden verärgern.

Ich fand die Punks aber eigentlich richtig cool. Aber meine Oma wollte mir sagen, dass Anstarren und mit dem Finger auf jemanden zeigen unhöflich ist. Und sie hatte recht. Wenn man die Aufmerksamkeit auf die Unterschiede zwischen Menschen lenkt, fühlen sie sich vielleicht verurteilt. Als wären sie seltsam oder weniger wert als wir, beides kein schönes Gefühl.

Zugegeben, ich war ein kleines Kind, und Kinder sagen, was sie denken. Aber niemand hatte mich nach meiner Meinung zur urbanen Punk-Mode der 1980er-Jahre gefragt. Es ging nicht darum, ehrlich zu sein. Es war eine Frage des Taktgefühls.

Hier kommt nun der »Sokrates-Dreifachfilter-Test«. Eine weit verbreitete Geschichte besagt, dass Sokrates (der berühmte Philosoph) eines Nachmittags im alten Griechenland von einem seiner Bekannten besucht wurde. Begierig darauf, ein paar saftige Klatschgeschichten zu teilen, fragte der Mann, ob Sokrates die Geschichte hören möchte, die er gerade über einen ihrer Freunde gehört hatte. Sokrates antwortete, dass der Mann, bevor er sprechen könne, den »Dreifachfilter«-Test bestehen müsse.

Der erste Filter oder auch Sieb, erklärte Sokrates, ist die Wahrheit. »Bist du dir absolut sicher, dass das, was du erzählen willst, wahr ist?« Der Mann schüttelte den Kopf. »Nein, ich habe gerade erst davon gehört, und …«

Sokrates unterbrach ihn. »Du weißt also nicht mit Sicherheit, dass es wahr ist. Ist das, was du erzählen willst, etwas Gutes oder Erfreuliches?« Wieder schüttelte der Mann den Kopf. »Nein! Eigentlich genau das Gegenteil. Weißt du …«

Sokrates hob die Hand, um den Mann am Sprechen zu hindern. »Du bist dir also nicht sicher, ob das, was du erzählen willst, wahr ist, und es ist weder gut noch freundlich. Ein Filter bleibt aber noch übrig, sodass du es mir vielleicht doch noch erzählen kannst. Der Filter ist die Nützlichkeit oder Notwendigkeit. Also: Ist diese Information für mich nützlich oder notwendig?« Etwas niedergeschlagen sackte der Mann in sich zusammen. »Nein, eigentlich nicht.«

»Nun denn«, sagte Sokrates und machte auf dem Absatz kehrt. »Wenn das, was du erzählen willst, weder wahr noch gut oder erfreulich, noch nützlich oder notwendig ist, dann sag bitte gar nichts.«

Bevor du eine Frage beantwortest oder deine Meinung äußerst, frage dich also selbst: Ist das, was ist sagen will, wahr? Ist es gut oder erfreulich? Ist es nützlich oder notwendig, dass ich es erzähle? Wenn die Information diese Filter passiert, kannst du sie erzählen. Wenn nicht, finde entweder einen taktvollen Weg, die Aussage bzw. Antwort zu umgehen, oder behalten sie für dich.

Ehrlichkeit taktvoll gestalten

Viele Menschen gehen davon aus, dass die Wahrheit mehr Ärger oder Schaden verursacht als eine einfache Notlüge. Sie verwechseln Unehrlichkeit mit Taktgefühl. Sie tun so, als könnten sie entscheiden, was das Beste für die Person ist, die belogen wird – was für mich mehr als nur ein bisschen arrogant klingt. Wenn dir jemand eine direkte Frage stellt und brutale Ehrlichkeit ihn verletzen oder in Verlegenheit bringen könnte, kannst du trotzdem auf taktvolle Weise ehrlich sein.

Stelle dir vor, dass das, was du sagst, an dich selbst gerichtet ist, bevor du es aussprichst. Konzentriere dich bei deiner Kritik auf das Ergebnis oder die Idee, nicht auf die Person. Welche der folgenden Antworten würde dir zum Beispiel am besten gefallen?

Situation	ehrlich aber unsensibel	ehrlich und taktvoll
Deine Freundin hat eine neue Jeans und fragt, ob sie zu eng ist.	»Ja! Sie lässt dich furchtbar aussehen.«	»Ich persönlich nehme bei Skinny Jeans immer eine Nummer größer – das variiert aber auch je nach Marke!«
Die Band deines Freundes hat gerade eine neue Single veröffentlicht. Er möchte wissen, was du davon hältst.	»Ihr klingt, als hättet ihr Schmerzen!«	»Ich habe gemerkt, dass ihr wirklich viel Gefühl in die Sache gesteckt habt.«
Das Abendessen deiner Oma schmeckt lausig, und sie möchte wissen, wie es dir schmeckt.	»Oma, das ist einfach nur eklig.«	»Ich kann die Liebe in jedem Bissen schmecken. Danke, dass du so viel Aufwand auf dich genommen hast.«

Denke es, sprich es aber nicht aus

Manchmal hat Taktgefühl nichts mit Ehrlichkeit zu tun, sondern einfach damit, den Mund zu halten. Es gibt ein paar Themen, bei denen du wirklich aufpassen solltest, was du sagst – oder bei denen du besser gar nichts sagst:

- Geld oder materielle Güter (Häuser, Autos usw.): Wie viel oder wenig eine Person (oder ihre Familie) verdient oder besitzt, geht niemanden etwas an und sollte auch keine Rolle spielen. Frage also nicht danach und lenke die Aufmerksamkeit auch nicht darauf.
- Religion und Politik: Jeder hat da eine andere Auffassung. Und in der Regel sind die Leute sehr von ihren Überzeugungen überzeugt. Sei respektvoll

gegenüber den Ideen anderer, auch wenn du nicht der Meinung bist, dass sie richtig sind. Stelle Fragen, wenn du mehr erfahren willst, und vermeide es, eine Idee als »richtig« oder eine andere als »falsch« zu bezeichnen.

- Behinderungen, körperliche oder geistige Herausforderungen: Sie spielen keine Rolle. Weise also nicht auf sie hin.
- Körperliche Erscheinung: Gib weder positive noch negative Kommentare über die Körperform, das Gewicht, die Hautfarbe, die Größe usw. einer Person ab. Wie jemand aussieht, spielt sowieso keine Rolle, also ist es nicht erwähnenswert.
- »Hinter verschlossenen Türen«: Alles, was hinter verschlossenen Türen (im Bad, im Schlafzimmer, in der Arztpraxis usw.) geschieht, sollte auch dort bleiben. Über Körperfunktionen und intime Partnerschaften zu sprechen, ist weder lustig noch cool.
- »Außer Sichtweite«: Über jemanden sprechen, der nicht dabei ist, ist unfreundlich. Es ist auch ein bisschen feige. Behalte deine Gedanken über jemanden entweder zwischen euch beiden oder für dich.

Muss-ich-wissen-Regeln

- Taktgefühl bedeutet zu wissen, wie, wann oder ob man sagt, was man denkt.
- Ehrlich zu sein bedeutet nicht, jeden Gedanken auszusprechen, der einem durch den Kopf geht.
- Bevor du etwas sagst, frage dich selbst: Ist es die Wahrheit? Ist es gut oder freundlich? Ist es sinnvoll oder notwendig?

Zusätzliche Anmerkung: Versuche nicht zu behaupten, dass du etwas getan hast, was du nicht getan hast, nur weil du denkst, dass es cool klingt. Das tut es nicht, und du wirst dadurch auch nicht cool. Das verspreche ich dir. Ehrlich zu sein bedeutet nicht, gemein zu sein. Echt zu sein bedeutet nicht, alles zu sagen. Sei also vorsichtig. Sag deine Meinung freundlich und nett gemeint. Wenn du das nicht tust, wird man dich wahrscheinlich nicht mehr um deine Meinung bitten.

ABER ... ABER
DU HAST GESAGT
DU BIST „ON FIRE"!

18 Buchstäblich?

Was sie tatsächlich meinen

Asperger-Logik

Als ich mich daranmachte, dieses Regelbuch zu schreiben, fiel mir zufällig eine Freundin aus meiner Studienzeit ein. Nach unserem Abschluss fing sie im diplomatischen Dienst an und ging nach Vietnam. Dieses Mädchen war im Mittleren Westen der USA aufgewachsen. Die Arbeit in einer vietnamesischen Botschaft lag so weit außerhalb ihrer kulturellen Komfortzone, wie man es sich nur vorstellen kann. Jedenfalls erinnerte ich mich an die Berufsvorbereitungen meiner Freundin. Während der Ausbildung zum Botschaftsassistenten studieren die Mitarbeiter des Auslandsdienstes die kulturellen Gepflogenheiten ihrer Gastländer. Mittlerweile stehen diese Informationen nicht mehr in gedruckten Handbüchern, sondern sind für jeden im Internet zu finden. Ich war neugierig, welche Tipps denjenigen gegeben werden, die in mein eigenes Land ziehen würden, und griff zum Computer. Und weißt du was? Die Infos sind Gold wert! Kulturelle Normen für alles, vom persönlichen Raum bis zu Handgesten. Google einfach mal »Reiseknigge für (dein Land)«. Du wirst so viel darüber herausfinden, wie du dort, wo du schon wohnst, leben solltest –

übersetzt für diejenigen, die die »einheimische« kulturelle Sprache nicht sprechen (so wie wir).

Einer der Abschnitte, die ich in vielen Reiseführern gesehen habe, ist »Umgangssprache« oder »Mundart«, was im Grunde genommen nichts anderes bedeutet als gebräuchliche lokale Ausdrücke und Redewendungen. Und das ist eine wirklich wichtige versteckte Regel, weil autistische Menschen Sprache anders verstehen als neurotypische Menschen.

Beginnen wir mit dem, was wir wissen: Menschen im Autismus-Spektrum nehmen Sprache wörtlicher. Deshalb sind Redewendungen für uns so verwirrend (»etwas durch die Blume sagen« – hier redet keiner in Blumensprache, »jemandem einen Bären aufbinden« – stell dir das mal vor, oder »einen Zahn zulegen«), weshalb Pronomen (ich, du, mich) uns durcheinanderbringen und weshalb wir Leuten, die eigentlich nur »Hallo« sagen wollen, langatmige Antworten geben müssen. Lass mich »Botschafter« spielen und dich in einigen der vielen Situationen willkommen heißen.

Situationen, in denen das, was Leute sagen, und was sie meinen, nicht dasselbe sind

Hallo, auf Wiedersehen und alles dazwischen

- »Wie geht es dir?«, »Was ist los?«, »Was geht?«, »Wie geht's, wie steht's?« sind als nette Begrüßungen gedacht, nicht als echte Fragen. Wenn du nicht gerade von einem Arzt gefragt wirst, wie es dir geht, sage einfach: »Toll, danke« oder »Gut« oder »Super«. Frage anschließend: »Und wie geht es dir?«
- »Bis später« und »Bis bald« sind ebenfalls nur Höflichkeitsfloskeln und werden oft verwendet, auch

wenn die andere Person nicht erwartet (oder will), dass ihr euch wiederseht. Lächle und sag im Gegenzug »Auf Wiedersehen« oder »Wir sehen uns!«

- »Wir sollten uns wirklich treffen« oder »Wir müssen in Kontakt bleiben« sind die gleichen allgemein freundlichen Äußerungen. Der Haken an der Sache: In diesem Fall meint die andere Person vielleicht tatsächlich, was sie sagt. Wenn sie also eine Zeit und ein Datum vorschlägt oder fragt, ob ihr nicht Nummern austauschen wollt, ist das großartig. Ansonsten war die Äußerung wahrscheinlich nur eine höfliche Geste. Wenn du dich nochmals mit der Person treffen magst, kannst du natürlich fragen, wie du dich bei ihr melden kannst.
- »Erzähl mir alles darüber« bedeutet nicht wirklich, alles über das jeweilige Thema zu erzählen. Fasse zusammen! Was ist der Hauptgedanke, den du mitteilen möchtest? Nehmen wir an, du wirst gebeten, einem Freund oder einer Freundin der Familie von einem neuen Thema in der Schule zu erzählen. Es reicht aus, wenn du sagst: »Wir haben gelernt, die Lage der europäischen Länder auf politischen Karten zu bestimmen.« Wenn die andere Person mehr wissen möchte, kann sie nachfragen.

Oder nehmen wir an, du liebst griechische Mythologie (das ist das spezielle Interesse meiner Tochter). Wenn dich jemand bittet, alles über ein Thema zu erfahren, will er wahrscheinlich nur ein paar Fakten wissen, vielleicht eine interessante Kleinigkeit oder einfach, warum dich das Thema interessiert. Das ist eine weitere »Höflichkeitsfloskel«, die nicht wirklich bedeutet, was die Person sagt. Ja, wir lieben unsere speziellen Interessen. Aber nicht allen anderen geht es genauso. Fasse dich also kurz – vielleicht vier oder fünf Sätze – wenn du »alles darüber« sagst. Du kannst jederzeit hinzufügen: »Wenn du mehr wissen willst, frag einfach.«

Umgang mit Sprachverwirrung

Es gibt so viele Möglichkeiten, etwas zu sagen, was etwas ganz anderes meint. Es gibt noch viele Formulierungen, die sich je nach Land oder Region, in der du lebst, und je nach Alter des Gesprächspartners unterscheiden … Sie alle aufzuzählen, wäre nicht annähernd so sinnvoll, wie dir zwei Strategien dafür an die Hand zu geben, mit der Sprachverwirrung umzugehen.

Strategie 1: Achte auf dich selbst und darauf, wie wir denken

Wir neigen dazu, andere Menschen falsch zu verstehen. Zwischen dem Versuch, die Körpersprache zu beobachten, Sarkasmus oder Tonfall herauszufinden, und anderen sensorischen Ablenkungen, ist es irgendwie erstaunlich, wie sehr wir die Welt verstehen. Akzeptieren wir es also einfach: Wir verpassen Dinge. Die Gedanken im Hintergrund. Zusammenhänge. Dinge, die angedeutet, aber nie direkt gesagt wurden.

Ja, es kann sein, dass wir etwas übersehen, aber zumindest sind wir uns unserer selbst bewusst. Wir wissen, wer wir sind und wie wir funktionieren. Und wenn du dich verwirrt fühlst, kann dir dieses Bewusstsein viel Trost und Kraft geben. Erinnere dich daran, dass du nicht verwirrt bist, weil die Welt chaotisch oder beängstigend ist oder weil du dumm oder ahnungslos sind. Du bist verwirrt, weil wir einfach so besonders veranlagt sind, dass wir Informationen auf eine ganz besondere Weise verarbeiten. Das ist alles, was es dazu zu sagen gibt.

Wir haben einfach mehr Schwierigkeiten mit nicht wörtlich gemeinten Formulierungen (Menschen sagen etwas anderes, als sie meinen). So ist das einfach. Sei dir bewusst, dass, wenn du dich verwirrt fühlst, Probleme mit nicht wörtlich gemeinten Äußerungen der Grund dafür sein könnten. Der Verstand funktioniert auf unterschiedliche Weise, und zu wissen, wie der eigene funktioniert, hilft schon enorm. Wenn wir uns unserer eigenen Herausforderungen bewusst sind, erinnert uns das nur daran, genauer nach den Verbindungen und Zusammenhängen zu suchen, die wir sonst verpassen.

Strategie 2: Stelle dir ein Beraterteam zusammen

Jeder neurodiverse Mensch braucht eine kleine Gruppe (maximal vier!) von NTs, denen er vertrauen kann, dass sie ihm helfen. Das können Eltern, ein Therapeut, Gleichaltrige, ein Geschwisterkind oder eine Lehrkraft sein. Je mehr verschiedene Perspektiven du mit diesen Personen abdeckst, desto besser.

Ich habe zum Beispiel ein paar Freundinnen, die ich fragen kann. Für mich sind sie wie ein Beraterteam. Jede hat ihr eigenes Spezialgebiet, und jede denkt ganz anders als die anderen. Die eine ist extrem witzig und kreativ. Eine andere ist außerordentlich geduldig. Eine dritte ist analytisch und stellt fantastische Fragen, die mir wirklich helfen, meine eigenen Ideen zu strukturieren. Und eine andere ist stark, warm und beruhigend. Seit ich meine »blinden Flecken« kenne, fällt es mir viel leichter, sie um Hilfe zu bitten, um Dinge zu verstehen, von denen ich weiß, dass ich sie allein einfach nicht verstehen kann. Wenn ich zum Beispiel eine E-Mail erhalte, bei der ich mir nicht sicher bin, wie ich sie interpretieren soll, oder wenn ich in eine soziale Situation gerate, die mich verwirrt, wende ich mich an meine Freundinnen.

Es ist übrigens keine Schande, um Hilfe zu bitten. Jeder hat seine eigenen Kämpfe auszutragen. Eine meiner »Beraterinnen« ist zufällig hörgeschädigt; sie hat mich gebeten, für sie zu telefonieren, weil sie es nicht kann. Das ist nicht ihre Schuld. Sie ist physisch nicht in der Lage, einen Anruf zu tätigen und den Sprecher am anderen Ende zu hören. Ich kann es, also helfe ich ihr. Und ich kann nicht immer die nicht wörtlich gemeinte Formulierungen verstehen – sie kann es, also hilft sie mir. Eine Win-win-Situation.

Denke mal an die Menschen, die du kennst und denen du vertrauen kannst. Wähle geduldige, aufgeschlossene Menschen, die sich die Zeit nehmen, etwas über Autismus zu lernen. Und dann bitte um Hilfe, wenn du sie brauchst. Stelle dir dein eigenes Beraterteam zusammen und sprich es an, wenn du dich unsicher fühlst. Wenn du in der Lage bist, deine Gedanken an andere weiterzugeben, wirst du dich viel sicherer und souveräner fühlen.

Muss-ich-wissen-Regeln

- Wir nehmen die Dinge oft wörtlich – aber NTs sprechen nicht immer wörtlich. Was sie sagen und was sie meinen, ist nicht immer dasselbe.
- Es ist in Ordnung, verwirrt zu sein. Wir sind nicht so verdrahtet, Sprache so zu verstehen, wie andere sie verwenden.
- Stelle dir ein Team von vertrauenswürdigen, geduldigen NT-»Beratern« zusammen. An sie kannst du dich wenden, wenn du dich in einer sozialen Situation unsicher fühlst.

Wer weiß, vielleicht bringst du deinem Team sogar bei, ein bisschen »Spektrumisch« zu sprechen, wenn ihr schon dabei seid. (Nein, Leute, das meine ich nicht wörtlich.)

19

Brauche ich einen Regenschirm oder eine Arche?

Berge von Maulwurfshügeln unterscheiden

Asperger-Logik

Vor Jahren holte ich meine Tochter mal von der Schule ab, um sie zum Turnunterricht zu bringen. Eine Woche zuvor hatten die Mädchen begonnen, den Rückwärtssalto zu lernen – obwohl das vorerst nur bedeutete, sich rückwärts über ein Kissen zu lehnen, bis die Hände den Boden erreichten. Die Lehrer halfen den Schülern dann dabei, die Füße überzuschwingen, und die Mädchen fanden sich aufrecht stehend wieder.

Eine Woche später saßen wir im Auto auf dem Weg zum Training. Obwohl sie mir vorher nicht gesagt hatte, dass sie aufgeregt war, fand ich mein armes Asperkid plötzlich mitten in einer absoluten Panikattacke. Sie weinte, hyperventilierte, war erhitzt und kaum noch zurechnungsfähig. Obwohl sie noch nicht einmal ihren Turnanzug anhatte und wir nicht einmal die Hälfte des Weges zur Turnhalle zurückgelegt hatten, war sie emotional bereits völlig überfordert – verzweifelt wegen die letzten zehn Minuten des Unterrichts, in denen es möglicherweise zu weiteren Rück-

wärtssaltos kommen könnte. Obwohl auch ein Kopfstand eine Möglichkeit gewesen wäre und obwohl niemand sie jemals zwingen würde, einen Salto zu versuchen, war sie ein reines Nervenwrack.

Diese Art von Panik nennt man Katastrophisieren – es ist so, als würde man einen Feuerwehrgroßeinsatz auslösen, obwohl die Schwester nur etwas Popcorn verbrannt hat.

Stelle dir Folgendes vor: Ich habe dich gebeten, aufzustehen. Jetzt schicke ich dich zum Einkaufen (zum Süßwarenladen, aber das weißt du noch nicht). Aber plötzlich bist du einfach weggelaufen! Bevor ich dir sagen kann, wohin du gehen sollst, was du dort zu tun hast oder was du mitbringen sollst, hast du schon beschlossen, dass du in Schwierigkeiten steckst. Du bist zur Tür hinausgegangen, eine Straße hinunter, um die Ecke und einen Hügel hinauf. Du glaubst genau zu wissen, wohin die »katastrophale« (schreckliche) Situation führt, bevor du überhaupt weißt, was die tatsächlichen Fakten sind. Das ist Katastrophisieren.

Ich habe das auf jeden Fall selbst auch getan. An einem Herbstnachmittag in meinem letzten Jahr an der Highschool musste ich meine letzte Unterrichtsstunde, Orchester, früher verlassen. Meine Tennismannschaft hatte ein Spiel an einem ziemlich weit entfernten Ort und die Trainerin hatte uns die Erlaubnis gegeben, unsere letzte Stunde etwas früher zu verlassen. Ich weiß nicht, ob mein Musiklehrer den Zettel der Tennistrainerin einfach nicht gelesen hatte oder ob er etwas gegen mich hatte, aber er rastete komplett aus.

Er schrie mich vor der ganzen Klasse an und ging sogar so weit, eine Beschwerde an die Schulleitung zu schreiben, in der er mir vorwarf, seine Anweisungen vorsätzlich missachtet zu haben. Um ehrlich zu sein, als die Schulleitung seinen Brief sah, lachte sie – die Vorstellung, dass ich so dreist oder unhöflich sein könnte, war für sie völlig abwegig.

Dennoch mussten wir das Drama einer formellen Überprüfung durchmachen. Am Ende wurde ich vollständig entlastet – aber während des der ganzen Sache war ich mir sicher, dass meine gesamte Zukunft zerstört worden war. Ich war bereits für das nächste Jahr an einer sehr angesehenen Universität angenommen worden und kam bei meinem Abschluss für eine Vielzahl von Preisen in Betracht. Doch in meinen Augen war dieses kleine Missverständnis dabei, die Früchte von siebzehn Jahren harter Arbeit zunichtezumachen. Die Uni würde alles herausfinden und mich ablehnen. Ich würde nie einen guten Job oder eine interessante Karriere haben. Ich würde wahrscheinlich langweilig sein … ein Versager … allein. Mein Leben – da war ich mir sicher – war vorbei.

Nicht ganz. Alles war in Ordnung, und der Einzige, der Ärger bekam, war der Musiklehrer. Aber ich habe mit dem Schlimmsten gerechnet. Die ganze Geschichte war eigentlich nur ein Regentropfen, aber ich war damit beschäftigt, die zweite Arche Noah zu bauen.

Verkettung von Katastrophen

Was ich oben beschrieben habe, ist katastrophisierendes Denken. Im Grunde bedeutet es, dass man mental innerhalb von Sekunden von null auf hundert geht. Dein Verstand rennt mit schrecklichen Tragödien oder völligem Versagen davon, egal wie unwahrscheinlich oder lächerlich deine Logik ist. Es bedeutet, sich das schlimmste, peinlichste, schmerzhafteste, verheerendste mögliche Ergebnis einer kleinen Unebenheit auf der Straße vorzustellen und sich daran festzuhalten. Es ist die Art von Sorge, die einen mitten in der Nacht weckt und nicht mehr einschlafen lässt und einen gnadenlos von einem »Was-wäre-wenn« zum nächsten zieht.

NTs nennen das vielleicht »überreagieren«. Ich weiß nicht, wie es dir geht, aber ich finde das ärgerlich. Wenn jemand wütend ist oder Angst hat, verdient dieses Gefühl Respekt. Wie Dr. Seuss sagte: »Ein Mensch ist ein Mensch, egal wie klein er auch sein mag.«[10] Oder wie autistisch. Es ist mir also egal, wie »dramatisch« deine Gefühle auf andere wirken – du hast es verdient, nicht verspottet oder abgetan zu werden.

Außerdem ist das keine Überreaktion. Es ist nur eine Reaktion von uns. Warum eigentlich? Ich bin der Meinung, dass unser Entweder-oder-Denken und unsere »Mein Weg ist der einzige Weg«-Gewissheit uns großen Kummer bereiten kann. Wir sehen nicht, wie andere (bessere) Ergebnisse stattdessen möglicherweise eintreten könnten.

Nehmen wir zum Beispiel nochmals meine Situation. Ich bin von »Mein Lehrer hat eine Beschwerde eingereicht« zu »Ich werde von der Universität geworfen, bevor ich überhaupt angefangen habe, und werde für immer gedemütigt sein« gesprungen, was für sich genommen eindeutig ein völlig unlogischer Gedankensprung ist. Aber wenn man es in einem Flussdiagramm aufschlüsselt, ist es gar nicht so unplausibel:

1. Der Lehrer schreibt eine Beschwerde an die Schulleitung. → 2. Mögliche Disziplinarmaßnahmen werden ins Schulzeugnis eingetragen. → 3. Die Abschlusszeugnisse gehen an die Universität. → 4. Die Zulassungsbescheinigung wird zurückgezogen. → 5. Ich muss allen in der Schule und der ganzen Familie erklären, warum ich die Uni nicht mehr besuchen darf. → 6. Ich bin ein Versager und Gegenstand ständigen Spotts. ARGH!

Das Geheimnis, um diesen Wahnsinn zu vermeiden, besteht darin, innezuhalten und zu erkennen, dass unsere Logik von einem Schritt zum nächsten nicht immer richtig ist. Oder besonders vernünftig. Und sich immer zu fragen: »Warum könnte das *nicht* passieren?«

TESTEN WIR DIESE THEORIE ANHAND MEINES PERSÖNLICHEN AUSRASTERS:

1 Lehrerbeschwerde: Es ist passiert. Lächerlich, aber es war ein tatsächliches Ereignis. Wir können also nicht darüber diskutieren.

2 Disziplinarmaßnahmen: Hier hielten die Tatsachen nicht mit meiner Vorstellung Schritt. Tun wir mal so, als wüssten wir das noch nicht. Abgesehen von meiner Angst, bestraft zu werden … »Warum könnte das nicht passieren?« Die Schulleitung könnte sich alle Fakten anhören, mit der Trainerin sprechen, der die Entschuldigung geschrieben hat, und entscheiden, dass die Beschwerde ungerechtfertigt war, und sie zurückweisen.

3 Letzte Aufzeichnungen: »Warum sollte das nicht passieren?« Wenn die Schulleitung die Beschwerde ablehnt, wird sie nie in die Unterlagen aufgenommen. Und selbst wenn dies der Fall wäre, würde dieser kleinen Ausreißer in einer ansonsten blütenweißen Akte seltsam erscheinen – und wahrscheinlich nicht sehr glaubwürdig oder wichtig.

4 Rücknahme der Aufnahme: »Warum könnte das nicht klappen?« Die Zulassung zur Universität war bereits angeboten und angenommen. Es wäre viel mehr nötig als ein kleines Missverständnis oder ein Fehler, um all das zunichtezumachen.

An diesem Punkt ... fällt der Rest der Verkettung auseinander, weil ich mir selbst gezeigt habe, wie unwahrscheinlich die anderen Konsequenzen sind. Noch besser ist, dass ich mir die Zeit genommen habe, die Emotionen aus der Gleichung zu entfernen und nur die Fakten zu prüfen. Das gibt uns die Möglichkeit, alle Maßnahmen zu ergreifen, die wir brauchen, um einen Fehler zu korrigieren oder zu verhindern, dass die Situation noch schlimmer wird.

Und genau das habe ich getan. Vor der Sitzung ging ich zu meiner Tennistrainerin und bat sie, einen Zettel zu schreiben, in dem sie erklärte, dass sie mich entschuldigt hatte und dass ich diese Anweisungen zu Recht befolgt hatte. Wenn der Musiklehrer ein Problem mit der Entschuldigungsnotiz hatte, so meine Trainerin, hätte er das mit ihr – einer Kollegin – besprechen sollen, anstatt es an mir auszulassen. Diese Erklärung brachte ich zum Besprechungstermin mit, und nachdem ich dem Musiklehrer höflich zugehört hatte, wie er seinen Standpunkt erläuterte (nicht unterbrechen!), legte ich meine Notiz vor und erklärte meine Sichtweise.

Muss-ich-wissen-Regeln

- Extremes Schwarz-Weiß-Denken lässt uns oft glauben, dass die Probleme viel größer sind, als sie tatsächlich sind.
- Innerhalb von Sekunden können wir von Sorgen-Level 1 auf Sorgen-Level 100 springen. Das hilft niemandem, vor allem nicht uns selbst.
- Keine Panik. Atme tief durch. Betrachte die Schritte in deiner »Verkettung von Katastrophen« – und frage dich: »Warum sollte das nicht passieren?«
- Ermutige dich selbst, indem du dir Schritte vorstellst, die du unternehmen kannst, um die Dinge zu verbessern.

Ich entschuldigte mich auch bei dem Musiklehrer, falls ich in irgendeiner Weise unhöflich gewesen sein sollte (das war ich nicht, aber dadurch, dass ich ihm Respekt entgegenbrachte, fühlte er sich mir gegenüber besser und war weniger verlegen wegen seines Ausrasters).

In jedes Leben muss ein wenig Regen fallen, hat irgendjemand mal gesagt. Das ist wahr. Wenn etwas schiefgeht, ist es, als fiele kalter Regen auf dein Gesicht. Du spürst die dämpfende Nässe. Aber glaube mir – nicht jeder Regentropfen ist der Beginn eines Hurrikans. Überprüfe die »Verkettung von Katastrophen«, die du dir vorstellst, auf ihre Logik, und überlege, was du tun kannst, um die Situation zu verbessern. Es könnte sich herausstellen, dass du nur einen Regenschirm und keine Arche Noah brauchst.

WAS IST LOS MIT IHM?
SIE HABEN WOHL WIEDER MAL KEINEN APFELSAFT ...

20 Temperament, Temperament

Morgen gibt es mehr Apfelsaft

Asperger-Logik

Vor langer Zeit, als ich als Beraterin für häusliche Gewalt bei der Polizei arbeitete, kam ein seltsamer Bericht auf meinen Schreibtisch. Wie die anderen Berichte auf meinem Schreibtisch stammte er von einem Beamten, der zu einem Streit gerufen worden war, bei dem es zu Handgreiflichkeiten gekommen war – doch was diesen Bericht besonders auszeichnete, war der mit Filzstift geschriebene Kommentar des Beamten. »Was zum ...«, hatte er geschrieben, und ein Pfeil wies auf die folgenden Worte: »Der Beschwerdeführer gab an, dass der Streit wegen einer Tomate stattgefunden hatte.«

Ernsthaft? Ich kann verstehen, warum der Beamte verärgert war. Da geht er freiwillig raus und setzt sein Leben aufs Spiel, um diejenigen, die es brauchen, vor ... Tomaten zu schützen? Was für eine kolossale Verschwendung von Zeit (und Steuergeldern), wird er sich gedacht haben. Und wenn es in dem Streit wirklich um eine Tomate gegangen wäre, hätte er völlig zu Recht so entrüstet reagiert. Die Sache ist jedoch, dass sich niemand wegen eines Gemüses (oder einer Frucht, wenn man es ganz genau nimmt) streitet.

Bevor der ganze Streit begann, hatte das Paar mit Kommunikationsproblemen zu kämpfen – wer wann wessen Geld wofür ausgab, wer für bestimmte Aufgaben zuständig war und welche Erwartungen man aneinander hatte. Eine Tomate war nicht das Problem. Sie war nur ein kleines, rotes Symbol für ein viel größeres Problem zwischen den beiden.

Wassertropfen und Plattentektonik

Alle Konflikte haben eine Vorgeschichte. Kein Krieg begann »einfach so.« Es braucht immer einen Tropfen, der das Fass zum Überlaufen bringt.

Streit und Zwist entstehen nicht einfach so – sie sind das Ergebnis von Handlungen, die einen Schritt zu weit gegangen sind, oder von Worten, die eine Verletzung zu viel verursacht haben. Deine Mutter flippt nicht aus, weil du einmal Zahnpastareste im Waschbecken zurückgelassen hast. Es sind die hundertsieben Male, die sie dich zuvor gebeten hat, aufzuräumen, und die ständige Missachtung ihrer Bitten, die ihr das Gefühl geben, unwichtig zu sein und die sie verärgern. Und du rastest wahrscheinlich nicht aus, weil ein Mitschüler dich eines Tages ärgert. Der heutige Ausraster ist vielleicht das Ergebnis jahrelanger Hänseleien von Leuten, die gerade gar nichts mit der Situation zu tun haben.

Mit den Menschen ist es wie mit der Plattentektonik: Vor einem Vulkanausbruch oder einem Erdbeben kommt es zu Reibungen und Spannungen. Wenn wir achtsam sind, gibt es eine Chance, dem Chaos zu entkommen. Ja, eine Explosion entlädt die Energie – aber sie verursacht dabei große Schäden und Schmerzen.

Dasselbe gilt zwischen Menschen und auch in einer Person. Bevor wir »ausbrechen«, baut sich eine Spannung auf – durch Missverständnisse, unrealistische Erwartungen oder (bei Autisten) durch sensorischen Input. Und obwohl sich diese Gefühlsausbrüche kurzfristig gut anfühlen, richten sie auf lange Sicht nur Schaden an. Deshalb ist es für uns alle so wichtig, unsere Zuhör- und Kommunikationsfähigkeiten zu üben und zu sagen, was wir meinen und zu meinen, was wir sagen. Und zwar, wenn sich die Gemüter beruhigt haben, und nicht, wenn der Siedepunkt erreicht ist.

Wir haben technische Schwierigkeiten

Die besondere Schwierigkeit für uns ist jedoch, dass unsere emotionalen Seismographen nicht sehr genau messen. Es ist, als ob unser kleines inneres Stressmessgerät technische Schwierigkeiten hätte. Da wir mit der Interpretation von Körpersprache, Mimik, Tonfall und der Vorwegnahme der Ideen anderer zu kämpfen haben, kann es sein, dass wir bevorstehende Probleme nicht richtig wahrnehmen.

Man könnte sagen, dass wir unterirdische Reibungen in Mexiko wahrnehmen, während der eigentliche Ausbruch in Japan bevorsteht. Oder wir kommunizieren unsere eigenen Probleme nicht deutlich und früh genug, als dass jemand helfen kann. Unser Stressmessgerät zeigt an, dass alles in Ordnung ist, obwohl in Wirklichkeit eine große innere Explosion bevorsteht und wir kurz davor sind, die Nerven zu verlieren.

Wenn eine Person mit Autismus zusammenbricht – weint, schreit, wegläuft und sich versteckt (und ja, das habe ich alles schon getan) – dann liegt das daran, dass wir von Emotionen überwältigt sind, für die uns die Worte oder Werkzeuge fehlen, um mit ihnen umzugehen. Das ist ein legitimes Problem. Aber wie das »Tomaten-Pärchen« sehen wir für jeden, der unseren Ausraster mitbekommt, einfach nur lächerlich aus. Andere sehen nicht, dass wir zuerst verzweifelt, panisch oder verletzt waren (und kümmern sich vielleicht auch nicht darum). Sie sehen nur, wie wir ausrasten. Und das lässt uns nicht im besten Licht erscheinen.

Ich habe gehört, dass Menschen nicht deshalb weinen, weil sie schwach sind, sondern weil sie zu lange stark gewesen sind. Wenn man seine Frustrationen, Verletzungen oder Ängste zurückhält, verschwinden sie nicht – es garantiert nur, dass man später ein größeres Problem hat … als würdest du deine ganze schmutzige Wäsche in einen kleinen Schrank stopfen. Irgendwann wirst du ihn öffnen und der ganze stinkende Haufen wird dir entgegenfallen.

Wir müssen uns den Problemen stellen, wenn wir ruhig sind, und nicht, wenn die Gemüter erhitzt sind. In diesem Buch haben wir bereits vieles behandelt, was du brauchst, um die gefürchteten Kernschmelzen zu vermeiden: reflektierendes Zuhören, sich selbst verteidigen, eine gute Entschuldigung und Zusammenarbeit mit anderen. Das ist ein Anfang.

Aber was ist mit den Allein-Zusammenbrüchen? Wie können wir diese Ausbrüche verhindern?

DER TRICK DABEI IST:

- klar zu kommunizieren und Probleme zu lösen, während wir noch ruhig sind (damit andere helfen wollen);
- zu lernen, auf unseren Körper zu hören;
- zu wissen, wie wir uns beruhigen können, wenn wir spüren, dass die Temperatur steigt.

Es ist kein Temperament, aber es sieht so aus

Das meiste von dem, was die Welt als Wut ansieht, ist keine Wut – oder Temperament oder Zorn. Normalerweise »schmelzen« wir dahin, weil wir uns sensorisch überfordert fühlen oder Erwartungen haben, die nicht erfüllt werden (unabhängig davon, ob sie realistisch sind). Mal sehen, was wir tun können, um diese Probleme anzugehen, bevor sie zu groß werden, um bewältigt zu werden.

Sensorische Dinge

Dies ist ziemlich einfach zu beheben, wenn du dir die Zeit nimmst, im Voraus herauszufinden, was du tun kannst. Das macht das Leben ein bisschen einfacher:

- Wähle Kleidung ohne Etikett.
- Ziehe dich in mehreren Schichten an: Wenn du dich schnell abkühlen kannst, kühlen sich auch deine Emotionen ab.

- Ohrstöpsel können ziemlich diskret sein, wenn man sie braucht.
- Bewahre einen glatten »Sorgenstein« oder einen beruhigenden Handschmeichler in deiner Tasche oder auf deine Schreibtisch auf.
- Hole dir die Erlaubnis, Kaugummi zu kauen oder saure Bonbons zu lutschen, wann immer du sie brauchst.
- Vereinbare mit Lehrern einen »sicheren Ort«, an den du gehen kannst, ohne vorher um Erlaubnis fragen zu müssen. Das kann eine Schaukel im Freien sein, das Büro der Sozialarbeiter – ich habe eine versteckte Ecke eines dunklen, verlassenen Flurs benutzt, als ich auf der Highschool war und Situationen entkommen musste.

Das Ziel ist es, so viele anstößige Sinneseindrücke wie möglich auszuschalten und dem Körper die sensorischen Eindrücke zu geben, die er braucht (oft taktile oder orale), um sich wieder zu beruhigen.

Erwarte das Unerwartete

Oh, wie sehr mögen wir unsere Struktur, unsere Routinen. Der Komfort zu wissen, was dienstags passieren wird, wohin die Müsliverpackungen gehören (oder nicht) oder wie ein Hemd gefaltet werden sollte oder nicht. Auf diese Weise versuchen wir, unsere große, verrückte Welt zu kontrollieren. Natürlich ist das völlig sinnlos. Je mehr wir uns darauf versteifen, wie die Dinge unserer Meinung nach zu sein haben, desto verärgerter werden wir sein, wenn (nicht ob, sondern wann) sie sich anders entwickeln.

Ich habe gehört, dass man Gott am schnellsten zum Lachen bringen kann, wenn man ihm von seinen Plänen erzählt. Ob du nun orthodoxer Jude oder frommer Atheist bist, die Aussage ist dieselbe. Was die Menschen am meisten beunruhigt, ist nicht das, was tatsächlich passiert, sondern wenn das, was wir erwarten, nicht eintritt. Wenn du mal darüber nachdenkst, dann weißt du, dass die Welt genauso wenig nach deinem wie nach meinem Zeitplan läuft.

Vielleicht machst du deinen Doktor nicht in dem Alter, wie du es erwartest, vielleicht wird dein zweites Kind kein Mädchen, das du Molly nennen kannst. Es kann sogar sein, dass du im Laufe des Lebens beschließt, Zahnarzt zu werden, und dass deine Kinder alle Jungen sind. Pläne ändern sich. Verschwende deine Energie und deine Emotionen nicht damit, gegen Menschen oder Umstände zu protestieren, auf die du keinen Einfluss hast.

Das Leben muss nicht unbedingt so verlaufen, wie man es sich vorgestellt hat, damit es in Ordnung ist. Kennst du dieses wahnsinnig drängende Gefühl, das man bekommt, wenn plötzlich alles schiefzulaufen scheint? Dass sich hier und jetzt etwas ändern muss, weil sonst eine Katastrophe droht? Du wirst überlistet. Solange es nicht brennt, jemand verletzt ist oder verletzt wird, gibt es keinen wirklichen Notfall. Das Gefühl der Dringlichkeit, der Panik bedeutet nur, dass wieder dieses Egozentrik-Ding passiert – wir sehen uns (und unsere Wünsche/Bedürfnisse/Ideen) als wichtiger an als andere.

Mein jüngster Sohn zum Beispiel war eines Tages in Tränen aufgelöst – wegen Apfelsaft. Nun, nicht wirklich wegen Apfelsaft. Er trank nämlich jeden Morgen Apfelsaft zum Frühstück, aber an diesem Morgen war uns der Saft ausgegangen. Obwohl ich ihm erklärte, dass wir bis zum Nachmittag wieder welchen haben würden, wurden seine Erwartungen nicht erfüllt, seine Routine war gestört, und er drehte durch. Thermische Kernschmelze. Ein Außenstehender hätte gedacht, das Haus würde brennen oder er hätte sein Lieblingsspielzeug verloren. Aber nein. Wir hatten gerade nur keinen Apfelsaft mehr. Und obwohl ich noch zwei andere Kinder für die Schule fertig machen musste und unsere Hündin nach ihrem Frühstück bellte, wollte er die Welt über das Unrecht informieren, das seinem kleinen Ich widerfahren war.

Was ist zu tun, was ist nur zu tun?

Der Grund, warum junge Autisten sichtbarere Ausbrüche haben, ist, dass ihnen die Worte fehlen, um auszudrücken, was sie fühlen. Wenn ältere

Menschen im Autismus-Spektrum nicht gelernt haben, Worte gut zu gebrauchen, wälzen wir uns zwar nicht auf dem Boden, aber wir schlagen vielleicht um uns. Wir schnauzen vielleicht die Menschen an, die wir lieben, stampfen davon, schlagen Türen zu, machen abfällige Bemerkungen, verletzen uns selbst oder versinken in Depressionen, bekommen Herzkrankheiten oder Geschwüre. Dir gefällt all das nicht? Gut, du hast andere Möglichkeiten. Du kannst dich entscheiden, zu leiden, oder du kannst dich darin üben, deine (emotionale) Temperatur zu messen, dich selbst zu verteidigen und dich selbst zu beruhigen.

Als Erstes solltest du die Dinge, die dich stören, in Ruhe aufschreiben. Verwende dann deine Selbstbestimmung und deine »Ich fühle«-Aussagen, um deine Sorgen jemandem mitzuteilen, der dir zuhört. Wenn du nur dann über Probleme sprichst, wenn du bereits aufgebracht bist, wirst du keine Lösung finden.

Wenn sich Ärger bereits anbahnt, erinnere dich an die Plattentektonik. Geologen wissen, dass jedem Erdbeben sogenannte »P-Wellen« oder frühe Schockwellen vorausgehen. Das sind die gleichen seismischen Wellen, die Tiere oft wahrnehmen und die es ihnen ermöglichen, den folgenden Turbulenzen zu entkommen. Nun, auch unser Körper sendet »P-Wellen« aus.

MISS DEINE EMOTIONALE TEMPERATUR:

- Sind deine Handflächen schwitzig?
- Ist dein Gesicht gerötet?
- Fühlt sich dein Magen verkrampft an?
- Ist dein Verstand in Aufruhr?
- Ist deine Brust angespannt?
- Ist dein Mund trocken?

Das sind die »P-Wellen« deines Körpers, die dir sagen, dass du etwas unternehmen musst, da eine Explosion kurz bevorsteht.

Erinnerst du dich an meinen kleinen Sohn und den Apfelsaft? Er war noch zu klein, um zu wissen, was er brauchte, wenn er sich aufregte, also musste ich ihm beibringen, wie er sich selbst beruhigen konnte. Als er älter wurde, begann mein Saftliebhaber jedoch abzuwägen, was wirklich wichtig war: Er versuchte, die Situation neu zu betrachten und das Gesamtbild zu sehen. Er übt immer noch, sich zu fragen: »Ist das eine Kleinigkeit oder eine wirklich große Sache?« Und schließlich konnte er erkennen, dass etwas wie das Fehlen seines Lieblingsgetränks zwar enttäuschend, aber nicht verheerend war.

Aber an diesem damaligen Tag wirkte der Wutanfall meines Asperkids wie ein klassischer Wutanfall: Ein verwöhntes Vorschulkind, das endlich mit dem »Ich will Apfelsaft!« aufhören muss. Du und ich, wir wissen, dass es nicht so einfach ist. Würde es helfen, ihn anzuschreien? Oder ihm zu sagen, er solle still sein? Nein, das wäre, als würde man Benzin auf ein Feuer gießen und erwarten, dass es erlischt.

Wenn wir verärgert sind, müssen wir wissen, dass andere Menschen unsere Beschwerde hören, auch wenn sie das Problem nicht lösen können oder wollen. Im Fall meines Sohnes war es an mir, ruhig zu bleiben und zu sagen: »Es tut mir wirklich leid, dass du so enttäuscht bist. Ich habe keinen Apfel-, aber ich habe Trauben- oder Orangensaft. Was möchtest du, Traube oder Orange?« Er konnte mir nicht sofort antworten, also wiederholte ich seine Wahlmöglichkeiten, zweimal. Als er sich immer noch nicht entscheiden konnte, schenkte ich ihm von jedem Saft ein Glas ein und stellte sie ihm (in sicherer Entfernung) hin – und nach ein paar Minuten schniefte er, ging hinüber und trank den Traubensaft. Der ganze Ärger war vorbei.

Aber du bist jetzt alt genug, dass es an dir liegt, dir selbst Gehör zu verschaffen. Und ich verspreche dir eines:

—— Ein ruhiges, zuversichtliches Gespräch hallt stärker nach als eine laute, unsichere Tirade. ——

Wenn du also bemerkst, dass du dich aufregst, halte inne und lenke dich um.

—— Entspanne dich: Meine Kinder haben schon in der Vorschule gelernt, »an den Blumen zu riechen und die Kerzen auszublasen«. Das klingt albern, ich weiß, aber es ist eine erwiesene Tatsache, dass du die Funktion des autonomen Nervensystems deines Körpers veränderst, indem du dein Atemmuster langsamer und tiefer werden lässt. Der »Aus-Schalter« für die Kampf-oder-Flucht-Reaktion wird umgelegt, und du verschaffst dir wertvolle Kontrolle. Atme also ein, als würdest du an einer Blume riechen, und atme aus, als würdest du sanft eine Kerze auspusten.

- Rational umlenken: Autisten können gut mit Logik umgehen, es sei denn, wir haben nicht das Sagen. Die Wahrheit ist, dass die Welt nicht fair ist und du oder ich ganz sicher nicht die Hauptrolle spielen. Gib jeder Situation also die Bedeutung, die sie verdient – aber nicht mehr, als sie verdient.

Lass uns das noch einmal durchgehen, denn obwohl das alles nach gesundem Menschenverstand klingt, ist es sehr, sehr schwer, wenn man verärgert ist.

Bei Kernschmelzen auf die Bremse treten

- Sprich über Probleme, wenn alle entspannt sind. Höre dir die Ideen der anderen an.
- Miss deine Temperatur und entspanne dich.
- Wenn deine »P-Wellen« ausschlagen, entferne dich ein bisschen, bis du dich beruhigt hast. Sage: »Ich brauche etwas Freiraum; ich bin in (nenne einen Zeitrahmen) zurück.« Denke dann aber daran, dass du zurückkommen musst. Das ist Teil des Deals und des Erwachsenwerdens.
- Wenn du etwas Zeit hast, bevor es zur Kernschmelze kommt, atme ein paar Mal tief durch und nutze deine Kommunikations- und Zuhörfähigkeiten, um um Hilfe bei der Lösung des Problems zu

bitten. »Ich fühle mich ....
wegen .... Ich möchte
.... Wie geht es dir?«

- Überwinde den Impuls, dich zu schlagen oder zusammenzubrechen. Erinnere dich: »Es geht nicht um alles oder nichts.« Verschenke nicht deine Stärke oder Würde, indem du die Fassung verlierst. Stattdessen …
- Übernimm Verantwortung. Betrachte dein steigendes Gefühlsthermometer als ein Signal, jetzt Bewältigungsstrategien zu nutzen (sich Freiraum verschaffen, ein Nickerchen machen, sich bewegen, herumzappeln, ein Tagebuch lesen, tief durchatmen, Yoga machen, laufen oder spazieren gehen, auf einen Boxsack einschlagen, Knete zerdrücken, lesen, zeichnen/kritzeln/malen, Musik hören usw.).
- Wenn du dich beruhigt hast, schenke der Sache die Aufmerksamkeit, die sie verdient – nicht mehr und nicht weniger. Und denke daran: Wenn du feststellst, dass du »überreagiert« hast, ist es reif, mu-

Muss-ich-wissen-Regeln

- Alle Konflikte haben eine Vorgeschichte. Es ist an der Zeit zu handeln, bevor es zu Zusammenbrüchen kommt.
- Wir brechen zusammen, weil wir uns überfordert fühlen.
- Wir müssen klar kommunizieren und Probleme lösen, wenn wir ruhig sind. Keiner hört zu, wenn wir schreien.
- Unser Körper gibt uns Signale, bevor es zu einem Zusammenbruch kommt. Achte darauf und entscheide dich, proaktiv zu reagieren.
- Stelle dich auf eine Reizüberflutung ein und nutze deine Bewältigungsstrategien, um dich zu entspannen und deine Energie umzulenken.
- Morgen ist ein neuer Tag.

Kleine Motivationssätze für dich

Deine strahlende Wunderbarkeit erleuchtet diese Welt heller, als es dir bewusst ist.

Das Wunder verweilt in dem, was sein mag, und lebt in dem, was man zum Leben erweckt.

Denke daran, du bist das Ereignis.

Du bist auf seltsame, wunderbare, klammheimliche und chaotische Weise erstaunlich.

tig und bescheiden, einen Schritt zurückzutreten und zu sagen: »Weißt du was? Ich habe mich lächerlich verhalten. Können wir das noch einmal versuchen?«

Du hast jedes Recht, so zu fühlen, wie du dich fühlst. Ich möchte nur nicht, dass die Art und Weise, wie du deine Gefühle zeigst, dazu führt, dass man dir nicht mehr zuhört. In der letzten Szene des alten Filmklassikers »Vom Winde verweht« kauert Scarlett O'Hara am Boden und wischt sich die Tränen weg. Ihre Familie ist weg, ihr Land und ihr Geld sind verloren, und ihre einzige Liebe hat sie gerade verlassen. Aber (Stichwort dramatische Orchestermusik) sie blickt mit funkelnden Augen und erhobenem Kinn in die Kamera. Sie kann noch ein Quäntchen Kraft aufbringen und verkündet trotzig: »Morgen ist auch noch ein Tag!« Lassen wir die Reifröcke und die melodramatischen Melodien weg, aber nehmen wir uns Scarletts Lektionen zu Herzen. Wenn du das Gefühl hast, dass deine Welt im Vergleich zu dem, was du erwartet hast, zu wünschen übrig lässt, denke daran, dich neu zu orientieren, zu entspannen und alles neu auszurichten. Morgen ist ein neuer Tag. Und morgen wird es wieder Apfelsaft geben.

WENDE DEINE AUGEN AB, HYGIEIA ...
DAS IST SCHLAMPIUS, GOTT DER UNHYGIENISCHEN GEWOHNHEITEN!
HEY IHR!
MILK

21 Die Wissenschaft einer griechischen Göttin

Hygieia, Aphrodite und warum sie so gute Freundinnen waren

Asperger-Logik

Wenn du in Spanien niesen musst, reagieren die Menschen mit »¡Salud!« für »Gute Besserung!«. Anstelle von »Prost!« erheben in Italien die Familien ihre Gläser und sagen »Salut!« Sie stoßen auf die Gesundheit, das Leben, das Wohlbefinden an. Im Französischen bezeichnet »sain« einen gesunden Menschen und seinen Lebensstil. Alle drei Wörter gehen auf den Namen einer römischen Göttin zurück, Salus. Im antiken Griechenland hieß sie Hygieia, die Göttin der Gesundheit (des Geistes und des Körpers), und sie war die beste Freundin von Aphrodite, der Göttin der Liebe und Schönheit. Sie verband die Vorstellungen von Wohlbefinden, Gesundheit und Sauberkeit so eng miteinander, dass ihr Name zu unserem Wort »Hygiene« wurde.

Hygiene bedeutet nach der Göttin Hygieia, der Namensgeberin, »gute Gesundheit«; es geht aber nicht darum, wie perfekt dein Haar gekämmt ist oder nicht. Was soll diese ganze Geschichtsstunde? Nun, »Hygiene« ist eines der Wörter, bei denen sich Teenager abwenden. Das gilt vor allem für Kinder im Autismus-Spektrum, deren »Hygiene« vielleicht schon mal in Frage gestellt wurde. Aber die Verbindung zwischen guter Gesundheit und Sauberkeit ist nicht neu (altes Griechenland!), und ich möchte dich hier nicht hinterhältig ärgern. Ich bin auch nicht hier, um über dich oder deine individuelle Klamottenauswahl zu urteilen – es ist mir egal, ob du Preppy, Gothic oder Hippie bevorzugst oder ob dir Markennamen völlig egal sind. Wir reden hier nicht über Mode, sondern über Gesundheit.

In jedem Buch über soziale Regeln werde persönliche Pflegegewohnheiten erwähnt. So wichtig sind sie. Für uns ist das Thema jedoch dank sensorischer Probleme und der »Theory of Mind« komplizierter. Sensorisch gesehen ist das Waschen, Rasieren und Parfümieren nicht immer einfach. Und perspektivisch ist uns weniger bewusst, dass die Art und Weise, wie andere unsere Hygiene sehen, unser Leben beeinflusst. Ich werde dir also die Wahrheit über deinen Körper sagen und warum es kein Zufall ist, dass Hygieia und Aphrodite so gut befreundet waren.

Glaube mir: Diese Hygieia-Regel soll dir eine gute körperliche und geistige Gesundheit garantieren. Nimm's nicht persönlich. Keiner kritisiert dich. Ich sorge mich nur um dich. Ich möchte, dass das Leben für dich so einfach wie möglich ist. Ich will nicht, dass du gehänselt oder schikaniert wirst. Und wenn ich dir diese Dinge nicht sage, wird es jemand anders tun – aber wahrscheinlich hinter deinem Rücken auf eine nicht so nette Art.

Hygieia sagt …

Über diesen Punkt lässt sich nicht streiten: Sauberkeit macht dich und deine Mitmenschen gesünder. Sie macht dich auch angenehmer, was von Rücksichtnahme und Respekt gegenüber anderen zeugt. Wahrscheinlich waren Hygieia und Aphrodite deshalb so gute Freundlinnen. Die Göttin der Liebe wird niemanden dazu ermutigen, sich an eine stinkende Person zu kuscheln.

—— Du + Sauber = Ein Du, in dessen Nähe man gerne ist und das viel attraktiver ist (Zwinker! Zwinker!) ——

Von Kopf bis Fuß: Machen wir es möglich

Ziel der Körperpflege ist es, ein akzeptables, gesundes, nicht stinkendes Mitglied der Gesellschaft zu sein. Hier sind einige Anleitungen.

Wo?

Pflege (Bürsten, Rasieren, Waschen, Zahnseide benutzen, Make-up auflegen) findet im Badezimmer oder vielleicht vor einem Spiegel im Schlafzimmer statt. Körperpflege sollte niemals in einem öffentlichen Raum stattfinden und vor allem nicht in der Nähe von Orten, an denen Menschen Essen zubereiten oder zu sich nehmen.

Mit wem?

Da es um den eigenen Körper geht, ist die Körperpflege eine private Angelegenheit. Sie wird mit Fachleuten (Friseuren, Ärzten) oder Personen, die du gut kennst (Eltern, enge Freunde), besprochen. Das Gespräch sollte unter vier Augen stattfinden, nicht in der Schule oder in Anwesenheit von anderen, die zuhören können.

Kleidung

Aus hygienischer Sicht brauchst du saubere Kleidung, d. h. frische Unterwäsche und Kleidung, die nicht fleckig oder zerknittert ist oder müffelt.

Haare

Es stellt sich heraus, dass die Antwort auf die Frage, wie oft du deine Haare waschen solltest, ein wenig umstritten ist. Einige Experten sagen täglich, andere weniger. In westlichen Kulturen gilt fettiges Haar als gleichbedeutend mit schmutziges Haar, und unreine Kopfhaut ist wie ein Rummelplatz für Bakterien. Dusche also täglich oder jeden zweiten Tag. Verwende ein Schuppenshampoo, wenn du es brauchst. Und wenn du längeres Haar hast, verwende nach dem Waschen eine Spülung. Du solltest dein Haar jeden Tag gründlich kämmen oder bürsten und vielleicht auch ein Stylingprodukt (wie Gel oder Schaumfestiger) verwenden. Lasse deine Haare etwa alle sechs bis acht Wochen schneiden, auch wenn du sie wachsen lassen möchtest (und öfter, wenn nicht). Gut geschnittenes Haar ist das gesündeste Haar.

Nägel

Deine Nägel solltest du säubern, schneiden (wöchentlich), feilen und bei Bedarf mit einer Maniküre pflegen. Das gilt auch für die Zehennägel. So beugst du Niednägeln, Nagelpilz (wie Fußpilz) und Hautinfektionen vor. Dank Pediküre und Maniküre musst du die Arbeit auch nicht selbst machen, wenn du nicht willst. Und wenn du Nagellack trägst, lackiere die Nägel regelmäßig neu.

Atem

Willst du etwas Unangenehmes hören? Mundgeruch wird durch Bakterienabfälle verursacht, die die gleichen Säuren enthalten, die auch in verwesendem Fleisch und Schweißfüßen zu finden sind. Ihhhh. Außerdem ist Mundgeruch wirklich schlecht für dein Sozialleben. Putze also zweimal täglich deine Zähne und deine Zunge (hier finden sich 90 % der Bakterien in deinem Mund). Benutze Zahnseide, und probiere eine antibakterielle Mundspülung aus. Das Kauen von zuckerfreiem Kaugummi während des Tages hilft ebenfalls gegen Mundgeruch.

Körpergeruch

Wenn die Bakterien, die sich in den warmen, feuchten Regionen des Körpers tummeln, fettigen Schweiß abbauen, stinkt das. Eklig, oder? Das ist Körpergeruch. Und wenn du glaubst, dass die Leute den nicht bemerken, liegst du sehr, sehr falsch. Sie werden ihn bemerken, und sie werden dich behandeln, als ob du schmutzig und eklig wärest. Ich habe gesehen, wie es Kindern ergehen kann, und das Schlimmste daran ist, dass es völlig vermeidbar ist. Also, bitte:

- Dusche täglich.
- Verwende eine Kombination aus Antitranspirant und Deodorant.
- Verwende beides auch erneut nach einem schweißtreibenden Workout.
- Verwende auf der Toilette Feuchttücher, wenn sie dir lieber sind – achte auf jeden Fall darauf, dass du dich gründlich reinigst.
- Versuche es mal mit Körperpudern, die Maisstärke enthalten; sie absorbieren Feuchtigkeit und können Geruch und Juckreiz verhindern.

Parfüm

Ein angenehmer Duft ist schön – aber weniger ist definitiv mehr, und er ist niemals ein Ersatz für Antitranspirant/Deodorant. Du willst andere Menschen mit deinem Duft ja nicht umhauen. Bleib also bei leichten Düften und verwende höchstens ein oder zwei Spritzer.

Rasieren

Verwende immer ein Rasierwasser oder eine -creme und eine scharfe Rasierklinge auf warmer, feuchter Haut. Wenn du das nicht tust, wird sich deine Haut anfühlen, als stünde sie in Flammen, und es werden Haare einwachsen. Rasiere dich in Wuchsrichtung der Haare. Verwende anschließend stets eine Feuchtigkeitscreme.

Augenbrauen

Zur Reinhaltung der Gesichtshaut gehört auch das Zupfen der Augenbrauen (vor allem, wenn du eine Art von Monobraue hast). Glaub mir – es ist wichtiger, als du denkst. Das erste Zupfen kannst du auch in einem Friseursalon vornehme lassen. Dort wird das professionell gemacht und du wirst zu den besten Pflegemethoden beraten.

Haut

Das Wichtigste, was du für deine Haut tun kannst, ist ausreichend Schlaf, viel Wasser zu trinken, jeden Tag Sonnenschutzmittel aufzutragen. Wirklich. Außerdem solltest du dein Gesicht morgens und abends sanft mit einem für deinen Hauttyp geeigneten Gesichtswasser – nicht mit Seife – waschen (das gibt es in jeder Drogerie). Reibe dein Gesicht sanft mit einem Waschlappen ab, um abgestorbene Hautzellen zu entfernen (diese verstopfen mit Schmutz und Öl die Poren und verursachen Pickel), und verwende abschließend eine ölfreie Feuchtigkeitscreme. Verwende bei Bedarf eine Aknecreme, aber lass niemals die Feuchtigkeitscreme weg. Wenn du deine Haut austrocknen lässt, produziert sie mehr Fett … und Unreinheiten. Und wenn du ständig mit schmerzhaften Pickeln zu kämpfen hast, musst du nicht leiden. Bitte einen Erwachsenen, dir einen Termin beim Dermatologen zu machen.

Make-up

Wenn du Lust auf Make-up hast, kannst du es in der Drogerie oder aber bei einer Kosmetikerin kaufen. Frage nach einem sauberen, natürlichen Look, und lass dir von der Kosmetikerin zeigen, was sie tut. Du musst nicht alles kaufen, was dir angeboten wird, aber achte auf die Farbauswahl, die Menge des Produkts und die Art der Anwendung.

Das Aussehen

Die Wahrheit der NT-Welt: Die Leute werden dich danach beurteilen, wie du dich präsentierst. Und für die meisten Menschen bedeuten »sauber« und »ordentlich« dasselbe. Stelle dir das wie eine mathematische Gleichung vor:

> — **Wenn »sauber« = »ordentlich«, dann erweckt ein gepflegtes Erscheinungsbild den Eindruck von Sauberkeit, während ein unordentliches Erscheinungsbild den Eindruck von Unsauberkeit erweckt.** —

Deshalb bevorzugt die Welt »ordentlich« als Teil deines Aussehens. Wenn du versuchst, einen Job zu bekommen, und in zerknitterten, unordentlichen Klamotten erscheinst, würde ich dir raten, weiterzusuchen – du wirst diesen Job nicht bekommen. Die Wahrheit mag sein, dass du viele Dinge im Kopf hast und dass das Bügeln deiner Hose nicht ganz oben auf der Liste steht. Das kann ich verstehen. Kaufe dir bügelfreie, knitterfreie Hosen. In der NT-Welt (der Welt, die dich an Schulen zulässt und dich einstellt oder feuert) bedeutet »ungepflegte« oder »unordentliche« Körperpflege: »Ich bin unverantwortlich, unorganisiert und schmutzig, und es ist mir eigentlich egal.«

Bitte beachte: Ich habe nicht gesagt, dass du eine dieser Eigenschaften hast – ich habe nur gesagt, dass man sie dir zuschreiben wird. Und wenn du einen Job, ein Date oder eine Einladung zu einer Party willst, ist das, was andere für wahr *halten*, genauso wichtig wie das, was wahr *ist*. Die Art und Weise, wie du dich der Welt präsentierst, ist so etwas wie dein Kostüm. Deine Kleidung zum Beispiel ist nicht vom Himmel auf deinen

Körper gefallen. Irgendwann hast du sie dir in einem Geschäft ausgesucht und angezogen. Vielleicht fandest du das T-Shirt lustig. Man könnte also sagen, dass dein T-Shirt den anderen deinen Sinn für Humor verrät. Oder vielleicht hast du dir die Haare blau gefärbt, um die Leute zu schockieren, damit sie dich in Ruhe lassen (eigentlich ein ganz normaler Abwehrmechanismus). Was auch immer du tust, sei dir bewusst, dass du Entscheidungen triffst und damit ein Image kreierst.

Wie wird man »ordentlich und sauber«?

Schnelle Garderobentipps für alle

Wenn du die »Hygieia-Methode« anwendest, aber trotzdem gut aussehen willst, gehe in ein Einkaufszentrum und kopiere die Outfits von Schaufensterpuppen. Bitte einen Verkäufer um Hilfe, sie haben schließlich die Schaufensteroutfits entworfen. Nutze ihr Know-how und verwandle dich in ihr Modell. Das Gleiche gilt für Modezeitschriften. Kopiere einfach einen Look aus Bekleidungskatalogen, Websites oder Modemagazinen. Kaufe und trage das Outfit mit Selbstsicherheit!

Bitte um Hilfe

Ich musste meine Mutter bitten, mir mein erstes Antitranspirant zu kaufen. Es war mir natürlich peinlich zu fragen – und obwohl ich nicht stank, war ich die Einzige, die kein Deo in ihrem Spind hatte, sodass ich mir wie ein Baby vorkam. Oft merken die Erwachsenen gar nicht, dass ihr Sohn oder ihre Tochter wirklich erwachsen wird. Sie kaufen vielleicht Kleidung, die ein bisschen zu jugendlich ist, oder übersehen Hygieneartikel, die du gerne ausprobieren würdest. Ich hoffe, dass die Erwachsenen in deinem Leben dir die Produkte kaufen, die du brauchst, ohne dass du es erwähnen musst. Aber wenn sie es nicht tun, bitte darum. Ich sage nicht,

Muss-ich-wissen-Regeln

- »Hygiene« kommt von »Hygieia«, dem Namen der altgriechischen Göttin der Gesundheit (der besten Freundin der Göttin der Liebe und Schönheit).
- Um gesund zu sein, muss man frisch sein.
- Die Wahrheit ist: Die Menschen werden dich danach beurteilen, wie du dich präsentierst.
- Unordnung und verlottertes Aussehen vermitteln den Eindruck, dass du unorganisiert und unverantwortlich bist.
- Wenn du frisch und ordentlich aussiehst, ist es angenehmer, in deiner Umgebung zu sein, und du bist attraktiver für andere.
- Körperpflege sollte privat stattfinden und besprochen werden.

dass das einfach ist – nur, dass es wichtig ist. Und wenn ich es geschafft habe, kannst du es auch. Es wird sich für dich lohnen. Die Göttinnen haben es gesagt.

HEY ...
ICH HABE MIR MAL DEINE
ZAHNBÜRSTE AUSGELIEHEN,
IST DAS OKAY?

22 In Seifenblasen reisen

Transparente Grenzen, die nur NTs sehen

Asperger-Logik

Erinnerst du dich an Glinda, die gute Hexe aus »Der Zauberer von Oz«? Sie war die geliebte, funkelnde Hexe, die über den Köpfen der Munchkins schwebt. Gar keine so schlechte Reisemöglichkeit. Aber wir können nicht alle in Seifenblasen reisen.

Abgesehen davon, dass NTs in gewisser Weise in Blasen reisen. Mehr oder weniger. Sie leben, denken, sprechen, berühren und interagieren, als ob sie sich in einzelnen individuellen Blasen bewegten. Für NTs sind die persönlichen Grenzen so offensichtlich wie die glänzende Oberfläche einer echten Blase. Aber neurodiverse Menschen sehen oft keine klaren Grenzen des persönlichen Raums. Wir sehen nur die Person.

Wo wir aufhören und andere anfangen, ist für uns ein Rätsel, auch wenn uns ständig darüber Gedanken machen. Ich persönlich habe nicht das Gefühl, dass ich mich in einer transparenten Blase bewege, sondern in einem transparenten Selbst. Ich kann mir nicht vorstellen, dass es Ideen in meinem Kopf oder Vorstellungen in meinem Herzen gibt, die nicht schon jeder andere kennt, wenn er mich nur ansieht. Es ist wie diese vulkanische Gedankenverschmelzung aus Star Trek. Berühre mich

– oder besser gesagt, nimm mich wahr – und alles, was ich weiß, wird sich dir zeigen. Ich, wie auch viele andere Autisten, verberge nichts. Wir sind wie ein offenes Buch. Wir sind die treuesten Freunde und haben kein Interesse daran, jemanden zu betrügen. Wir sind transparent. Wen du siehst, ist wer wir sind; wir können nichts Falsches oder Verlogenes lange aufrechterhalten.

Bei vielen Menschen im Autismus-Spektrum kriegt man sozusagen die Person, die man auch sieht. Was wir aber nicht erkennen, ist, dass NTs nicht so sind. Die Person, die uns ein NT präsentiert, ist seine eigene Konstruktion, Bruchstücke der Wahrheit, die er strategisch offenbart (und oft mit ein oder zwei Übertreibungen verziert), um ein öffentliches »Image« zu schaffen. Und weil wir die Grenzen unserer eigenen Vorstellungen oder die schützenden Grenzen, die die Leute um sich herum aufbauen, nicht sehen können, lassen wir ständig »Blasen platzen«. Wir überschreiten soziale Grenzen, dringen physisch in ihren Raum ein, lassen private und öffentliche Informationen verschwimmen und sorgen allgemein dafür, dass sich Menschen unwohl fühlen.

Es ist größer als Weltrauminvasoren: Es ist Blasenblindheit!

Es ist allgemein bekannt, dass Menschen mit Autismus Schwierigkeiten mit persönlichem Freiraum haben. Du hast das wahrscheinlich schon von Lehrern, Betreuern oder anderen Kindern gehört. »Behalte deine Hände bei dir!« oder »Ey, halt mal ein bisschen Abstand.« Sprach- und Sozialberater legen großen Wert darauf, über »Weltrauminvasoren« zu sprechen und daran zu erinnern, dass man eine Armlänge Abstand zwischen sich und jemand anderem lassen muss. Ich habe gehört, dass man sich vorstellen soll, in einer Blase herumzureisen (schon wieder Glinda!), um diesen Hinweis zu visualisieren. Und ja. Es ist wahr – wir verunsichern Leute, wenn wir ihren persönlichen Raum nicht respektieren. Das will ich gar nicht bestreiten.

Was ich aber sagen will, ist, dass es ein größeres Bild gibt. Unser Problem ist nicht die Frage des persönlichen Raums. Es geht nicht darum, dass wir lernen, besser zu kommunizieren. Und es geht auch nicht darum, zu viele Informationen zu geben oder den Grad der Freundschaft falsch einzuschätzen. Das sind alles nur Symptome von Blasenblindheit! Unser Problem ist, dass wir die Grenzen zwischen Menschen oder Ideen nicht sehen können. Wir können nicht klar erkennen, wo unser »Selbst« (unser Raum, unsere Ideen, Gefühle usw.) endet und das einer anderen Person beginnt.

Aber mach dich deswegen nicht fertig: Bis jemand die Grenzen von NTs aufzeigt (und vielleicht sogar erst später), werden wir in den persönlichen Raum, in persönliche Informationen und persönlichen Besitz eindringen, und wir werden das nie böse meinen. Ich weiß, dass du nicht unangenehm oder »seltsam« sein willst. Das möchte ich auch nicht. Würdest du einen Blinden kritisieren, weil er ein vorbeirasendes Auto nicht sehen kann? Nein, natürlich nicht. Also ärgere dich nicht über dich selbst, weil du gesellschaftliche Grenzen überschreitest, die du nicht sehen kannst. Du kannst sie nicht sehen. Du musst nur wissen, wo sie zu erwarten sind.

Warum? NTs begreifen nicht, dass du nicht sehen kannst, was sie sehen. Sie denken, wir seien unhöflich, leichtfertig oder respektlos. Und warum sollten sie das auch nicht? Ein NT, der soziale Grenzen ignoriert, ist unhöflich, leichtfertig oder respektlos. Wir hingegen sind einfach nur autistisch.

Man sollte meinen, dass ich als Autorin, die ein Buch über dieses Thema schreibt, verdammt gut darin bin, die Fallstricke der Gedankenblindheit selbst zu meiden. Manchmal bin ich das auch. Aber nicht immer. Als ich den Buchvorschlag für das Buch, das du gerade liest, geschrieben habe, habe ich einige Beispiele für die Regeln angeführt, die ich einbauen wollte. Gott sei Dank glaubte meine Verlegerin an mein Schreiben und hatte bereits mein erstes Buch veröffentlicht, denn ich hatte ein kleines Problem.

Der Buchvorschlag war sehr klar formuliert – wenn man meine Gedanken lesen könnte. Jeder andere war in Schwierigkeiten. Denn was meinte ich mit Regeln wie »Spieglein! Spieglein!« oder »Nudeln kochen«? Ich hatte nämlich nicht erklärt, worum es bei den Regeln eigentlich gehen würde. Nur weil ich wusste, was im Kapitel »Spieglein! Spieglein!«

enthalten sein würde, bedeutete das natürlich nicht, dass es auch alle anderen wussten. Entschuldigend schickte ich eine ausführliche Erklärung und fügte hinzu: »Ich fürchte, dass mehr als nur ein bisschen von meiner eigenen Gedankenblindheit mitgespielt haben könnte.« Und Gott sei Dank, meine Verlegerin hörte zu.

Aber nicht jeder wird in jeder Situation zuhören. Nicht alle sind so geduldig. Deshalb: Wir müssen lernen, wo NTs soziale Grenzen sehen und sie so respektieren, als ob auch wir sie sehen könnten.

Wo sind die Grenzen der Blasen?

Soziale Grenzen sind für NTs sehr real. Und selbst wenn man sie nicht sehen kann, weiß man, wenn man eine Grenze überschritten hat.

DAS GEHT UNGEFÄHR SO:

- NTs sehen einen schützenden Raum (eine Blase) um den Körper, den Besitz, die Ideen und die Gefühle eines jeden Menschen.
- Wenn wir ihrem Körper, ihrem Besitz, ihren Ideen oder Gefühlen ohne Erlaubnis zu nahe kommen, lassen wir die Blase platzen.
- Oder wenn wir unseren Körper, unseren Besitz, unsere Ideen, unsere Gefühle oder unsere Freundschaften unaufgefordert preisgeben, lassen wir die Blase platzen.
- Geplatzte Blasen geben anderen kein Gefühl des Schutzes. Sie fühlen sich bedroht, verletzt oder angegriffen.
- Um sich zu schützen, entfernen sie sich oder stoßen uns weg.

Es fühlt sich furchtbar an, nicht wahr? Als ob wir irgendwie grob oder abstoßend wären. Aber wir müssen nicht bestraft werden. Was wir wirklich brauchen, ist einfach eine bessere Erläuterung der Grenzen.

Neurotypische Seifenblasen-Grenzen

Körper

Der Abstand zwischen dir und einer anderen Person ist wichtig, aber kompliziert. Wie nah ist zu nah und wie weit ist zu weit?

Versuche mal Folgendes: Stelle dir vor, jeder läuft mit einem Hula-Hoop-Reifen um seine Körpermitte herum. Wenn dein Hula-Hoop-Reifen den eines anderen berühren würde, wärt ihr beide ungefähr in der richtigen Gesprächsdistanz, damit sich dein Gegenüber wohlfühlt.

Näher beieinander liegt die »Intimsphäre«, die man nur der Familie, Haustieren, dem Partner oder sehr engen (langjährigen) Freunden vorbehält. Auch bei diesen Menschen ist es eine gute Übung, vor einer Berührung zu fragen. Die Frage »Möchtest du umarmt werden?« ist immer höflich und eine gute Möglichkeit, sich nach dem Befinden der anderen Person zu erkundigen.

Das Respektieren des Körperraums beinhaltet, dass man keine Dinge anfasst, dass man Themen, die private Körperteile betreffen, nicht vorzeigt oder anspricht, wie z. B. Unterwäsche oder persönliche Hygieneartikel. Auch die Räume, in denen diese Gegenstände aufbewahrt werden (Schlafzimmer und Badezimmer), sollten für Besucher tabu sein.

Und abschließend bedeutet ein beschäftigter Körper in der Regel auch einen beschäftigten Geist. Wenn jemand beschäftigt ist, unterbrich ihn nicht mit Fragen oder Bitten. Der Betreffende fühlt sich ausgelaugt und reagiert vielleicht aufbrausend. Gib ihm jetzt Raum. Wähle einen ruhigeren Zeitpunkt und frage dann nochmals nach.

Besitztümer

Die Regel hier ist eine, die uns schon als kleinen Kindern beigebracht wurde, doch ohne nachzudenken, die wir aber häufig und unbedacht brechen.

—— Nimm keine Dinge, die dir nicht gehören. ——

- Frage, bevor du irgendetwas anfasst, ausleihst oder benutzt, das jemand anderem gehört – andernfalls nennt man das Klauen.
- Es ist nicht akzeptabel, zu fragen, während du schon nach einem Gegenstand greifst. Die Frage muss vorher gestellt werden.
- Hinterlasse gemeinsam genutzte oder öffentliche Räume (Küche, Wohnzimmer, Bad usw.) so, wie du sie vorgefunden hast, ohne dass Spuren deiner Sachen oder Müll diese Gemeinschaftsräume verschmutzen.
- Lass Schubladen und Türen geschlossen, wenn sie nicht dir gehören.
- Gib ausgeliehene Gegenstände zurück, bevor du darum gebeten wirst.
- Behandle die Dinge anderer mit noch größerer Sorgfalt als deine eigenen.
- Zeige Respekt vor der harten Arbeit anderer, egal wie unwichtig dir eine Arbeit auch erscheinen mag.

Ideen

Ich hatte mal einen Chef, der mir sagte, dass Arroganteste, was jemand tun könne, sei anzunehmen, dass er seine Meinung teile, ohne ihn jemals zu fragen. Da hatte er recht. Gehe also auf Nummer sicher.

- Gehe davon aus, dass jeder Mensch, mit dem du sprichst, eine völlig andere Meinung über Politik, Religion und so ziemlich alles andere hat als du, bis du das Gegenteil herausfindest.
- Jeder hat das Recht auf seine eigenen Überzeugungen, ganz gleich, wie lächerlich, seltsam oder falsch diese Überzeugungen deiner Meinung nach sein mögen. Behalte deine Urteile für dich.
- Wenn du mit einer Meinung nicht einverstanden bist, musst du das nicht direkt sagen. Das könnte einen Streit auslösen. »Das ist eine interessante Sichtweise« ist eine neutrale Antwort, die das Gesagte weder kritisiert noch unterstützt.
- Eine andere Meinung als deine ist nicht unbedingt falsch.
- Ideen sind geistiges Eigentum – die Idee eines anderen ohne dessen ausdrückliche Erlaubnis zu verwenden, ist gleichbedeutend mit Diebstahl. Außerdem ist es wirklich geschmacklos.

Gefühle

Die Realität ist furchtbar unscharf. Manche sagen sogar, es gebe keine Realität, die Wahrnehmung sei die Wahrheit. Ich sehe ein Problem auf eine bestimmte Art und Weise, das ist dann meine Wahrheit. Mein Nachbar sieht es auf eine andere Weise. Das ist seine Wahrheit. Die Gefühle anderer Menschen sind für sie so real wie deine für dich. Warum ist das wichtig?

— Weil Menschen auf ihre eigenen Wahrnehmungen und Gefühle reagieren – nicht auf deine. —

UND SO FUNKTIONIERT DAS:

- Was du tust und sagst, löst in anderen Menschen Gefühle aus, die dir vielleicht nicht bewusst sind.
- Kein Gefühl ist »dumm« oder »lächerlich«.
- Jeder hat ein Recht auf seine Gefühle. Auch du.
- Gefühle können nicht falsch sein. Fakten, die zu Gefühlen führen, können falsch sein.
- Deine Gefühle beeinflussen dein Handeln.
- Andere Menschen haben andere Gefühle, weil sie anders denken als du, und sie werden auch anders handeln als du.
- Positive Gefühle (ich bin entspannt, glücklich, stolz, wichtig) führen zu positiven Reaktionen (Freundlichkeit, Einbeziehung, Lachen).
- Negative Gefühle (ich bin verlegen, verletzt, ängstlich) führen zu negativen Reaktionen (Hänseleien, Anschreien, Ausgrenzen).
- Unterschiedliche Gefühle und Gedanken zu haben bedeutet nicht, dass die eine Person recht hat und die andere unrecht.
- Wir müssen unsere Eindrücke und Gefühle deutlich machen. Andere Menschen können unsere Gedanken nicht lesen. Sie wissen nicht, was wir denken oder fühlen, wenn wir es nicht erklären. Egal, für wie offensichtlich du deine Gefühle hältst, teile sie mit.
- Wir wissen nicht, was jemand anderes denkt, es sei denn, wir fragen.
- Verwende »Ich fühle«-Aussagen – sie können nicht falsch sein. Sage »Ich fühle .... bei .... «.
- Gib Feedback! Sage: »Wolltest du bewirken, dass ich mich .... fühle?« oder »Fühlst du dich ....?« Achte darauf, dass du auf Fakten und nicht auf Gefühle reagierst.

Muss-ich-wissen-Regeln

- Die Gedankenblindheit hindert uns daran, die Grenzen zwischen unseren Ideen, Gefühlen, Körpern und Besitztümern und denen anderer Menschen zu erkennen.
- Die Gefühle anderer Menschen sind für sie genauso real wie deine eigenen für dich.
- Wenn wir diese unsichtbaren Grenzen überschreiten, fühlen sich andere bedroht, verletzt oder beleidigt.
- Um sich dann vor weiteren Unannehmlichkeiten zu schützen, stoßen sie »Außenseiter« weg.
- Lernen wir, wo die Grenzen liegen, wird dies dazu beitragen, dass sie sich in unserer Nähe wohl fühlen und uns gut behandeln.

— Wenn Menschen Gefühle haben, die du nicht verstehst, ist es sinnvoll zu fragen, warum sie so fühlen, wie sie es tun. Zum Beispiel: »Du fühlst dich also ....? Kannst du mir helfen zu verstehen, warum?«

Wenn du andere in irgendeiner Weise beeinflussen willst (damit sie dich mögen, dich einbeziehen, dir einen Job geben, sich mit dir verabreden, was auch immer), musst du berücksichtigen, wie du sie fühlen lässt.

— Erzeuge positive Gedanken in anderen.
— Positive Gedanken erzeugen positive Gefühle.
— Positive Gefühle führen zu positiven Handlungen.

Gedankenlesen

Es gibt eine Menge Leute, die behaupten, Gedankenleser oder Telepathen zu sein. Ich persönlich denke, dass sie in Wirklichkeit nur gute Informationssammler sind. Neurodiverse Menschen sind eine Art »Analphabeten-Telepathen«. Wir können keine Gedanken lesen. Aber wir können Informationen darüber sammeln, was andere vielleicht fühlen, denken oder tun. Wenn du das oft genug tust, wirst du Muster erkennen.

Sich die Sichtweise einer anderen Person vorzustellen, kann schwierig sein. Mach dir keine Gedanken darüber, was du nicht sicher weißt. Versuche stattdessen, Möglichkeiten zu schaffen. Stelle Fragen. Teile deine eigenen Gedanken mit – denke daran, dass auch diese unsichtbar sind. Und beziehe dich immer wieder auf diese versteckten Regeln. Vielleicht wirst du nicht in einer Seifenblase reisen, aber zumindest wirst du keine Seife in die Augen bekommen.

23 Wahlmöglichkeiten und Taktiken

Woran man einen Freund erkennt

Asperger-Logik

Alle sagen, sie wüssten, was ein Freund ist. Aber wissen sie es? Wissen wir es? Mein Kollege und Freund Dr. Tony Attwood hat festgestellt, dass neurodiverse Menschen auf die Frage, was einen guten Freund ausmacht, in der Regel mit Negativem antworten.[11] Mit anderen Worten: Wir sagen eher, was ein guter Freund *nicht* tut, als was er tut. Und warum? Ich vermute, dass wir eine Menge schlechter Erfahrungen mit sogenannten »Freunden« gemacht haben und daher wissen, was sie nicht tun sollten. Leider haben wir nicht genug gute Erfahrungen gemacht, um eine solide Vorstellung davon zu haben, was Freunde tun sollten.

Es ist furchtbar schwer, etwas zu beschreiben, wenn man es nicht wirklich gesehen hat. Versuche mal, meine Küche zu beschreiben. Wenn du noch nie hier warst, hast du keine Ahnung, ob sie groß oder klein, gemütlich oder modern, grün, gelb oder grau ist. Und wenn du noch nie einen guten Freund hattest, ist es auch nicht so einfach, Freundschaft zu beschreiben.

Freundschaft im Fernsehen ist aufgeräumt; Probleme werden zwischen dem Eröffnungs- und dem Schlusssong gelöst. Das ist aber nicht

OKAY, BEI „VERTRAUENSWÜRDIG" KÖNNEN WIR EINEN HAKEN MACHEN!

die wirkliche Welt. In der Realität ist Freundschaft undurchsichtig. Sie ist chaotisch. Und in der NT-Welt gibt es tatsächlich eine ganze Reihe von kleinen Schichten zwischen »Freund« und »Fremder«. Wenn du diese Schichten nicht beachtest, wirst du Menschen vertrauen, denen du nicht vertrauen solltest. Und du könntest Leute abschrecken, die sich als wunderbare Freunde erweisen könnten.

Nehmen wir also einen Punkt von Dr. Tony Atwood auf. Um die geheimen NT-Freundschaftsregeln zu lernen (und davon gibt es viele), müssen wir definieren, was ein Freund ist, und nicht, was er nicht ist.

EIN FREUND:

- ruft dich ungefähr genauso oft an, wie du ihn und schreibt dir auch ungefähr genauso viele Nachrichten;
- nimmt deine Anrufe entgegen;
- mag und kommentiert deine Social-Media-Beiträge und markiert dich in seinen Beiträgen;
- bewahrt Geheimnisse;
- teilt Geheimnisse;
- lächelt, wenn er dich sieht;
- mag einige der gleichen Dinge wie du;
- mag einige Dinge, die du nicht magst;
- teilt einige deiner Ansichten;
- lädt dich zum Rumhängen ein;
- wartet auf dich;
- macht dich mit anderen Freunden bekannt;
- hält dir einen Platz frei;
- setzt sich für dich ein (auch wenn du nicht da bist);
- zieht dich hoch, wenn du dich selbst runterziehst;
- hört zu;
- macht dir Komplimente;
- sieht Talente in dir, die du noch nicht bemerkt hast;
- kennt deine Fehler und akzeptiert sie;

- sagt dir die Wahrheit;
- sagt, dass es ihm leidtut, und meint es ernst;
- nimmt deine Entschuldigung an;
- lacht mit dir, nicht über dich;
- setzt dich nicht unter Druck, Dinge zu tun, die du nicht tun willst;
- sagt es einem Erwachsenen, wenn du in Gefahr bist (ja, auch bei Geheimnissen);
- wird dich nicht immer in alles einbeziehen, was er tut;
- meint es gut, auch wenn er einen Fehler macht;
- mag dich so, wie du bist.

Das ist eine ziemlich lange Liste. Eine große Aufgabe. Deshalb sollte es dich nicht überraschen zu erfahren, dass du in deinem ganzen Leben vielleicht nur eine Handvoll oder zwei gute Freunde findest. Schätze dich glücklich. Es ist die Qualität deiner Freunde, nicht die Quantität, die den Unterschied ausmacht.

Und selbst die besten Freunde machen Fehler. Das ist eines der schwierigsten Dinge, die wir uns merken müssen: Menschen sind (wie alles andere auch) nicht alles oder nichts. Selbst unter den engsten Freunden mag niemand alles an der anderen Person. Keine Freundschaft ist perfekt, weil kein Mensch perfekt ist. Jeder hat seine Schwächen. Jeder macht ehrliche Fehler.

Du musst entscheiden, ob du bereit bist, eine bestimmte Schwäche zu tolerieren. Der eine Freund ist vielleicht ein kleiner Nörgler. Ein anderer ist vielleicht furchtbar vergesslich. Wie wichtig sind diese Dinge im Vergleich zu ihren Stärken? Das ist eine persönliche Entscheidung, bei der es kein wirkliches Richtig oder Falsch gibt.

— Ein guter Freund gibt dir vor allem ein gutes Gefühl, die Person zu sein, die du bist. —

Die Zutaten für einen vertrauenswürdigen Freund

Wir können all diese Einzelheiten auf das reduzieren, was man als »Hauptzutaten« für die Zubereitung eines vertrauenswürdigen Freundes bezeichnen könnte:

- Eine Freundschaft beruht auf gegenseitigem Respekt und einem gleichwertigem Geben und Nehmen auf beiden Seiten.
- Freundlichkeit: Freunde mögen einander und versuchen, sich gegenseitig glücklich zu machen.
- Perspektive: Freunde stellen Fragen über das Leben, die Gefühle und die Ideen des anderen, um die Perspektive des anderen zu verstehen.
- Niemand verliert: Wahre Freunde können unterschiedlicher Meinung sein, sich streiten, wütend werden und Probleme gemeinsam lösen; Freunde zu bleiben ist wichtiger als zu beweisen, wer recht und wer unrecht hat.
- Gemeinsamkeiten: Freunde sind nicht unbedingt gleich, aber sie haben in der Regel viele Gemeinsamkeiten (Interessen, Aktivitäten).
- Langsames Teilen: Mit der Zeit teilen Freunde ganz allmählich immer mehr Ideen, Wünsche und Gefühle, die sie anderen nicht mitteilen.

Auswählen

Warum sollte man sich die Mühe machen, Freunde zu finden, wenn es so viel Aufwand ist? Ich will dich nicht anlügen – es ist schwierig, und es kostet Mühe. Aber versuche es. Das Leben ist schöner, wenn man selbst entscheiden kann, wann (nicht ob) man allein sein möchte und wann man Gesellschaft braucht.

Wenn man die Möglichkeit hat, sein Leben mit anderen Menschen zu teilen, wird es reicher. Es macht glückliche Tage glücklicher und Liebeskummer erträglicher. Wenn du lernst, die Perspektiven anderer einzunehmen, bringt dich vielleicht auf Ideen, die du sonst nie gehabt hättest, und du entdeckest Talente, von denen du nie wusstest, dass sie in dir stecken.

Wo und wie?

Wo suchst du nach Freunden? Und wie fängst du an? Denke zunächst an dein Ziel: echte Freunde zu finden. Der Fokus liegt auf der Qualität, nicht der Quantität (ein oder zwei gute Freunde sind viel besser als eine ganze Schar unzuverlässiger Freunde).

Du bist bereits genau die Person, die du sein sollst. Wenn du dir Gedanken darüber machst, was du sagen und was du nicht tun solltest, wird dazu führen, dass du dich zu sehr anstrengst. Das wird komisch und unangenehm rüberkommen. Sei einfach du selbst – täusche kein Interesse vor oder behaupte, du wüsstest alles über etwas, was du überhaupt nicht weißt. Bleibe authentisch.

Denke auch daran, dass weniger oft mehr ist. Rede leiser und beruhige Körper und Geist. Laut oder albern zu sein kann mit Nervosität einhergehen und macht auch andere Menschen nervös.

Für wen entscheiden? Aka Multiple-Choice-Meister

Das Wichtigste, was du tun kannst (und das, wo wir oft die schlechteste Erfolgsbilanz haben), ist die Auswahl der richtigen Personen, die du als mögliche Freunde ansprechen willst. Du willst die richtige Person – nicht nur die offensichtliche Person. Ich habe gehört, dass wir uns unsere Entscheidungen im Leben wie Multiple-Choice-Tests vorstellen sollen. Du weißt wahrscheinlich schon, dass bei einem »A, B, C oder nichts davon«-Szenario eine dieser Möglichkeiten immer eine »Dummy«- oder Trickantwort ist – sie sieht richtig aus, ist aber in Wirklichkeit komplett falsch. Das ist eine Ablenkung. Lass es dir von mir, einer ehemaligen Lehrerin, sagen: Finde die »Trick«-Antwort zuerst und sortiere sie aus. Ohne diese Ablenkung ist es viel einfacher, die bessere Lösung zu erkennen. Und weißt du was? Die »offensichtliche« Antwort zu eliminieren ist auch ein kluger Weg, um gute Freunde zu finden.

In der Schule zum Beispiel mögen die Kinder im Mittelpunkt der Menge am attraktivsten erscheinen. Aber sie sind ziemlich damit beschäftigt, sich selbst und den Rest des Raums zu unterhalten. Sortiere diese offensichtlichen Kandidaten aus, also die Leute, die alle anderen ausgewählt haben.

Nehmen wir an, du hast die Wahl zwischen folgenden möglichen Freunden: (a) das Mädchen mit dem perfekten Haar und einer Schar von Anhängern, (b) der schüchterne Junge, der ein Teilzeitzauberer ist, (c) der Vorsitzende der Schülervertretung oder (d) keiner der oben genannten. Die meisten Leute werden sich täuschen lassen und sich für (a) oder (c) entscheiden. Das sind die offensichtlichen Antworten, aber nicht die besten. Für sie ist ein zusätzlicher (leicht ersetzbarer) Freund wahrscheinlich nicht sehr wichtig. Du wärst entbehrlich. Die beste Wahl ist (b)! Entscheide dich dafür, auf andere Jugendliche zuzugehen, die wie du einen Freund wirklich zu schätzen wissen und sich im Gegenzug bemühen, gute Freunde zu sein.

Hallo!

Nun gut. Du hast eine ganze Reihe von geheimen Regeln kennengelernt. Es ist an der Zeit, das, was du weißt, für einen guten Zweck einzusetzen.

WENN DU EINEN NEUEN FREUND FINDEN WILLST:

- Lächle.
- Probiere von allem ein bisschen aus – vielseitige Menschen sind interessant, also mische deine Aktivitäten (Musik *und* Schwimmen oder Computerclub *und*Kunstkurs). So kommst du in viele verschiedene soziale Kreise.
- Achte darauf, was jemand liest, anhat (T-Shirt-Grafiken) oder tut, um Hinweise auf seine Interessen zu erhalten.
- Frage Menschen nach ihren Interessen.
- Erinnere dich: Hast du schon einmal mit dieser Person gesprochen? Was hast du über ihre Vorlieben oder Kenntnisse erfahren, das du wieder zur Sprache bringen könntest?
- Sprich mit jemandem, der allein ist. Oder, wenn eine kleine Gruppe über ein Thema spricht, das dich interessiert: Gehe an den Rand der Gruppe und höre eine Weile zu, bevor du ins Gespräch einsteigst.
- Lese Blogs und Profile, um zu sehen, was die Leute so treiben.
- Mache Komplimente.
- Höre doppelt so viel zu, wie du redest.
- Suche nach Gelegenheiten, um über andere Dinge als die Arbeit und Aufgaben zu sprechen, wenn du in der Schule oder im Büro in eine kleine Gruppe oder mit einem Partner eingeteilt wirst.
- Erkundige dich, ob deine Schule oder dein Psychologe Gruppen für soziale Kompetenzen anbie-

Muss-ich-wissen-Regeln

- In der Welt gibt es viele unsichtbare Grenzen für Freundschaften.
- Du musst genau wissen, was ein Freund ist, und nicht nur, was ein Freund *nicht* ist.
- Wähle die Menschen in deinem Leben sorgfältig und bedacht aus.
- Freundschaften sind nicht perfekt, weil Menschen nicht perfekt sind. Selbst wahre Freunde machen manchmal Fehler.
- Eine wertvolle Freundschaft ist eine, die dir das Gefühl gibt, du selbst zu sein.

tet. Diese Gruppen schaffen ein Umfeld mit wenig Druck, in dem du versteckte Regeln üben kannst.

— Tritt einem Verein oder einer Aktivität bei – probiere eine neue Sportart aus oder engagiere dich ehrenamtlich bei einer gemeinnützigen Organisation. Du glaubst vielleicht nicht, dass du ein »Vereinsmeier« bist, aber es gibt keinen besseren Ort, um Leute kennenzulernen. Ob du nun Theater spielst, Feldhockey spielst oder Lego spielen willst – es gibt für alles einen Club. Diese Gruppen sind eine gute Möglichkeit, Menschen mit ähnlichen Interessen kennenzulernen, und bieten sofort Gesprächsstoff.

Wie auch immer du dich entscheidest, der wichtigste Tipp ist, einfach anzufangen. Stehe deinem eigenen Glück nicht im Weg. Eine Reise von tausend Kilometern beginnt mit einem einzigen Schritt. Eine hundertjährige Freundschaft beginnt mit einem einfachen »Hallo«.

DU SCHEINST DICH ETWAS ... UNWOHL ZU FÜHLEN ....
STÖRT DICH WAS?

24 Wer ist wer, was ist was

Freundschaftsstufen und Frischhaltefolie

Asperger-Logik

Bei uns gibt es ein Lagerfeuerlied, das viele Kinder lernen: »Silber und Gold«. Der Text geht in etwa so: »Finde neue Freunde, aber behalte deine alten. Der eine ist Silber und der andere Gold.« Teilweise ist das eine Botschaft, die einem als Kind entgeht. Im Alter von zehn oder fünfzehn Jahren kann man sich nicht vorstellen, was es bedeutet, eine Freundschaft zwanzig Jahre lang zu pflegen. Das letzte Weihnachten scheint eine Ewigkeit her zu sein! Wie alt muss eine Freundschaft also sein, damit sie »golden« ist?

Es ist nicht wirklich eine Frage der Zeit. Die Pointe des Liedes ist eine weitere versteckte Wahrheit: Es gibt viele Stufen von Freundschaften. In der Mittelschule bekam ich von einem Mädchen, das ich weniger als ein Jahr kannte, eine »Beste-Freundin«-Kette. Und ich muss zugeben, dass ich begeistert war! Sie war beliebt, und ich war wirklich stolz darauf, die andere »Hälfte« des Best-Friends-Teams zu sein. Wir hatten uns im Sommer besser kennengelernt, und als die Schule anfing, waren wir die besten Freundinnen. Wir trugen die gleichen Outfits, übernachteten beieinander, erzählten uns Geheimnisse … das ganze Freundschaftsprogramm.

Doch innerhalb von sechs Monaten hatte ein anderes Mädchen, das auf unsere Freundschaft eifersüchtig war, meine Freundin davon überzeugt, dass ich Gerüchte verbreitete. Sie behauptete, ich hätte allen erzählt, ich sei klüger, reicher und hübscher (ich hatte nichts von alledem gesagt, im Gegenteil. Ich konnte mir nicht einmal vorstellen, so etwas zu sagen!). Und zusammen verbrachten die beiden den Rest des Schuljahres damit, verschiedene Wege zu planen, um mich zum Weinen zu bringen. Ich bin mir ziemlich sicher, dass das nicht in den Aufzählungspunkten von »Ein Freund ist ...« enthalten war.

Die Wahrheit ist, dass ich mit ihr keine »Beste-Freundin«-Kette hätte haben sollen. Eigentlich ist der Gedanke, nur einen besten Freund zu haben, mit Problemen behaftet. Aber das war nicht das Problem. Das Problem war, dass wir die Beziehung viel mehr nannten, als sie war – ein paar Monate sind keine langjährige oder »goldene« Freundschaft. Ich hätte nie gedacht, dass jemand, der sich Freund nennt, etwas anderes als loyal und ehrlich sein könnte. Ich war eine Freundin, und ich war loyal und ehrlich. Ich habe nicht getratscht, und ich wollte niemals die Gefühle anderer verletzen. Meine Mutter sagte immer, dass ich dachte, dass jeder auf die gleiche Art mein Freund wäre wie ich der seine. Und sie hatte recht. Es kam mir nie in den Sinn, dass andere Menschen nicht auf dieselbe Weise handelten ... dass sie vielleicht Strategien, Lügen und Dramen benutzten oder dass »Freund« für sie etwas ganz anderes bedeutete als für mich. Für uns. Für uns ist ein lächelndes Gesicht ein vertrauenswürdiges Gesicht. Aber das ist nicht für jeden die Wahrheit.

> **—— Es gibt viele Stufen der Freundschaft, und auch wenn sich jemand als dein Freund bezeichnet, ist er es vielleicht nicht. Nur die Zeit zeigt, wer wirklich ein Freund ist und wer nicht. ——**

Menschen sind nicht entweder/oder. Beziehungen sind nicht entweder/oder. NTs wissen das, ohne dass man es ihnen sagt. Deshalb sortieren sie die Menschen in viel mehr Kategorien, als wir es tun. Das gibt ihnen Sicherheit. Und du verdienst es, auch diese Systeme kennenzulernen. Allein das Wissen, dass es sie gibt, wird dir helfen, herauszufinden, wem du vertrauen und wie sehr du ihm vertrauen kannst.

Stufen von Freunden

Eine interessante Art, den versteckten Freundschaftscode von NTs zu betrachten, ist die Vorstellung einer sogenannten Freundschaftspyramide. Es ist die Idee der Social Thinking Clinic von Michelle Garcia Winner und Dr. Pamela Crooke. Im Wesentlichen beschreiben sie eine Pyramide mit fünf Stufen von Menschen. Und Menschen müssen die untersten Stufen überwinden, um an die Spitze zu gelangen, und dies sollte mehr Zeit in Anspruch nehmen, als du denkst. Steige langsam die Stufen hinauf …

Freundliche Grüße

»Freundliche Grüße« steht für die Leute, an denen du beim Kommen und Gehen vorbeikommst. Das sind die meisten Menschen, die du so im Alltag siehst, z. B. die Sekretärin in der Schule, die Kassiererin in einem Geschäft, Kinder, die du auf der Straße triffst. Dein Ziel bei diesen Menschen ist es, zu lächeln, wenn du dich wohlfühlst, oder vielleicht »Hallo« und »Wie geht es Ihnen/dir/euch?« zu sagen – im Grunde nur höflich anzuerkennen, dass die Personen da sind. Diese Leute erwarten nicht, dass du mehr als ein paar Zeilen Smalltalk führst. Ich weiß, dass viele Autisten Small Talk oder Geplauder als bedeutungslos oder lästig empfinden, aber das ist er wirklich nicht. Smalltalk ist eine Chance, bei vielen Menschen positive Eindrücke von sich selbst zu hinterlassen, die, das verspreche ich, wichtiger sind, als du vielleicht denkst. Zum Beispiel ist es nicht nur höflich, sondern auch klug, freundlich zu einer Empfangsdame zu sein: Was glaubst du, wer dir helfen wird, den gewünschten Termin bei einer Studienberatung zu bekommen (oder dich daran zu hindern, den Termin zu bekommen)? Menschen, die du kaum kennst, können großen Einfluss auf dein Leben haben.

Bekanntschaften

Bekannte sind Personen, mit denen du dich nicht treffen oder abhängen möchtest, die du aber vielleicht halbwegs regelmäßig siehst. Vielleicht sind sie mit dir in einem Sportclub oder in einer Klasse. Dies sind Menschen, mit denen du kurze Gespräche (ein bis zwei Minuten) führst. Es könnte sich aber lohnen, mehr über diese Personen herauszufinden und sie näher kennenzulernen.

Mögliche Freundschaften

Mögliche Freundschaften entwickeln sich aus Bekanntschaften. Vielleicht hast du mit einer Person ein paar Gespräche geführt, und dann habt ihr gemeinsam Pläne gemacht. Vielleicht habt du und dein Laborpartner beschlossen, euch zum Mittagessen oder nach der Schule zu treffen. Oder es handelt sich um jemanden, der dir in den sozialen Medien folgt. Es wäre in Ordnung, auf diese Person zuzugehen, wenn sie gerade mit jemandem zusammen ist, ihr eine Nachricht wegen einer Hausaufgabe zu schicken oder sie zu bitten, dir einen Platz im Bus zu reservieren. Eure Interaktionen finden in der Öffentlichkeit statt und sind nicht sehr häufig.

Sich entwickelnde Freundschaften

Eine sich entwickelnde Freundschaft ist die Stufe, auf der eine Freundschaft mehr Aufmerksamkeit erfordert, um sich weiterzuentwickeln. Diese Freunde kannst du nach der Schule oder am Wochenende anrufen, ihnen kannst du eine Nachricht schicken, um zu sehen, was sie gerade machen, oder um ihnen etwas Lustiges zu erzählen. Man kann auch bei der anderen Person übernachten, zusammen auf eine Party gehen oder sich im Kino treffen. (Das wäre auch die Stufe, auf der man jemanden zu einem Date einladen kann). Egal, ob es sich um eine Freundschaft oder ein Date handelt, stelle sicher, dass dein Gegenüber die Gefühle erwidert! Denke daran, dass du die Menge an Kontakt und Informationsaustausch ausgewogen halten willst. Vergewissere dich auch, dass es sich um eine

Person handelt, die du zu deinem Freund machen willst. Wenn ihr mehr Zeit miteinander verbringt, achte darauf, dass die Person alle »Zutaten« für einen guten Freund (Seite 205) mitbringt.

Verbundene Freundschaft

Ähnlich der darunterliegenden Stufe bedeutet »verbundene Freundschaft«, dass jemand über längere Zeit – vielleicht ein ganzes Schuljahr – ein Freund geblieben ist. Ihr habt vor, euch regelmäßig zu treffen und auch außerhalb der Schule oder des Trainings ständig in Kontakt zu bleiben. Das ist die Freundin, der du von deinen Gefühlen, deiner Verliebtheit, deinen Ängsten erzählst ... solange du merkst, dass sie auch ihre persönlichen Gedanken mit dir teilt.

Hin-und-her-Freunde

Wiederkehrende Freunde können zwischen den Stufen kommen und gehen, wenn sich die Interessen ändern; aber es sind Menschen, die man immer gern hat, egal wie nahe man sich steht.

Sehr enge Freunde

Die sehr engen Freunde an der Spitze der Pyramide sind eine kleine – wirklich kleine – Gruppe von Freunde, die du schon lange kennst und die sich als vertrauenswürdig, freundlich und aufrichtig erwiesen haben. Diese Stufe kann man nur mit der Zeit erreichen.

Netze, Stoppschilder und Frischhaltefolie

Beim Aushandeln dieser Freundschaftsstufen gibt es einige wichtige Dinge zu beachten. Das Wichtigste ist, dass du dich daran erinnerst, dass du ein wertvoller Mensch bist. Egal, wer was sagt, und egal, was passiert, behalten den Kopf oben.

Wenn wir vergessen, uns selbst wertzuschätzen, wenn wir einsam sind oder schlechte Dinge glauben, die andere Leute sagen, geraten wir in Schwierigkeiten. Wir können verzweifelt oder anhänglich werden oder uns zu schnell oder zu stark aufdrängen. Wir können Informationen, die andere für zu persönlich halten, viel zu schnell weitergeben und zu eifersüchtig an Freunden festhalten. Am Ende hinterlässt ein solches Verhalten bei anderen das Gefühl, von einer Flutwelle erfasst worden zu sein. Sie laufen weg. Oder sie nutzen uns aus. Deshalb kann ich dir das gar nicht oft genug sagen:

> **—— Irgendeinen Menschen in deinem Leben zu haben, ist nicht besser, als niemanden zu haben. ——**

Ich habe mich lange mit Freunden abgefunden, die mich nicht zu Partys einluden (sie wollten nicht zugeben, dass wir befreundet waren) oder die in der Schule an mir vorbeigingen, ohne mich zu beachten. Außerdem war ich auf dem College fast zwei Jahre lang in einer körperlich gefährlichen Beziehung, weil ich dachte, ich wäre glücklicher, einen beliebten Freund zu haben, der mich verletzt oder mich beschimpft, als wenn ich Single und in Sicherheit wäre.

- Du bist niemand, den man ertragen muss.
- Du hast nicht das Glück, einfach jeden zu »bekommen«, der in dein Leben tritt.
- Du kannst dir die Menschen aussuchen, die du in deinem Leben haben willst: Menschen, die dich gut behandeln.

Frischhaltefolie

Es gibt einen alten Rocksong, der besagt, dass, wenn man jemanden liebt, man ihn freilassen sollte. Kommt die Person zurück, war sie für dich bestimmt. Wenn nicht, gehörte sie dir nie wirklich. Das trifft auch auf Menschen zu. Wenn du einsam warst, ist es verständlich, dass du dich über einen neuen Freund freust. Es bringt aber auch nichts, wenn du euch beide mit Frischhaltefolie aneinanderwickelst, nur um die andere Person bei dir zu behalten. Beziehungen leben auch von Freiräumen, in denen sich jeder für sich entfalten kann.

Warnflagge!

Wir haben bereits über »Gegenseitigkeit« gesprochen – ein gleichmäßiges Geben und Nehmen. Freunde gewinnt man langsam und behutsam. Nimm Hinweise der anderen Person wahr und an. Rufe an, maile, simse, schicke Nachrichten oder besucht euch gegenseitig gleich häufig. Höre mehr zu, rede weniger. Das gilt besonders für deine speziellen Interessen. Es mag schwer vorstellbar sein, dass andere sich nicht für Star Wars, griechische Mythologie, Hunderassen, Tudor-Genealogie, Dinosaurier, Züge oder was auch immer deine besondere Leidenschaft sein mag, interessieren – aber es ist wahrscheinlich so. Und das macht die andere Person nicht dumm oder langweilig. Also, sei vorsichtig. Denke daran, dass du Freunde suchst und nicht jemanden, den du belehren kannst. Andere Kinder wollen keinen anderen Lehrer als Freund. Versuche nicht, sie zu »überreden« oder zu »bekehren« oder ihnen zu erklären, warum auch sie lieben sollten, was du toll findest.

Stelle sicher, dass du nach Themen fragst, die andere interessieren. Gespräche und Spiele sind Erfahrungen des Gebens und Nehmens, keine One-Man-Show. Führst du ein angenehmes Zwiegepräch und wirfst du monologisch nur so mit Fakten um dich? Achte auf die Körpersprache der anderen Person. Schaut sie woanders hin? Wendet sie sich ab? Das ist Langeweile! Halte inne und sag: »Entschuldigung! Genug über mich. Was ist mit dir? Was machst du gerne?« Nutze deine Zuhörfähigkeiten, um bei diesem Thema zu bleiben, anstatt zu deinem Lieblingsthema zurückzukehren. Es mag schwierig sein, aber die Welt ist interessant, weil es so viele unterschiedliche Köpfe gibt. Es lohnt sich, andere Kinder als Freunde zu haben, auch wenn sie andere Interessen haben.

Halte Gespräche, Kontakte und Aufwand im Gleichgewicht. Gehe es langsam an. Wenn du zu viel Angst davor hast, ohne jemanden zu sein, wirst du die Freunde, die es wert sind, vertreiben. Anhänglich, erdrückend und zu fordernd zu sein – der sicherste Weg, eine neue Freundschaft zu ruinieren, ist, es zu übertreiben.

Auf Stoppschilder achten

Manchmal, ohne besonderen Grund, hält eine Freundschaft, die du gerne hättest, einfach nicht an. Manchmal trifft keinen die Schuld, es passiert einfach.

Oder aber es gibt ein Übersetzungsproblem. Einige der Verhaltensweisen, mit denen NTs mangelndes Interesse an einer Freundschaft zeigen (Anrufe/Nachrichten werden nicht beantwortet, Blickkontakt wird vermieden), sind für dich vollkommen normal. Wir sind bekannt dafür, dass wir vergessen, Anrufe zu erwidern, oder dass wir uns in unsere Arbeit vertiefen und unseren Freunden nicht genug Aufmerksamkeit schenken. Bei NTs ist das nicht so. Achte darauf, diese Zeichen als das zu erkennen, was sie sind: eine Aufforderung, zurückzutreten, bevor du die andere Person in Verlegenheit bringst. Wenn eine Person dir den Rücken zudreht, dich ignoriert oder dir aus dem Weg zu gehen scheint, solltest du den Hinweis beherzigen. Ziehe dich zurück. Unterlasse Anrufen und Nachrichten, und sei nicht aufdringlich. Es gibt noch viele andere Freunde, die man finden und gewinnen kann.

Kümmere dich um das, was du hast

Ralph Waldo Emerson sagte: »Der einzige Weg, einen Freund zu haben, ist der, selbst einer zu sein.« Freundschaften sind wie Gärten – sie brauchen Pflege und Aufmerksamkeit, um zu gedeihen.

Wenn du einen Freund hast, der dir hilft und für dich da ist, und du tust im Gegenzug nicht dasselbe, wird eure Freundschaft nicht lange halten. Freunde müssen spüren, dass du an sie denkst, auch wenn du sie nicht vor Augen hast. Und auch wenn du an sie denkst, musst du es zeigen, indem du deinen Teil der Beziehung erfüllst. Wie? Mit kleinen Dingen kann man viel erreichen. Denke an Geburtstage. Feuere bei Sportveranstaltungen an und juble bei Konzerten. Teile lustige Links. Sei einfach die Art von Freund, die du gerne haben möchtest.

Verschiedene Freunde für verschiedene Dinge

In einer gesunden Freundschaft geht es nicht um alles oder nichts. Kennst du die Redewendung, dass man nicht alles auf eine Karte setzen sollte? Das ergibt zu viel Druck! Kein Mensch kann oder sollte alles für einen anderen Menschen sein.

Stattdessen ist es für jeden wichtig, mehr als einen Freund zu haben. Sei also nicht ängstlich oder eifersüchtig, wenn dein Freund Pläne hat, an denen du nicht beteiligt bist. Ziehe stattdessen eine Lehre aus diesem Gedanken.

Muss-ich-wissen-Regeln

- Freundschaften haben verschiedene Stufen. Sie zu kennen, hilft uns zu wissen, wem wir vertrauen können und wie sehr wir der Person vertrauen können.
- Es ist besser, ohne einen Freund zu sein, als von jemandem, der sich als Freund ausgibt, schlecht behandelt zu werden.
- Halte Freundschaften und Gespräche in einem ausgewogenen Verhältnis; zu starkes Auftreten bereitet anderen Unbehagen.
- Freundschaften erfordern umso mehr Aufmerksamkeit, je wichtiger sie werden.

Kleine Motivationssätze für dich

Ich sehe dich. Ich höre dich. Ich glaube dir. Du bist wunderbar.

Ich bin wirklich wirklich froh, dass du in mein Leben getreten bist.

Lass dich niemals von Hindernissen, die gar keine sind, täuschen.

Wenn sich eine Tür schließt, öffnet sich eine andere. Oder du öffnest die geschlossene Tür wieder. So funktionierten Türen.

Stelle dir dich selbst als Mittelpunkt eines Netzes oder einer Blüte vor. Von dir in der Mitte dehnen sich all die verschiedenen »Arten« von Freunden aus, mit denen du all die verschiedenen Teile deines Lebens füllen musst. Beginne mit einem Freund. Dann füge weitere hinzu. Vielleicht liebt ein Klassenkamerad Spiele, während ein anderer Junge in der Band die gleichen Filme mag wie du. Ein Mädchen aus der Schule will mit dir Tennis spielen, und ein Typ, den du aus der Chemie kennst, möchte gemeinsam einen Roboter bauen. Du bist keine eindimensionale Person. Es gibt viele interessante, spannende Dinge an dir. Und es gibt noch mehr interessante, spannende Menschen auf der Welt! Fang also damit an, einen Freund zu finden. Aber hör nicht auf. Indem du Freunde hast, die alle verschiedenen Teile deiner Persönlichkeit verstärken, wirst du selbst zu einem noch erstaunlicheren Menschen.

25 Aufgestiegen

Dating, flirten und einfach nur Freundschaften

Warum genau ein Kapitel über Dating in einem Buch über geheime soziale Regeln? Das ist eine berechtigte Frage, meine Freunde. Dating ist eine Situation, keine Regel an sich. Ich habe ehrlich gesagt lange darüber nachgedacht, ob ich ein solches Kapitel schreiben soll, oder nicht. Schließlich gelten beim Dating dieselben Regeln wie in jedem anderen Bereich des Lebens, nämlich freundlich, respektvoll und authentisch zu sein (sonst wären es ja keine Regeln, oder? Es wären in diesem oder jenem Fall vage Richtlinien, etwas, was einfach viel zu wischiwaschi und verwirrend ist). Aber ich bekomme eben viele Fragen zum Thema Dating. Das Thema ganz auszulassen, schien mir also keine Option.

NACHDEM ICH DARÜBER NACHGEDACHT HABE, KOMME ICH ZU FOLGENDEM SCHLUSS:

- Dating bedeutet im Wesentlichen, Freundschaft auf ein ganz neues Level zu heben. Ein bisschen wie ein Videospiel. Du steigst buchstäblich auf.
- Da die Partnersuche jedoch komplizierter und vielschichtiger ist als einfache Freundschaften, lohnt es sich, einige der wichtigsten Punkte in diesem

Buch noch einmal zu betonen und auch ein paar Bonuspunkte einzubauen.

- Es kann aber auch sein, dass du (noch) gar nicht an einer Beziehung interessiert bist! (Was übrigens auch völlig in Ordnung ist. Ernsthaft, kein Druck jetzt oder jemals. Du machst, was du willst, klar?) In diesem Fall kannst du dieses Kapitel einfach überspringen, weil du weißt, dass es da ist, wenn du es irgendwann mal brauchst.

Es ist ein bisschen wie Shopping

Hast du schon mal Leute im Supermarkt beobachtet, die versuchen, die perfekte Melone auszusuchen? Manche Leute schütteln sie. Andere riechen an ihr. Einige klopfen auf sie. Ich bin mir ziemlich sicher, dass die meisten dieser Käufer allerdings nicht die leiseste Ahnung haben, wie sie finden, was sie eigentlich wollen.

Das Gleiche gilt für das Finden und Halten von Freunden oder Partnern. Wir wissen, dass wir sie wollen, aber oft wissen wir nicht, wie wir gute Partner auswählen sollen. Vielleicht ist dir sogar gar nicht bewusst, dass du selbst entscheiden solltest – oder kannst –, mit wem du dich anfreundest oder verabredest. Wenn man einsam ist, sich zurückgewiesen fühlt oder Angst hat, kann sich der Wunsch nach Gesellschaft riesig anfühlen. Es ist leicht, Kompromisse einzugehen und weit weniger Freundlichkeit zu akzeptieren, als wir verdienen, nur um jemanden an unserer Seite zu haben. Ich weiß das. Das habe ich auch schon erlebt. Ich war auch schon die Beliebte, stand im Mittelpunkt und fühlte mich doch völlig allein.

Es gibt so viele Dinge, die ich über Freundschaft und Partnersuche gelernt habe, die ich dir erzählen möchte – es gibt viel zu viel zu sagen, und es ist alles viel zu wichtig, um es zu beschönigen. Also lasst uns über einen Moment ausführlich sprechen: den einen Moment, der jeder Beziehung gemeinsam ist, in dem wir aktiv wählen, wen und was wir in unser Leben lassen. Mache dir Folgendes klar: Du hast eine Wahl. Und du verdienst es, eine gute Wahl zu treffen. Du musst auch die richtigen Beziehungen »einkaufen«. Du brauchst die richtigen Menschen an deiner Seite und in deinem Rücken ... nicht unbedingt die »offensichtlichen« Leute.

In jeder Gruppe, in jeder Klasse, in jedem Büro oder Verein gibt es Menschen, die von Natur aus »anziehend« sind. Ob aufgrund ihres Aussehens, ihres Selbstbewusstseins oder ihrer Stärke, sie ziehen andere an. Diese »offensichtlich« attraktiven Menschen – die vielleicht wunderbare Menschen sind – haben bereits ein ausgefülltes soziales Leben. Sie brauchen sich nicht die Mühe zu machen, weitere Freundschaften zu schließen.

Verschwende deine Energie nicht auf das Offensichtliche. Wage es nicht, dich auch nur eine Sekunde länger mit Menschen zu umgeben, die nicht zu schätzen wissen, wie wunderbar du bist. Gehe auf Menschen zu, die Platz für jemanden haben und jemanden in ihrem Leben brauchen. Das sind die, die deine Gesellschaft am meisten schätzen und wahrscheinlich auch am meisten dafür tun, deine Zuneigung zu verdienen.

Sei einfach die Art von jemand Besonderem, den auch du in deinem Leben haben möchtest. Sei du selbst. Sei echt. Stelle Fragen. Höre dir die Antworten an. Stelle mehr Fragen. Mache Komplimente, denke sie nicht nur. Achte auf das Geben und Nehmen. Lächle. Nimm Freundlichkeiten wahr und bedanke dich. In Beziehungen geht es um Ausgewogenheit und Gegenseitigkeit in der Kommunikation, in der Aufmerksamkeit, bei Einladungen, im Aufwand (von Zeit und Geld). Es geht mehr darum, freundlich zu sein, statt recht zu haben, und um fröhliche Bescheidenheit – nicht darum, weniger von sich selbst zu halten, sondern weniger an sich selbst zu denken.

Wie wäre es mit ein paar Einzelheiten?

Na gut, na gut. Das ist ja schön und gut, aber ich höre dich schon nach Einzelheiten fragen. Wie ein Mann kürzlich klagte: »Ich kann nicht einmal sagen, ob ich auf einem Date bin oder nicht!! (Und du fragst dich vielleicht, ob die Leute überhaupt noch Dates haben!)

Fangen wir also genau da an: Was bedeutet »Dating« eigentlich? Zunächst einmal bedeutet Dating für jeden Menschen etwas anderes. Das ist in Ordnung, solange ihr beide klar und direkt kommuniziert. Die Person, mit der du zusammen bist, muss sich mit deiner Denkweise wohlfühlen, sonst wirst du den Rest eurer gemeinsamen Zeit damit verbringen, jemand zu sein, der du nicht bist (und die Person lernt die erstaunliche Person, die du tatsächlich bist, gar nicht kennen).

Einige dieser Wörter werden auch für die gleichen Arten von romantischen Beziehungen verwendet:

- ausgehen
- zusammen sein mit
- abhängen
- einander sehen
- miteinander gehen

Unabhängig davon, welche Worte du bevorzugst, kann Dating auch bedeuten, dass man sich in einer Gruppe von Freunden trifft und gelegentlich Zeit mit einer Person verbringt, zu der man sich hingezogen fühlt, dass man nur zu zweit ausgeht, dass man nur mit einer anderen Person romantisch ausgeht oder dass man exklusiv mit nur einer Person ausgeht, aber auch, dass man sich mit anderen Personen trifft. Manchmal kann es sogar eine Fernbeziehung sein. Du siehst: Verwirrend. Deshalb ist es so wichtig, dass sich beide Personen klar absprechen, wie sie die Beziehung sehen. (Ich werde nie vergessen, wie ein Junge, mit dem ich während des Studiums zusammen war, mir sagte, dass er dachte, wir sollten uns auch mit anderen Leuten treffen ... hoppla! Ich wusste nicht, dass er dachte, wir seien exklusiv. Ich war die ganze Zeit mit anderen Leuten ausgegangen – was, obwohl unbeabsichtigt, seine Gefühle wirklich hätte verletzen können.)

Wer sieht gut aus?

Wenn du selbst das Steuer in die Hand nimmst und aktiv entscheidest, wen du ansprichst oder für wen du Interesse bekundest, hast du die Kontrolle darüber, wer in dein Leben tritt und wen du bitten möchtest, es zu verlassen. (Ja, auch das darfst und sollst du tun!)

Ich möchte dir einige ganz bestimmte Eigenschaften nennen, nach denen du bei einem möglichen Partner suchen solltest (nebenbei bemerkt, könnte man jede dieser Eigenschaften auch auf jede Beziehung in deinem Leben anwenden). Denke aber daran, dass niemand jeden Tag alle Punkte abhaken kann und dass keine einzelne Person alles für jemanden sein kann oder sollte. Das ist einfach zu viel Druck. Oh! Und noch etwas. Denke daran, dass Beziehungen jeder Art in beide Richtungen gehen. Wenn du etwas von jemandem erwartest, dann sorge dafür, dass du es auch zurückgibst. Genau! Also, los geht's.

JEDE PERSON IN DEINEM LEBEN – VOR ALLEM JEMAND, DEN DU DATEN MÖCHTEST – SOLLTE:

- dich mit Respekt behandelt (achtet auf das, was du sagst, ermutigt dich, mehr zu lernen und mehr Dinge auszuprobieren)
- sich nicht über Dinge lustig machen, die du magst oder tun willst
- deine privaten Gedanken für sich behalten
- sich deine Ideen anhören und manchmal Kompromisse eingehen
- einige deiner Interessen teilen
- einige deiner Gedanken und Gefühle mit dir teilen
- stolz auf deine Leistungen und Erfolge sein
- deine Grenzen respektieren
- zeigen, dass sie fürsorglich und ehrlich zu dir ist
- dich nie unter Druck setzen, Dinge zu tun, die du nicht tun willst
- dich zu guten Leistungen in der Schule oder im Beruf ermutigen.

Eine erfolgreiche romantische Beziehung muss in ihrem Kern eine erfolgreiche Freundschaft sein … ein gleichberechtigtes Geben und Nehmen auf der Grundlage von gegenseitigem Respekt, Zweisamkeit und Aufmerksamkeit.

IM WIRKLICHEN LEBEN SIEHT DAS SO AUS:

- Freundlichkeit: Freunde/Partner mögen sich gegenseitig und versuchen, sich gegenseitig glücklich zu machen.
- Perspektive: Freunde/Partner stellen Fragen über das Leben, die Gefühle und die Ideen des anderen, um die Perspektive des anderen zu verstehen.
- Niemand verliert: Wahre Freunde/Partner können unterschiedlicher Meinung sein, sich streiten, sich ärgern und Probleme gemeinsam lösen; Freunde zu bleiben ist wichtiger als zu beweisen, wer recht oder unrecht hat.
- Gemeinsamkeiten: Freunde/Partner sind sich nie ganz gleich, aber sie haben in der Regel viele Gemeinsamkeiten (Interessen, Aktivitäten).
- Langsames Teilen: Mit der Zeit teilen Freunde/Partner nach und nach Ideen, Wünsche und Gefühle, die sie nicht mit anderen teilen.

Die Vorgehensweise

Es war in der Mittelschule (nicht, dass das wirklich wichtig wäre, denn diese Situation hätte sich auch in einem älteren Alter abspielen können. Ich stelle nur die Szene dar), und ich war unfassbar in einen Jungen namens Robert verknallt. Unfassbar. Okay, daran ist doch nichts auszusetzen, oder? Stimmt. Wir waren bereits Freunde. Wir telefonierten sogar … aber insgeheim hoffte ich, er würde aufhören, ein Kumpel zu sein, und anfangen, mein fester Freund zu sein.

Das Problem war nur, dass er mir keine Signale gab, dass er mich auch mochte. Er behandelte mich genauso wie alle anderen Freundinnen, die er hatte. Er hielt mir keine Sitzplätze frei, schickte mir keine besonderen Nachrichten oder lächelte mich nicht mehr an als andere Leute und redete auch nicht mehr über mich als über andere. Rückblickend denke ich, dass er einfach ein süßer Junge war, der auch nett zu mir war. Was sicher ausreicht, um einen Funken zu entfachen. Aber ich machte den Fehler, es zu forcieren – ich ignorierte die fehlenden Anzeichen und dann, als ich das Thema ansprechen wollte, dass ich ihn möglicherweise mehr mag, tat ich es nicht einmal selbst. Ja, ich erzählte zwei anderen Mädchen, wie sehr ich Robert mochte. Sie waren beliebt und enger mit ihm befreundet als ich, also dachte ich, sie könnten ein gutes Wort für mich einlegen. Du weißt schon, ihm von mir erzählen. Darüber, warum er mich mögen sollte. Darüber, warum wir ausgehen sollten.

Oh mein Gott, bitte erinnere dich immer daran: Lass niemals jemanden als Vermittler für dich handeln. Mach das bloß nicht. Es läuft nie so, wie man es sich erhofft.

Bei mir hat es auch nicht gut funktioniert. Ich kann mich genau erinnern, Telefongespräche zwischen Robert und diesen Mädchen gehört zu haben, wo sie buchstäblich versuchten, ihn davon zu überzeugen, dass er mich mögen sollte. Es war demütigend. Und es hat nicht funktioniert.

Facepalm, Leute. Und Wahrheitsbombe: Wenn jemand dazu überredet werden muss, dich zu mögen, dann soll es einfach nicht sein. Außerdem ist es eine demoralisierende Erfahrung, wenn man sich selbst »verkauft«, wie ein Produkt, das jemand haben sollte. Und der es dann doch nicht will. Irgendwie wussten hier viel zu viele Leute von meinen Gefühlen sprachen mit anderen darüber … und bald schien jeder meine Angelegenheiten besser zu kennen als ich.

Ich sollte dir sagen, dass die superpeinliche Sache (als ob ich noch mehr bräuchte) darin bestand, dass Roberts bester Freund sich gleichzeitig in mich verknallt hat (ein großes Lob an ihn. Er sagte es mir direkt, obwohl er Angst hatte … bei einem unserer vielen privaten Telefonate). Ich bin stolz darauf, sagen zu können, dass ich niemandem davon erzählt habe, als ich ihn in der Friendzone stehen ließ. Obwohl ich wusste, dass es absolut richtig war, ehrlich zu sein, fühlte ich mich schrecklich, ihn abzuweisen. Ich wollte ihn auch mögen, er war klug und nett und … aber ich tat es einfach nicht. Ich kann nicht sagen, warum, ich fühlte es einfach nicht. Es stellte sich heraus, dass auch Robert sich so gefühlt hat, als er mich abwies. Ich weiß das, weil Robert und ich mehr als dreißig Jahre später immer noch befreundet sind, und wir sind beide sehr glücklich mit den Menschen, die wir nun lieben.

ALSO, HIER SIND DIE ERKENNTNISSE, DIE DU MITNEHMEN SOLLST:

- Wenn du an jemandem interessiert bist, musst du es der Person nicht sofort sagen. Lass deine Taten eine Zeit lang lauter sprechen als deine Worte. Beobachte dann, wie oder ob deine Handlungen erwidert werden.
- Wenn du dich dazu entschließt, der anderen Person mitzuteilen, wie du dich fühlst, denke daran, selbst mit der Person zu sprechen. Bitten niemanden, dies für dich zu tun.
- Wenn du jemandem sagst, dass du ihn magst, dann sag es der Person unter vier Augen und auf eine Art und Weise, die nicht geteilt oder herumgezeigt werden kann – also nicht per SMS oder Nachrichten. Mein Großvater pflegte zu sagen, dass gesprochene Worte dünn wie Luft sind, aber geschriebene Worte immer da bleiben. Sichtbar für jeden. Wenn du dich nicht wohl dabei fühlst, dass die ganze Welt genau weiß, was los ist (und das ist nicht einmal übertrieben!), sprich deine Gefühle aus, schreibe sie nicht nieder. Auch wenn dir Schreiben sicherer oder angenehmer erscheint, verursacht es nur Ärger. Das verspreche ich.
- Nach demselben Prinzip: Teile keine Fotos oder Videos, die du nicht mit gutem Gewissen jedem zeigen würdest. Du hast es wahrscheinlich schon einmal gehört, aber ich sage es noch einmal. Erstelle keine Inhalte, von denen du nicht willst, dass die

Welt sie sieht – einschließlich deiner Familie, deiner zukünftigen Arbeitgeber und sogar deiner zukünftigen Kinder. Damit will ich nicht sagen, dass ich altmodisch bin. Ich habe nur ab und an schon negative Erfahrungen gemacht und weiß, wovon ich rede.

- Was ist, wenn du dich in einer vertrauensvollen Beziehung wiederfindest? Trennungen kommen vor, sie sind in der Regel nicht schön, und es gibt keine Garantie dafür, dass die andere Person nicht irgendwelche privaten Dinge weitergibt. Menschen tun dumme, manchmal unfreundliche Dinge, wenn sie verletzt sind. Solange also niemand buchstäblich einen gegenteiligen Vertrag unterschreibt, solltest du dich so verhalten, als was ihr macht und sagt, aufgezeichnet und veröffentlicht werden.
- Ablehnung fühlt sich persönlich an, ist es aber nicht. Es gibt viele Gründe, warum Verbindungen nicht zustande kommen, und egal, welche Lügen die kleine Stimme in deinem Kopf flüstert, wie »du bist furchtbar« oder »hässlich« oder »dumm« oder »füge hier ein anderes mieses Selbstgespräch ein«, das alles ist nicht der Grund für die Ablehnung. Wirklich nicht.
- Wenn dir jemand sagt, dass er dich mag, solltest du ihm danken. Es erforderte Mut, dies zu sagen, und selbst wenn du nicht an der anderen Person interessiert bist, könnte eine gemeine Reaktion von dir den anderen sehr verletzen.
- Sag niemals jemandem, dass du ihn magst, nur weil er wie dich mag, oder weil du Mitleid mit ihm hast. Das ist nicht nett, sondern sogar beleidigend.
- Ein Kompliment ist nur ein Kompliment. Nimm es an. Fühle dich geschmeichelt, logisch. Aber atme durch. Bleib gelassen. Interpretiere nicht irgend-

was hinein. Mach es nicht größer als es ist. Und fühle dich dadurch nicht zu etwas verpflichtet.

- Wenn du jemanden zurück magst oder wenn eine andere Person deine Gefühle erwidert, könnt ihr euch das sagen. Das bedeutet nicht, dass ihr sofort ein Paar seid oder dass ihr heiraten werdet. Sei nicht voreilig. Denke daran: Lass es langsam angehen.

Zweisprachig sein

Auf welche Zeichen genau solltest du achten (oder versuchen zu geben), wenn du an jemandem interessiert bist? Gute Frage. Mae West, eine berühmte Filmsirene, sagte einmal: »Ich spreche zwei Sprachen: Englisch und Körpersprache.« Ja, das hat sie gesagt. Wir im Autismus-Spektrum haben es viel schwerer, die Körpersprache zu »sprechen«, ohne sie bewusst zu lernen.

Aus der Forschung wissen wir, dass ein großer Teil der Kommunikation nonverbal, ungelehrt und blitzschnell erfolgt – universelle, subtile Botschaften, die wir leicht übersehen oder falsch interpretieren können. Unsere Spektrum-Gehirne konzentrieren sich auf Dinge, die Neurotypen nicht beachten, und wir übersehen oft, was für andere völlig offensichtlich ist. Der Schlüssel dazu, was die Person, die du magst, wirklich denkt oder ob sie möchte, dass ihr euch immer wieder seht, liegt wahrscheinlich direkt vor dir, versteckt in sanften Handbewegungen und schnellen Gesichtsausdrücken. Und die gute Nachricht ist: Ja, du kannst lernen, die Signale, die du bisher übersehen hast, wahrzunehmen und sie auch zurückzugeben.

Woran erkennst du also, ob jemand genauso mag, wie du ihn magst? Und wie zeigt man es der anderen Person, ohne es direkt zu sagen? Nun, wenn du es wissen willst, musst du nur den Code knacken.

Der Code der Körpersprache

Flirten

Flirten ist einfach eine weitere Möglichkeit, wie sich zwei Menschen näher kommen können. Manchmal ist Flirten nichts weiter als eine spielerische Unterhaltung zwischen platonischen Freunden. Manchmal hat die eine Person romantische Absichten, während die andere rein körperliche Absichten hat. Und manchmal merkst du nicht einmal, dass mit dir geflirtet wird!

Wie sieht ein Flirt aus? Es ist eine Kombination von Dingen – kein einzelnes Zeichen ist ein zuverlässiger Indikator. Du musst nach mehreren, konsistenten Signalen Ausschau halten. Achte auf die Handlungen der Menschen und lass dich nicht von ihren Worten täuschen.

Hier sind einige Zeichen, auf die du achten solltest (oder die du selbst ausprobieren kannst), die zusammengenommen bedeuten können: »Ich bin hier. Ich bin verfügbar. Und ich bin interessiert.«

MANCHE LEUTE:

- stehen in deiner Anwesenheit aufrechter herum
- treten in deinen persönlichen Bereich (etwa in der Größe eines Hula-Hoop-Reifens)
- wollen sich in deine Nähe setzen oder direkt in dein Blickfeld kommen
- lächeln mehr als sonst zu und stellen häufigeren und längeren Blickkontakt her
- lehnen sich in deine Richtung
- »spiegeln« deine Körpersprache (ändern deine Körperhaltung und schau, ob sie das Gleiche tun!)
- spielen mit ihren Haaren
- berühren ihr Gesicht (normalerweise Lippen oder Wange)
- legen ihren Hals frei, der ein verletzlicher Körperteil ist

- berühren deine Schulter oder deinen Arm leicht, während sie mit dir sprechen
- zeigen mit den Füßen in deine Richtung (oft zeigt die Richtung, in die wir unsere Füße stellen, die Richtung unseres wahren Interesses)
- halten für ein paar Sekunden Augenkontakt, lächeln, blicken weg und schauen dann wieder zu dir

Du suchst oder zeigst nicht nur eines dieser Signale. Du suchst nach einer Kombination. Je mehr du siehst oder selbst gibst, desto wahrscheinlicher ist es, dass tatsächlich geflirtet wird. Wenn du andererseits jemanden siehst, der die Arme vor der Brust verschränkt und woanders hinschaut, ist das das Zeichen Nr. 1 für Desinteresse und es wird wahrscheinlich nicht die Beziehung eurer Träume sein.

Freunde, wenn Babys sprechen lernen, brabbeln sie, oder? Sie klingen nicht wie Shakespeare. Es braucht eine Menge anfänglichen Kauderwelschs und eine Menge Arbeit, um besser zu kommunizieren. Und wenn man versucht, eine zweite Sprache zu lernen, braucht auch das viel Arbeit. Du klingst nicht gleich wie diejenigen, die wissen, was sie tun, und es kann sehr frustrierend sein, wenn man versucht, das, was man sagen will, auf eine Art und Weise zu vermitteln, die einem ungewohnt erscheint. Das Gleiche gilt für Flirten und Körpersprache. Wirklich. Du wirst es vermasseln und dich frustriert und albern fühlen, und wenn du kannst ... lache darüber. Lache darüber, dass du dich ein wenig lächerlich fühlst, denn jeder fühlt sich anfangs so. Wenn du nicht darüber lachen kannst, weil es dir zu nahegeht, ist das auch in Ordnung. Vertraue mir einfach, wenn ich dir sage, dass du nicht länger Babysprache babbelst. Du wirst besser werden, und die Sprache bald vielleicht sogar fließend sprechen.

Wenn du es willst, falls du es willst ... versuche es einfach. Dann versuche es weiter. Ich weiß, dass es beängstigend ist, die eigenen Gefühle für jemanden zu kommunizieren, klar. Die Wahrheit ist, dass so ziemlich jedem Menschen auf der Welt irgendwann einmal das Herz gebrochen wird. Und so ziemlich jeder bricht am Ende auch mal das Herz eines anderen Menschen. Verliebtsein und so ist ehrlich und hart und kann sich großartig anfühlen und sehr wehtun. Rechne mit allem.

Lass mich das Ganze mit meiner wichtigsten Erkenntnis zum Thema Dating abschließen: Es geht nicht um Aussehen, Geld oder Beliebtheit. Wie attraktiv jemand ist, hängt größtenteils davon ab, wie positiv er eingestellt ist. Und nein, ich sage nicht, dass du auf Regenbögen hüpfen musst, damit die Welt dich mag. Gott bewahre. Was ich sage, ist: Negativität stößt ab, Positivität zieht an. Negatives Verhalten basiert auf Angst, Verbitterung, Eifersucht, Sarkasmus, Beleidigung von sich selbst und anderen und klingt auch so. Positives Verhalten kommt aus einem Ort der Selbstliebe, Sanftheit, Einbeziehung und Flexibilität. Menschen wollen dem nahe sein, was sich von Anfang an liebenswert anfühlt, und Ärger ist einfach nicht liebenswert. Versprich mir also, dass du, bevor du dich mit jemandem verabredest, daran arbeitest, dass es dir selbst gut geht. Denke dann an mich, und wundere dich nicht, wenn die Welt an deine Tür klopft.

Muss-ich-wissen-Regeln

- Dating hat für verschiedene Menschen unterschiedliche Bedeutungen.
- Sprich selbst mit der Person, die du mögen könntest. Bitte niemanden, es für dich zu tun.
- Wenn du jemandem sagst, dass du ihn magst, dann sag es ihr unter vier Augen und auf eine Art und Weise, die nicht rumgezeigt werden kann – also nicht per SMS oder Online-Nachricht.
- Teile keine Fotos oder Videos, die du nicht unbedingt jedem zeigen möchtest.
- Ablehnung fühlt sich oft persönlich an, ist es aber eigentlich nicht.
- Sage niemals jemandem, dass du ihn magst, nur weil die Person dich mag oder weil du Mitleid mit der Person hast.
- Ein Kompliment ist nur ein Kompliment. Interpretiere nicht irgendetwas hinein. Fühle dich dadurch nicht zu irgendwas verpflichtet.
- Wenn du jemanden magst und er oder sie dich auch mag, bedeutet das nicht, dass ihr sofort ein Paar seid oder dass ihr heiraten werdet.
- Negativität stößt ab. Positives zieht an.

26 Aufrecht stehen

Selbstbestimmung, Wutpflaster und Gehör finden

Asperger-Logik

Du hast eine Superkraft. Vielleicht ist es dir nicht bewusst, aber du hast sie. Nein, ich spreche nicht von Strumpfhosen, Capes oder Laseraugen (obwohl die auch ganz schön abgefahren wären). Du hast etwas Besseres – und viel Realeres. Du hast den Vorteil der Selbsterkenntnis. »Erkenne dich selbst, und du wirst die Schlüssel zum Universum und den Geheimnissen der Götter besitzen«, lautet ein altes, mystisches Sprichwort. Manche sagen, es wurde von dem teils magischen, teils prophetischen Orakel von Delphi im alten Griechenland gesprochen. Das meiste, was im alten Griechenland gesprochen wurde, ist für die Ewigkeit verloren gegangen. Was soll also das Ganze mit dem »Erkenne dich selbst«?

Das Orakel sprach in Rätseln – wie ein Glückskeks. »Erkenne dich selbst« bedeutete also nicht, dass du deinen Namen kennen oder wissen musst, wie du aussiehst. Das Orakel meinte, dass man sich seiner eigenen Wünsche, Impulse, Schwächen, Meinungen, Fähigkeiten, Stärken und Leidenschaften bewusst sein sollte. Große Stärke und großer Frieden kommen aus dem Wissen, wer du bist und wer du nicht bist. Du weißt, dass du im Autismus-Spektrum bist. Ich bin es auch. Und dieses Wissen ist

MEINE ASPERGER-GRUPPE IST WILD
KARMA HAT JEDERMANNS ADRESSE
AUTISTISCHE FABEL-HAFTIGKEIT MACHT'S AUS
LEUTE WERFEN STEINE AUF GLÄNZENDE DINGE-- ICH STRAHLE TROTZDEM

unsere Superkraft. Wir wissen, wie wir in bestimmten Situationen wahrscheinlich reagieren werden, aber wir können lernen, unsere Handlungen zu wählen, statt uns von unseren Impulsen leiten zu lassen (und das ist das Entscheidende).

Diese Woche haben einige Leute ein Versprechen mir gegenüber gebrochen. Tyrannen und Mobber gibt es in allen Formen und Altersgruppen. Und diese Woche wurde mein Vertrauen ohne mein Verschulden missbraucht. Ich fühlte mich blamiert, schikaniert und betrogen. Nun, vielleicht tue ich das immer noch. Aber die Sache ist die: Ich war schon einmal an diesem Punkt – wenn eine Person, aus welchem Grund auch immer (obwohl es meistens Eifersucht zu sein scheint), versucht, mir die Freude zu stehlen. Es gibt ein Sprichwort: »Menschen werfen Steine auf glänzende Dinge«. Es ist wahr. Wenn man strahlt, wird man zur Zielscheibe.

Der Unterschied ist, dass ich jetzt eine Superkraft habe, die ich vorher nicht hatte. Ich weiß, was ich wahrscheinlich tun werde – und ich weiß auch, was ich stattdessen tun möchte.

Als ich von den jüngsten Problemen erfuhr, wies mich ein Freund darauf hin, dass ich »strahlte«. Andere Leute warfen Steinen. Ich war gut, ich hatte recht, und ja, man hatte mir Unrecht getan. Nun hatte ich die Wahl: Würde ich zu zerbrochenen Spaghetti werden und wütend sein? Würde ich wütende E-Mails verschicken oder schreien oder weinen und eine Szene machen? Was würde das bringen? Keine Macht oder Gerechtigkeit, sondern nur ein Verlust an Stärke und Ehre.

Wenn wir wütend sind, ist es leicht, aufzugeben oder die Kontrolle zu verlieren. Wir fühlen uns vielleicht so verletzt oder so überwältigt, dass wir uns geschlagen zurückziehen. Oder wir verlieren die Fassung und werden aggressiv – schimpfen, schreien, protestieren und jammern. Dann sehen wir einfach nur dumm aus – unsere Glaubwürdigkeit und unsere Stärke sind dahin.

Willst du ein Geheimnis wissen? Wut ist ein Pflastergefühl. Wie ein Plastikpflaster ist sie eine Schutzschicht – sehr real, aber nicht das, was geheilt werden muss, damit es dir besser geht. Wut sitzt über Einsamkeit, Angst, Scham oder Kummer. Wenn wir ein Chaos anrichten, nur um mit unserer Wut umzugehen, können wir die Wunde darunter nie heilen.

Wir sind allein und immer noch verletzt – mit etwas zusätzlicher Scham oder Einsamkeit obenauf.

Man kann nichts ändern, von dem man nicht weiß (oder nicht zugeben will), dass es wahr ist. Deshalb hatte das Orakel recht: Zu wissen, dass du wahrscheinlich weglaufen oder explodieren wirst, gibt dir die Möglichkeit, innezuhalten und weder das eine noch das andere zu tun. Stattdessen hast du die Chance, dich mit Würde für dich selbst einzusetzen.

Gib deine Stärke nicht an diejenigen ab, die sie nehmen würden. Mein Freund erinnerte mich daran, dass man weiterhin strahlen muss – bescheiden, aber dennoch leuchtend. Er zitierte einen alten chinesischen Dichter, Lao Tzu, und sagte zu mir:

> **—— Erziele Ergebnisse, aber rühme dich nie damit.**
> **Erziele Ergebnisse, aber prahle nie damit.**
> **Erziele Ergebnisse, aber sei niemals stolz.**
> **Erziele Ergebnisse, denn das ist der natürliche Weg.**
> **Erziele Ergebnisse, aber nicht durch Gewalt.[12] ——**

Anstatt die Kontrolle oder meine Würde zu verlieren, blieb ich stehen, atmete durch und wartete. Und es machte einen großen Unterschied – ich nahm mir Zeit, sammelte meine Fakten und blieb ruhig.

Die Welt belohnt umsichtiges Handeln. Was du tust (oder nicht tust), zählt viel mehr als das, was man sagt. Indem ich einen kühlen Kopf bewahrte, konnte ich darüber nachdenken, was ich wirklich wollte. Ich habe etwas riskiert und bin für mich selbst eingestanden. Ja, natürlich hatte ich die ganze Zeit Angst – aber mutig zu sein bedeutet, Angst zu haben und es trotzdem zu wagen. Also war ich mutig. Ich habe beschlossen, dass ich es wert bin, für mich einzustehen, und du bist es auch.

Aus großer Liebe (zu Asperkids!) erstellte ich eine Liste mit unbestreitbaren Fakten, nicht mit Meinungen oder Gefühlen. Ich bat um eine

Entschuldigung und erhielt sie auch. Und indem ich mir die Zeit nahm, anderen Ideen wirklich zuzuhören, konnte ich Lösungen vorschlagen, die einen Mittelweg aufzeigten. Am Ende habe ich gewonnen. Nein, die Situation wurde nicht so gelöst, wie ich es mir gewünscht hätte. Aber das war auch nicht mein eigentliches Ziel – das liegt außerhalb meiner Kontrolle. Mein Ziel war es, auf eine Weise zu handeln, die mich stolz machten. Und zum vielleicht ersten Mal, an das ich mich erinnern kann, war ich sehr, sehr stolz.

WENN DU VERÄRGERT BIST, KANNST DU STARK UND TROTZDEM FLEXIBEL BLEIBEN, WENN DU:

- innehältst. Reagiere und spreche nicht sofort.
- tief durchatmest, mehrere Male, langsam. Das beruhigt dein Nervensystem und bringt dich aus dem Kampf-Flucht-Modus heraus.
- einen Stressball zusammendrückst oder du die Handflächen aneinanderpresst. Das beruhigt deinen Körper und gibt dir einen Ort, an den du deine Energie schicken kannst.
- dich etwas zurückziehst, wenn du kannst, und wartest (es wird schwer sein, ich weiß, aber das ist es wert). Warte, bis du dich bei jemandem melden kannst, dem du vertraust, oder zumindest, bis du Zeit hattest, dich zu beruhigen.
- mit Fakten reagierst, nicht mit Gefühlen. Das ist eine der seltsamsten Kehrtwendungen. Wenn wir aufgeregt sind, verlieren wir unsere Logik und werden zu emotional. Die NT-Welt wird dich dafür respektieren, dass du klar und ruhig Fakten präsentierst; sie werden an der Situation nichts ändern, nur um deinen Gefühlen zu entsprechen.

Zusammengefasst nennt man das Selbstbestimmung. Das ist es, was ich schließlich für mich selbst getan habe und was auch du tun kannst.

Der Welt beibringen, wie sie dich behandeln soll

Ich habe gehört, dass wir anderen Menschen beibringen, wie sie uns behandeln sollen. Ich glaube, da ist was Wahres dran. Selbstbestimmung bedeutet, anderen Menschen beizubringen, uns mit Würde und Respekt zu behandeln. Es geht darum, das zu fordern, was wir verdienen, und nicht weniger zu akzeptieren.

Wenn du eine schlechte Behandlung duldest, lehrst du deine Mitmenschen, dich schlecht zu behandeln. Wenn du höflich und ruhig forderst, was dir zusteht, bringst du ihnen bei, dass du Respekt, Fairness und Ehrlichkeit erwartest. Es ist deine Entscheidung. Wenn du dich selbst nicht respektierst, warum sollte es jemand anderes tun?

Die Selbstbestimmung erfolgt in mehreren Schritten.

Kenne deine Stärken, kenne deine Bedürfnisse

Wir haben einige Stärken gemeinsam. Als Gruppe haben wir zum Beispiel viel:

- Leidenschaft für unsere Interessen
- Mitgefühl
- Ehrlichkeit
- Integrität
- Loyalität
- logisches und analytisches Denken
- mechanische Fähigkeiten
- kreative Fähigkeiten

Wir haben aber auch einige Qualitäten, die besondere Anforderungen stellen.

Unsere Qualitäten und die damit verbundenen Bedürfnisse.

Wir haben diese Qualität ...	Also haben wir oft diese Bedürfnisse ...
intensive Konzentration auf ein spezielles Interesse	Erinnerungen, nach den Interessen der anderen zu fragen und nicht das ganze Gespräch zu führen
aufrichtig, vertrauensvoll und loyal	eine Gruppe vertrauenswürdiger NTs, die uns helfen, die (weniger ehrlichen) Beweggründe anderer zu erkennen
Impulsivität	Strategien, die uns helfen, uns zu beruhigen und zu warten, bevor wir handeln oder sprechen
Alles-oder-nichts-Denken	Problemlösungstechniken, Hilfe bei der Einbeziehung der Ideen anderer
Ängste/Sorgen	Bewältigungstechniken (z. B. Übungen, Rollenspiele für soziale Situationen oder einfach nur das Wissen, wen/wie man um Hilfe bitten kann)

Deine Ziele identifizieren

Du bist die Hauptfigur in deiner eigenen Lebensgeschichte. Du bist die einzige Person, die sich dein Ziele setzen und sie verwirklichen kann. Wenn du etwas unbedingt willst, wirst du einen Weg finden. Wenn nicht, wirst du eine Ausrede finden.

Du denkst vielleicht, dass es dein Ziel ist, einem Mobber ins Gesicht zu schlagen oder dich irgendwie an den gemeinen Mädchen zu rächen, aber das stimmt nicht. Nun, nicht wirklich.

JEDEN TAG UND IN JEDER SITUATION WIRST DU DICH BESSER FÜHLEN, WENN DU:

- deinen Worten treu bleibst;
- sagst, was du meinst und meinst, was du sagst

- etwas Neues lernst
- mutig bist und voran gehst, auch wenn du Angst hast
- daran denkst, dass du nicht erobert werden kannst, wenn du es nicht zulässt. Erlaube es also nicht.

Konzentriere dich. Was willst du in diesem Moment wirklich erreichen? Wähle ein oder zwei spezifische, messbare Ziele, die du selbst kontrollieren kannst. Zum Beispiel: »Ich möchte das Mädchen auf einen Kaffee einladen.« (Das Ziel ist, überhaupt zu fragen, nicht, ein Ja zu bekommen. Die Antwort kannst du nämlich nicht kontrollieren.) Oder: »Ich möchte für ein Theaterstück vorsprechen, obwohl ich noch nie geschauspielert habe.« (Das Ziel ist es, den Mut zu haben, es auszuprobieren, nicht eine Rolle zu bekommen. Das ist die Entscheidung von jemand anderem.)

Bitte um Rat. Wähle dafür jemanden, den du wirklich bewunderst, als Mentor, der dir hilft, deine Ziele klar zu erkennen.

Dann bleib ruhig. Und atme ein und aus.

Kenne deine Rechte, akzeptiere deine Pflichten

Deine Rechte und Pflichten ändern sich von Situation zu Situation.

Schule

Frage Lehrkräfte nach einer Bewertungsrubrik. Dabei handelt es sich um einen visuellen Organizer, der genau erklärt, was von dir erwartet wird, um eine bestimmte Note (1, 2, gut, ausreichend usw.) zu erhalten. So kannst du dir sicher sein, dass du weißt, was von dir erwartet wird, und dass du die Note bekommst, die du verdienst, wenn du die geforderte Leistungen erbringst. Als Erwachsener ist dies die gleiche Art von Dokument, die man als juristischen Vertrag oder als Stellenbeschreibung betrachten würde (dein Gehalt hängt davon ab!).

Überall

DU HAST DAS RECHT ZU ERWARTEN, DASS ANDERE MENSCHEN:

- ehrlich zu dir sind;
- ihre Versprechen halten;
- höflich mit dir sprechen,
- dich auf freundliche Weise berühren, und nur, wenn du es erlaubst;
- sich entschuldigen, wenn sie etwas falsch gemacht haben;
- nur die Wahrheit über dich sagen.

Du solltest aber auch damit rechnen, dass sich die anderen nicht immer so verhalten, wie sie sollten. Dann ist es an dir, zu kommunizieren und ihnen beizubringen, wie sie dich behandeln sollen.

Mit anderen kommunizieren

ERLÄUTERE DEINE IDEEN MIT HILFE VON DREITEILIGEN ICH-AUSSAGEN:

1. »Ich fühle oder fühlte mich ...., als du ....«
2. Welche Auswirkungen hat das Verhalten auf dich? Sag, wie sich das Verhalten konkret auf dich auswirkt.
3. »Ich würde .... bevorzugen oder mögen.«

Ein Beispiel wäre: »Ich war wirklich frustriert, als du die Materialien für unser Projekt nicht gekauft hast, obwohl du es versprochen hast. Ohne diese Materialien kann ich meinen Teil des Projekts nicht rechtzeitig abliefern. Ich möchte, dass du morgen mit mir kommst und dem Lehrer die Situation erklärst.«

Vielleicht möchtest du deine Gedanken auch schriftlich darlegen. Dies gibt dir die Möglichkeit, über deine besonderen Ziele nachzudenken, deine Worte sorgfältig zu wählen und dir wirklich sicher zu sein, was du sagen willst. Lies deinen Text und lies ihn gleich noch einmal. Und noch einmal. Wende dich ab und mache kurz etwas anderes. Komm dann zurück und lies es später nochmal.

Gehe dann zu deinem Mentor; überprüfe, ob deine Worte die gleiche Botschaft vermitteln, die du im Sinn hast. Sei dir bewusst, dass die Realität nicht festgeschrieben ist. Jeder kennt und erlebt die Welt durch die eigene Wahrnehmung. Wenn du eine Person deines Vertrauens (einen Lehrer, einen Berater, ein Elternteil oder einen Freund) bittest, deinen Gedanken zuzuhören oder sie zu lesen, kannst du dir am sichersten sein, dass deine Botschaft das aussagt, was du sagen willst. Wenn du dir sicher bist, dass du alle Fakten kennst, gehe freundlich und aufgeschlossen auf die andere Person zu. Nutze deine Fähigkeit des aktiven Zuhörens!

Sei eine gekochte Nudel, offen für vernünftige Kompromisse.

Aufrecht stehen

Freunde, das ist das einzige Leben, das ihr habt. Und ihr habt die Verantwortung dafür. Die versteckte Regel lautet, dass die Welt dich so behan-

Muss-ich-wissen-Regeln

- Die eigenen Stärken und Bedürfnisse zu kennen, ist wie eine Superkraft.
- Wut ist eine Emotion, die nur ein Pflaster ist. Sie ist real – aber die Wunde, die du heilen musst, liegt unter der Wut.
- Wir lehren andere, wie sie uns behandeln sollen. Wir müssen uns selbst respektieren, bevor sie uns respektieren.
- Selbstbestimmung bedeutet, die eigenen Rechte in aller Ruhe klar zum Ausdruck zu bringen.

delt, wie du es zulässt. Eleanor Roosevelt hat einmal gesagt: »Niemand kann dich dazu bringen, dich minderwertig zu fühlen, wenn du nicht zustimmst.« Was wirst du also von der Welt verlangen? Und wie wirst du es verlangen? Wirst du herrisch sein, weinerlich oder wütend? Wirst du aufgeben oder nachgeben?

Oder wirst du selbstbewusst, ruhig und durchsetzungsfähig sein? Weiß der Himmel, wenn ich es geschafft habe, kannst du es auch. Halte inne. Atme durch. Denke nach. Dann geh hinaus und mache dich stolz auf dich selbst.

Strahle. Und lass dich von niemandem aufhalten.

DU SCHAFFST DAS!

27 Gespräche mit mir selbst

Innere Dialoge und alte Tonbänder

Asperger-Logik

Woo. Vor zwei Jahren habe ich eine Persönlichkeitsinventur gemacht, die meine fünf größten natürlichen Stärken ermitteln sollte. Andere Leute waren offenbar »Energizer« und »Leader«. Meine Ergebnisse lauteten: »Woo«. Woo? Was zum Teufel sollte das denn bedeuten?! »Woo« steht für »Winning Other People Over« (andere Menschen für sich gewinnen) und beschreibt Menschen, die sich gerne der Herausforderung stellen, Menschen zu treffen und neue Freunde zu gewinnen.[13] Anstatt Angst vor Fremden zu haben oder von ihnen abgeschreckt zu werden, lernen wir »Woos« gerne neue Leute kennen, wir lieben es, gemeinsame Interessen zu entdecken und – noch besser – gemeinsame Bekannte zu finden. Klingt eigentlich nicht sehr typisch »autistisch«, oder? Das kann es aber sein.

»Woos« sind vollkommen zufrieden damit, eine Verbindung zu knüpfen, sie dann zu beenden und zu neuen Gruppen, neuen Leuten und (ich würde hinzufügen) neuen Informationen weiterzuziehen. Es geht nicht darum, tiefe Freundschaften zu schließen, sondern darum, Bekanntschaften zu sammeln. Menschen und die Muster, die sie miteinander verbinden, zu verstehen, wurde, glaube ich, zu einem Teil meines eigenen speziellen Interesses. Je besser ich verstand, was andere taten und warum sie es taten, desto besser konnte ich mich schützen, bevor mich jemand verletzte.

Es stellte sich heraus, dass ich ein Woo war. Das war meine Verteidigungsstrategie. Mein Ziel war – und ist – häufig, so viele Menschen wie möglich dafür zu gewinnen, mich zu »mögen«. Sie mussten nicht meine besten Freunde sein; solange sie nicht meine Feinde waren, war ich zufrieden.

Aber das ist eine verrückte Art zu leben. Du erinnerst dich vielleicht daran, dass persönliche Ziele Dinge sein müssen, die wir kontrollieren können, denn wie können wir sonst die Verantwortung für Erfolg oder Misserfolg übernehmen? Wenn mein Ziel darin besteht, dass morgen Abend ein Gewitter durch meine Straße zieht – bin ich dann wirklich schuld, wenn es nicht eintritt? Sollte ich wirklich beglückwünscht werden, wenn es klappt? Nein, natürlich nicht! Ich kann das Wetter ebenso wenig kontrollieren, wie ich kontrollieren kann, ob Leute mich mögen. Klar, ich kann versuchen, ein möglichst angenehmer, respektvoller Mensch zu sein, aber darüber hinaus liegt es nicht an mir.

Wer liebt dich?

Den eigenen Wert danach zu beurteilen, wie viele Menschen einen »mögen«, ist ein Rezept für das Scheitern. Egal, was du tust, egal, wie wunderbar du bist, nicht alle werden dich mögen. Es kommt auf die Qualität der Freunde an, nicht auf die Quantität der Freunde. Wenn wir unseren eigenen Selbstwert in einer Welt zum Verkauf anbieten, die unser autistisches Betriebssystem nicht wirklich versteht, stellen wir uns selbst auf die Probe.

Erwachsene erzählen kleinen Kindern, dass jeder mit jedem befreundet sein sollte. Aber so funktioniert das nicht. Alle sollen einander lieben. Aber das tun sie nicht. Nicht jeder wird mich lieben – oder dich. Manchmal sind es andere Kinder, die dir Kummer bereiten, manchmal sind es Erwachsene – ich erinnere mich sogar an einen Lehrer, der auf mir herumhackte. Wenn dich so etwas wirklich nicht stört, dann kannst du dich wirklich glücklich schätzen.

Wenn du jedoch etwas mehr »woo-ig« bist und du deine Energie darauf verwendest, zu versuchen, alle dazu zu bringen, dich zu mögen, oder (was noch trauriger ist) dich selbst (deine Haare, deine Kleidung, deine Stimme, deinen Körper, dein Denken) so zu verändern, dass du denkst, dass sie dich mögen werden … hör auf. Und zwar sofort. Das ist viel zu anstrengend. Du wirst benutzt, ausgetrickst und enttäuscht werden. Du wirst dich leer fühlen. Und das Schlimmste ist, dass du nicht einmal den besten Freund haben wirst, den du eigentlich haben solltest – dich selbst.

Es ist kitschig, aber wahr: Wenn du gelernt hast, dich selbst zu lieben und zu akzeptieren, kann dir niemand deine Würde nehmen. Es mag altbacken und abgedroschen klingen, aber solange du dich nicht selbst magst, wird dich auch niemand mögen. Du musst der Erste sein, der deine eigene Würde erkennt und sie respektiert, wenn auch andere dich respektieren und mögen sollen.

Würde und Selbstgespräche

Innere Dialoge

Hallo, ich bin Jenny. Ich bin ein Wort-Junkie. Entschuldige also, wenn ich dir kurz die Herkunft des Wortes »Würde« erläutere. Es stammt vom lateinischen Wort »dignus« ab, das »würdig« bedeutet und im Allgemeinen ausdrückt, dass man Wertschätzung, Lob, Ehre und Respekt verdient. »Würde« signalisiert aber noch mehr. Sie hat etwas von Adel, Anmut, Vertrauen. Sie ist ein Teil von dir. Vielleicht bist du stolz auf eine Leistung oder eine Errungenschaft. Gut gemacht. Aber im Gegensatz zu Stolz hängt Würde nicht von einem Moment oder einem Erfolg ab. Sie ist nicht zerbrechlich. Sie kann nicht gestohlen werden; sie kann nur vergessen werden … von dir selbst. Würde zu haben bedeutet in erster Linie, dass du nicht mit irgendetwas oder irgendjemandem zusammentust, der dich erniedrigt. Lass das nochmal ein bisschen nachhallen:

— Würde zu haben bedeutet, dass du nicht mit jemandem zusammen bist, der dich erniedrigt. —

Umgibst du dich – vielleicht ohne es zu merken – mit Menschen, die dich verletzen, die dich ärgern oder die dich außen vor lassen? Wenn du in den Spiegel schaust und dir die Lügen selbst erzählst, dann ja, dann tust du das. Du hilfst denen, die dich falsch verstehen oder schlecht handeln. Du tyrannisierst dich selbst. Und das hat nichts mit Würde zu tun.

Wenn du an dich selbst denkst, was denkst du dann – vor allem? Bist du gemein zu dir selbst? Bist du freundlich zu dir? Die Worte, die du hörst, sind dein »innerer Dialog«, und du glaubst gar nicht, welche Macht solch ein Gespräch hat. Denn wer sonst spricht schon rund um die Uhr mit dir? Nur du selbst. Du hörst sich selbst sehr oft.

Es ergibt also Sinn, dass die Gedanken, die du über dich selbst denkst, wie Programmiercodes für Computer sind. Sie prägen deine Vorstellung von dir. Wenn du glaubst, dass du würdig und stark bist, wirst du dieser Wahrheit gerecht werden. Wenn du glaubst, dass du unwürdig bist, Liebe oder Glück zu erfahren, wirst du auch dieser Wahrheit gerecht werden.

Berücksichtige dein Aussehen, deine schulischen Leistungen, deine Intelligenz, deine Talente, dein soziales Leben. Denkst du: Warum hassen mich alle? Ich bin so ein Streber. Ich hasse meine Haare. Ich bin so ein Versager. Das alles sind negative Selbstgespräche. Es ist, als würdest du Aufnahmen alter Beleidigungen in deinem Kopf abspielen und dir dabei einreden, dass sie wahr sind. Aber:

— Negative Selbstgespräche sind fast immer unwahr! —

Negative Selbstgespräche sind ein großer, böser Haufen von Missverständnissen, Annahmen und Übertreibungen, die von einer Welt geschaffen werden, die uns nicht ganz versteht. Manchmal spiegeln wir das wider, was wir laut gesagt bekommen haben. Manchmal sind es aber auch unsere eigenen Ängste, die uns davon abhalten, ein Risiko einzugehen, etwas Neues und ein wenig Beängstigendes auszuprobieren.

Wenn also »Ich kann nicht« in Wirklichkeit »Ich will nicht« bedeutet, was willst du dann nicht tun? Ein Risiko eingehen? Versuchen? Das Risiko des Scheiterns eingehen? Wenn du etwas Neues oder Schwieriges ausprobierst, kann ich dir nicht versprechen, dass du nicht scheitern wirst. Aber ich kann dir versprechen, dass du nie über dich hinauswachsen wirst, wenn du es nicht versuchst.

Willst du den Hassern helfen? Den Mobber und Tyrannen? Den Zweiflern? Ich auf keinen Fall.

Ertappe dich bei negativen Selbstgesprächen. Ersetze »Ich kann nicht« durch ein »Ich kann«. Und achte auf das Schwarz-Weiß-Denken! Nur sehr wenig im Leben ist wirklich alles-oder-nichts, völliger Erfolg oder totales Versagen.

Was wir brauchen, sind positive Selbstgespräche, die uns an einfache, aufrichtige Wahrheiten erinnern wie »Ich bin ein wirklich treuer Freund« oder »Ich bin zuverlässig und vertrauenswürdig«. Positive Selbstgespräche können auch eine Reihe von »Kampfgedanken« sein, positive Fakten, die wie ein Gegenmittel gegen das Gift der negativen Selbstgespräche wirken.

Stelle dir vor, dass dein negatives Gerede wie ein Schlagloch auf deinem Weg zu Würde und Selbstachtung ist. Du gehst den Weg entlang, und plötzlich – Plumps! Du stolperst in das Loch und fällst direkt auf dein Gesicht. Was müssen wir also tun? Wir müssen den negativen Raum auffüllen und deinen Weg ebnen. Das tun wir am besten mit Gegengedanken!

Gegengedanken motivieren dich, stärken dein Selbstvertrauen und sorgen dafür, dass du dich auf das konzentrierst, was du kontrollieren kannst. Sie sind spezifische Antworten auf bestimmte Herabsetzungen oder Zweifel.

Achtsam sein: innehalten, zuhören, ersetzen

Ein Gedanke ist nur ein Gedanke. Er ist nicht stärker, als du es zulässt. Halte inne und höre dir deine Selbstgespräche genau an. Schreibe auf, was du hörst, und sprich dann laut einen positiven Gegengedanken aus, um das »Schlagloch« zu füllen. Zum Beispiel:

Beispiele für Gegengedanken.

Der negative Schrott, der das Loch gegraben hat	Gegengedanken, um das Loch zu füllen und den Weg zu ebnen
Keiner will mein Freund sein.	Ich bin ein guter Freund. Ich kann neue Leute auswählen, auf die ich zugehen kann.
Diesen Test werde ich nie bestehen.	Ich kann den Nachhilfelehrer um zusätzliche Hilfe bitten.
Ich kann nichts richtig machen.	Dies ist eine Chance, etwas Neues zu lernen.

Warum ist das alles überhaupt wichtig?

Würde ist die Belohnung, die du dafür erhältst dass du die einzigartige, wertvolle Person, die du bist, respektierst. Jeder Mensch auf diesem Planeten – jeder Mensch im menschlichen Spektrum – hat das Recht, ein Leben in Würde zu führen. Machst du dir dieses Geschenk auch selbst?

ZEIGST DU ANDEREN UND DIR SELBST:

- Ehrlichkeit?
- Freundlichkeit?
- Toleranz gegenüber Unterschieden?
- Vertrauenswürdigkeit?
- Mitgefühl?
- Fairness?

Wenn wir uns weigern, uns selbst zu schikanieren, wenn wir uns weder aufplustern noch niedermachen, sind wir würdevoll … und ungemein attraktiv. Dating-Experten sind sich einig, dass nichts anziehender ist als Selbstvertrauen und Würde. Das ist schön zu wissen. Aber ich sage: Vergiss es, andere für dich zu gewinnen (»Woo«). Würde ist der Schlüs-

Muss-ich-wissen-Regeln

- Den eigenen Wert danach zu beurteilen, wie viele Menschen einen »mögen«, ist ein Rezept für Misserfolg.
- Du musst dich selbst am meisten respektieren.
- Würde zu haben bedeutet, dass du nicht mit jemandem interagierst, der dich erniedrigt.
- Wenn du glaubst, dass du würdig und stark bist, wirst du dieser Wahrheit gerecht werden. Wenn du glaubst, dass du der Liebe oder des Glücks unwürdig bist, wirst du auch dieser Wahrheit gerecht.
- Selbstvertrauen und Würde gehören zu den attraktivsten Eigenschaften, die man haben kann.

sel dazu, die wichtigste Person, die wir je kennenlernen werden, für uns zu gewinnen – uns selbst.

28 Likes, Tweets und Textnachrichten

Netiquette – was man wissen muss

Asperger-Logik

Als ich ein Kind war, gab es den Begriff »Netiquette« noch nicht. Etikette war das, was deine Mutter dir in den Manieren-Büchern von Emily Post vorgelesen hat oder was du in der Mädchenschule gelernt hast. So etwas wie das Internet gab es nicht. Aber Gott sei Dank bin ich jung genug, um sagen zu können, dass es in meiner Welt von Gadgets, Passwörtern und sozialen Netzwerken nur so wimmelte, als ich eine zwanzigjährige Single war. Das bedeutet, dass ich viel Zeit hatte, das Netz zu nutzen, um bestimmte Dinge einfacher zu machen, aber auch, um mich völlig zu blamieren. (Juhu.)

Ich bin sicher, dass du die grundlegenden Warnungen und Regeln für ein kluges und sicheres Verhalten im Internet kennst. Bitte halte dich daran. Einige Menschen geben wirklich vor, freundlich, jung und verständnisvoll zu sein, obwohl sie in Wirklichkeit älter, gemein und ein wahrer Albtraum sind. Gib also niemals, niemals, niemals deine Adresse, deine Telefonnummer oder deinen Aufenthaltsort an jemanden weiter, den du nicht kennst, oder in einem öffentlichen Beitrag. Niemals. Vertraut mir einfach, Leute. Okay, genug gesagt.

Gedankenblind online

Die gleichen sozialen Regeln, die du in diesem Buch gelesen hast, sind auch die, die du online kennen mussbeherzigen.

GRUNDSÄTZLICH LASSEN SIE SICH WIE FOLGT ZUSAMMENFASSEN:

- Impulskontrolle, Impulskontrolle, Impulskontrolle (denk nach, bevor du etwas verschickst)
- sich des »Du« bewusst zu sein, das man in den Köpfen der anderen erschafft
- zu wissen, dass es auch online unsichtbare Grenzen gibt
- Gegenseitigkeit gilt auch online.

Wenn wir es zulassen, dass unsere Gedankenblindheit einsetzt (was ja normal ist – also ziemlich oft passiert), können wir online in dieselben Schwierigkeiten geraten wie in der realen Welt. Nur passiert das viel schneller. Unsere Welt ist durch Gadgets und Apps vernetzt, die fast sofortigen Kontakt und verwirrende Beziehungen ermöglichen. Wir glauben, mit jemandem auf Level 5 befreundet zu sein, obwohl es in Wirklichkeit eher Level 2 ist. Oder eine unbedachte Nachricht verwandelt eine Freundschaft auf Level 4 plötzlich in eine brandneue Feindschaft.

BEHALTE DIESE PUNKTE ALSO IMMER IM HINTERKOPF:

- Die Menschen auf der anderen Seite des Computers/Telefons sind real, mit echten Gefühlen, echten Meinungen und echten Reaktionen. Die Gefühle, Meinungen und Reaktionen, die sie online zeigen, sind jedoch möglicherweise nicht real.
- Löschen ist nie vollständig. Online besteht für immer.

»Gefällt mir«: Die geheimen Regeln der sozialen Netzwerke

Soziale Netzwerke sind in vielerlei Hinsicht großartig. Sie sind eine großartige Möglichkeit, mit neuen (oder alten) Freunden in Kontakt zu treten, sie helfen uns, Telefongeplauder zu vermeiden (juhu!), und sie sind gut dafür geeignet, Beziehungen zu pflegen, die wir sonst vernachlässigen würden.

Aber sie können auch viele Fallstricke mit sich bringen. Grenzfragen, übermäßiges Teilen, Freundschaftsebenen – all die »unsichtbaren« Dinge, mit denen wir sowieso schon zu kämpfen haben – sind überall und warten nur darauf, dass wir die Grenzen überschreiten und diese verdammten sozialen Seifenblasen platzen lassen.

Der Schlüssel zum Überleben (und zur Freude) in den sozialen Medien liegt darin, bei allem, was du in den digitalen Medien tust, bedacht zu sein. Und so geht's:

— Gehe davon aus, dass alles, was du jemals schreibst, missbraucht oder missverstanden werden könnte. Das klingt vielleicht etwas paranoid, aber es wird dich zum Nachdenken anregen. Was möchtest du, dass ein Mobber, ein Chef, ein Aufnahmeberater oder deine zukünftigen Kinder zu dir zurückverfolgen können? Mein Großvater hatte, Jahrzehnte vor dem Internet, einen Merksatz, der immer noch wahr ist: »Gesprochene Worte sind dünn wie Luft. Geschriebene Worte bleiben immer da.« Was du laut sagst, kann und wird wiederholt werden – manchmal richtig, manchmal nicht so richtig. In jedem Fall kannst du die Worte leugnen oder erklären. Man nennt es »Hörensagen«, wenn andere berichten, was sie angeblich gehört haben, und es ist so wischiwaschi, dass es nicht einmal vor Gericht zugelassen ist. Was du aber schreibst, textest oder postest, wird immer änderbar, copy-paste-bar, zitierfähig, teilbar und rückverfolgbar sein.

- Halte Fotos und Benutzernamen neutral. Zulassungsbeauftragte der Hochschulen, Arbeitgeber und deine Großeltern werden die Fotos, die du online stellst, sehen. Du kannst gestylt, lässig, glamourös, cool oder was auch immer aussehen – aber wenn es kein Bild ist, das du stolz deiner Oma zeigen würdest, solltest du es von Plattformen fernhalten. Sogar dein Benutzername ist wichtig. Egal, wie witzig oder »heiß« du glaubst, dass du aussiehst oder klingst, du tust es nicht. Leute, die wirklich witzig oder attraktiv sind, müssen nicht versuchen, es zu beweisen oder damit anzugeben. Sie sind es einfach.
- Die Privatsphäre-Einstellungen gibt es aus einem bestimmten Grund. Nutze sie. Aber auch dann solltest du davon ausgehen, dass alles, was du postest, öffentlich einsehbar ist. Achte bei den persönlichen Informationen, die du veröffentlichst, darauf, dass du nicht zu viel preisgibst (typische Spektrum-Gefahrenzone). Andere Leute wollen keine Autobiografie lesen; zu viele Informationen wirken einfach nur eitel. Weniger ist mehr. Diejenigen, die dich kennenlernen, werden alles erfahren, was sie wissen wollen.
- Die Anzahl der Follower oder Freunde, die du hast, entspricht nicht deinem Wert als Person. Du kannst 573 »Freunde« oder 1000 Follower haben, ohne einen echten Freund in der ganzen Gruppe zu haben. Qualität statt Quantität, schon vergessen? Menschen, die eine große Anzahl von Menschen »sammeln« wollen, sind nicht an Beziehungen interessiert, sondern daran, anzugeben.
- Denke daran, dass soziale Medien ein Ort der Konversation sein sollten und nicht nur einseitige »Ich

rede über mich«-Tiraden oder Monologe. Reagiere auf ehrliche Botschaften und Kommentare, die höflich sind und von Menschen stammen, denen du vertraust, so wie du es auch tun würdest, wenn diese Person vor dir stünde. Du hast aber auch das Recht, Kommentare, die dich in irgendeiner Weise herabsetzen, zu ignorieren oder zu blockieren.

- Verwende nur Fotos, die du selbst aufgenommen hast oder die du teilen darfst. Es gehört sich nicht, fremde Inhalte zu verbreiten (und kann sogar strafbar sein).
- Markiere Personen nur dann, wenn sie in irgendeiner Weise mit dem von dir geposteten Beitrag zu tun haben.
- Überflute den Feed nicht. Das ist wie Reden und Reden, ohne jemals zuzuhören.
- Lies alles, was du schreibst, noch einmal durch, bevor du es abschickst … gerne auch laut. Wenn du dir über den Ton oder die Formulierung unsicher bist oder du dich aufgeregt hast, drücke *nicht* auf Senden. Du wirst es bereuen! Wenn du unsicher bist, lass es. Warte, bis du dich beruhigt hast, oder lass das Geschriebene von einer anderen Person gegenlesen.
- Überprüfe deine Absichten. Frag dich: »Warum poste ich das?« Oder: »Warum sende ich diese Nachricht?« Und wenn die Antwort lautet: »Ich bin einsam, ich suche nach Anerkennung oder Aufmerksamkeit«, dann solltest du das, was du vorhattest, nicht sagen.
- Verzichte auf Sarkasmus. Er kommt nicht immer klar rüber und das kann leicht nach hinten losgehen.
- Alles, was vorübergehend ist, kann dauerhaft gemacht werden. Wenn du etwas postest und denkst, dass es in 24 Stunden nicht mehr verfüg-

bar ist, reicht ein Screenshot durch eine andere Person, um das zu ändern.

- Prüfe die Fakten, bevor du etwas veröffentlichst. Sei dir sicher, dass du recht hast. Sei dir sicher, was die Gültigkeit von Fakten, wohltätige Anfragen usw. angeht. Wisse Bescheid, bevor du etwas postest, was du für richtig hältst.
- Du bestimmst selbst, wen du in deinem Raum zulässt, ob es sich nun um den physischen Raum oder den Cyberspace handelt. Du musst negativen Menschen keinen Platz einräumen. »Entfreunde« dich von ihnen oder blockiere sie zu deinem eigenen Besten.

Digitaler Anstand

Wenn wir die sozialen Netzwerke mal hinter uns lassen, so müssen wir immer noch eine Menge bei den Themen rund um E-Mails und Nachrichten thematisieren. Plopp. Schon wieder diese verdammte Seifenblasensache.

Ein Beispiel: Ich dachte immer, wenn mir jemand seine Kontaktdaten gibt, kann ich sie verwenden. Klingt ziemlich logisch, oder? Nur ist in der NT-Welt nichts jemals so einfach. Vor einem Jahr gab mir unsere Kinderärztin ihre private E-Mail- und Handynummer, weil unsere Tochter eine Menge medizinischer Probleme hatte. Nun, an einem Wochenende hatten wir Probleme mit einem anderen Arzt, und ich war mir nicht sicher, wie ich damit umgehen sollte. Also schrieb ich unserer Kinderärztin eine E-Mail. Keine Antwort. Doch am Montagmorgen rief sie mich an und sagte mir, wie unangemessen mein Verhalten gewesen sei und dass es nicht akzeptabel sei, ihre persönliche E-Mail zu benutzen. Ich dachte, ich müsste mich vor Demütigung übergeben. Meine Stimme brachte gerade noch ein »Oh, Okay« heraus, und ich spürte, wie ich knallrot anlief. Ich verstand wirklich nicht, was ich falsch gemacht hatte – bis mir das vertraute Gefühl bewusst wurde: Ich hatte wieder eine Grenze überschritten. Igitt. In einem anderen Fall bat mich eine Lehrerin meiner Kinder, ihr »alle« Informationen, die ich über verschiedene Tests, die wir durchgeführt hatten, zu schicken. Das tat ich dann auch. Buchstäblich. Sie beschwerte sich nun allerdings bei der Schulleiterin, dass ich ihren Posteingang mit einer lächerlichen Menge von E-Mails überflutet hätte. Meine wortwörtliche Interpretation war offenbar der falsche Weg, ihrer Bitte nachzukommen. Und wieder war ich völlig gedemütigt und wusste nicht, was ich getan hatte, das sie so verärgerte.

Geheime E-Mail-Regeln

Als ich über diese beiden Vorfälle nachdachte, stieß ich auf die ersten beiden E-Mail-Regeln:

- Es gibt unsichtbare Grenzen zwischen persönlichen und beruflichen Beziehungen. Nur weil eine beruflich bekannte Person freundlich ist, ist sie noch lange kein Freund. Du kannst Freunden und Familienangehörigen E-Mails schreiben, aber kontaktiere Fachleute (Lehrer, einen Chef, Therapeuten) nur bei der Arbeit und während der Geschäftszeiten, es sei denn, es handelt sich um einen echten Notfall, bei dem die Gesundheit oder Sicherheit von Personen unmittelbar gefährdet ist.
- Mehrere E-Mails können dazu führen, dass sich der Empfänger belästigt oder überfordert fühlt. Fasse alles kurz und bündig in einer Nachricht zusammen. Wenn du dir nicht sicher bist, was du in eine E-Mail aufnehmen oder nicht aufnehmen solltest, bitte die andere Person, exakt anzugeben, welche Informationen sie haben möchte.

ES GIBT NOCH MEHR REGELN:

- Wenn du an einer Gruppenkonferenz teilnimmst, schalte dein Mikrofon stumm und lass deine Kamera eingeschaltet. Indem du dich selbst stumm schaltest, zeigst du, dass du zuhörst und nicht das Gespräch dominieren willst und dass du selbst das Wort ergreifen wirst, wenn es angebracht ist. Wenn du die Kamera eingeschaltet lässt, zeigt das, dass du dich ganz auf den Redner konzentrierst und nicht auf das, was in deinem Zimmer vor sich geht.
- Achte auf deinen Tonfall: Achte auf Klarheit, nicht auf Cleverness. Es gibt keine Möglichkeit, deinen Tonfall im Internet deutlich zu machen, wodurch Leute leicht falsch verstehen können, was du sagen willst. Sei also klar und deutlich in dem, was du sagst, und wenn du glaubst, dass andere deinen Humor nicht verstehen, dann mach den Witz erst gar nicht. Umgekehrt solltest du, wenn dir ein Online-Kommentar einer ansonsten netten Person untypisch erscheint, nachfragen und nicht gleich das Schlimmste annehmen. Es handelt sich wahrscheinlich nur um ein Missverständnis.
- Leite eine Nachricht nicht einfach weiter, kopiere sie nicht und hänge sie nicht an, ohne die Erlaubnis zu haben. Das ist im Grunde genommen Online-Klatsch und Tratsch.
- Sei pünktlich und gründlich. Antworte innerhalb von 24 Stunden und stelle sicher, dass du alle Fragen beantwortest, die dir gestellt wurden (auch wenn das bedeutet, dass du auf eine Frage vielleicht auch mal keine Antwort hast). So zeigst du dass du die Zeit aller Beteiligten respektierst.
- Komm zum Punkt. Menschen nutzen E-Mails, um Zeit zu sparen, also versuche, deine E-Mails kurz

zu halten. Aufzählungspunkte helfen dem Leser auch zu erkennen, worauf er achten muss.

- Die Rechtschreibprüfung ist nicht ohne Grund da. Alles, was du in die Welt setzt, ist wie eine Erweiterung oder zumindest ein Abbild von dir. Das Versenden von Notizen voller Rechtschreib- oder Grammatikfehler vermitteln den Eindruck, dass du dich nicht genug um den Leser kümmerst, um dir die Zeit zu nehmen, deine Arbeit zu überprüfen. Hüte dich aber auch vor Autokorrekturen! Es ist bekannt, dass fehlgeschlagene »Vorhersagekorrekturen« sehr peinliche Ersatzwörter senden können. Lies also alles, was du senden willst, genau durch.
- Alles kann weitergeleitet werden. Alles, was du schreibst, kann kopiert oder weitergeleitet werden. Wenn du nicht willst, dass Informationen öffentlich zugänglich sind, solltest du sie erst gar nicht veröffentlichen.

txt SvvY

Ich werde das Rad nicht neu erfinden, Leute. Du weißt, dass man bei Tisch, während eines Gesprächs, bei einer öffentlichen Veranstaltung usw. keine SMS oder Nachricht schreiben soll. Was ich betonen möchte, ist, dass SMS oder Nachrichten die am wenigsten persönliche Art der Kommunikation sind, die es gibt – es ist wie zwischenmenschliche Kurzschrift. SMS und Nachrichten sind toll, wenn du einen Freund bitten willst, dir einen Platz im Kino freizuhalten. Sie sind aber nicht so toll, wenn du mit jemandem Schluss machen willst.

Vermeide es, wichtige Gespräche über den Anfang oder das Ende einer Beziehung oder andere wichtige Lebensereignisse zu texten. Es wirkt gleichgültig, weil es die andere Person nicht respektiert oder in ein Gespräch einbezieht, das in beide Richtungen gehen sollte. Wichtige Gespräche sollten persönlich oder, wenn es aufgrund der Entfernung unbedingt notwendig ist, per Telefon geführt werden – aber niemals per Textnachricht.

Oh, und achte auch auf Klingeltöne. Nimm schlichte Töne. Nicht jeder teilt deinen Humor oder Musikgeschmack, und sollte ihn hören müssen.

Wie viel ist zu viel?

Erinnerst du dich an die Sache mit der Gegenseitigkeit? Freundschaften und Konversationen sind, wie wir schon sagten, wie ein Tennismatch oder eine Wippe. Sie müssen ausgeglichen sein, um zu funktionieren. Wenn eine Seite überwiegt, macht es keinen Spaß und das Spiel wird furchtbar kurz. Das Gleiche gilt für die digitale Kommunikation.

Es gibt zwar keine feste Regel für die maximale Anzahl von Nachrichten, die du jemandem schicken kannst, bevor du offiziell von Lustig zu Gruselig übergehst, aber du solltest dich an der »Freundschaftsstufe« orientieren, um zu entscheiden, was zu tun ist. Wie oft du »gefahrlos« Nachrichten schicken kannst, ohne zur Nervensäge zu werden, hängt davon ab, wie eng eure Freundschaft ist, wie wichtig die Information ist und zu welcher Tageszeit du schreibst (ich habe heute um 6:00 Uhr morgens eine unwichtige SMS bekommen – das ist nicht cool). Überlege, wie sich die Person auf der anderen Seite fühlen könnte. Stelle dir jede neue Nachricht, die du sendest, als ein neues Gespräch vor. Achte auf Gegenseitigkeit. Nimmst du mit der anderen Person genauso oft Kontakt auf wie sie mit dir? Haltet ihr die Waage im Gleichgewicht? Wenn du es übertreibst, wird sich die andere Person schnell genervt fühlen. Halte dich zurück! Warte, bis du kontaktiert wirst, bevor du weitere Nachrichten schickst.

Auf der anderen Seite solltest du die andere Person nicht hängen bzw. warten lassen. Wenn es sich um jemanden handelt, den du magst und den du als Freund (oder mehr) behalten möchtest, solltest du sicherstellen, dass du tatsächlich auf Nachrichten antwortest. Andernfalls ist es so, als würdest du von der Wippe springen und deinen Freund auf den Hintern fallen lassen.

Muss-ich-wissen-Regeln

- Bevor du jemandem eine SMS, Nachricht oder E-Mail schickst, frage dich selbst: Stimmt das, was ich schreibe? Ist die Nachricht freundlich oder gut? Ist sie nützlich oder notwendig?
- Die Menschen auf der anderen Seite des Computers sind real, mit echten Gefühlen, echten Meinungen und echten Reaktionen. Die Gefühle, Meinungen und Reaktionen, die sie online zeigen, sind allerdings möglicherweise nicht echt.
- Was du schreibst, textest oder postest, wird immer copy-paste-fähig, zitierfähig, teilbar und rückverfolgbar sein.
- Nicht alle Freunde sind gleich. Online gibt es unterschiedliche Freundschaftsebenen.
- Vermeide es, wichtige Gespräche über den Beginn oder das Ende von Beziehungen, medizinische Diagnosen oder andere wichtige Lebensereignisse zu texten.
- Halte die Anzahl der Kontakte beim Schreiben von Nachrichten, E-Mails, SMS oder Posts ausgeglichen; Gegenseitigkeit gilt auch online.

Nochmals Sokrates

Erinnerst du dich an den Dreifachfilter-Test von Sokrates (Seite 147)? Was für das gesprochene Wort gilt, gilt auch für das geschriebene Wort – vielleicht sogar in noch stärkerem Maße. Wenn du dich also nicht mehr erinnern kannst, was du gerade gelesen hast, denk an die Impulskontrolle. Warte kurz!!! Bevor du jemandem etwas schickst, frage dich selbst: Ist die Information wahr? Ist sie gut oder erfreulich? Ist sie nützlich oder notwendig? Wenn das, was du sagen willst, die Filter passiert, kannst du die Nachricht senden. Andernfalls drücke auf »Löschen« und denke nochmal nach.

WAS GIBT'S ZUM ABENDESSEN?
KARTOFFEL-PÜREE!!

29

Zum Abendessen gibt es mehr als nur Kartoffelpüree

Das Gesamtbild übersehen

Asperger-Logik

Mein Lieblingsfest ist Thanksgiving. In den USA findet Thanksgiving etwa einen Monat vor Weihnachten statt und ist der offizielle Startschuss für die Wintersaison. Der Zweck von Thanksgiving ist es – offensichtlich –, für die Segnungen in unserem Leben zu danken. Aber seien wir mal ehrlich, der eigentliche Schwerpunkt des Tages ist das Thanksgiving-Essen. Wenn man jung ist, sitzt man vielleicht am »Kindertisch« mit Cousins und Cousinen, die man kaum kennt, und vielleicht auch mit ein oder zwei nervigen Geschwistern – aber all das spielt keine Rolle mehr, wenn sich die Teller mit dem köstlichsten Festmahl des Jahres füllen. Kandierte Süßkartoffeln und Maisbrotdressing, Butterkartoffelpüree, Preiselbeersoße, warme Brötchen, gebratener Truthahn, grüne Bohnen, geheime Auflaufrezepte, die nur einmal im Jahr auf den Tisch kommen ... und dann gibt es Obsttartes und Schokoladenkuchen, gewürzten Apfelwein und die ersten Weihnachtsplätzchen. Es ist ein Fest für Augen, Nase und Mund.

Achtung: Ich werde gleich wie eine Englischlehrerin klingen (ich war eine, also ist das wohl nicht allzu weit hergeholt), aber keine Sorge. Es wird schnell vorbei sein. Was würdest du sagen, war das Thema/der Gegenstand des Absatzes, den du gerade gelesen hast? Du würdest wahrscheinlich nicht allzu große Schwierigkeiten haben, mir zuzustimmen, dass ich über Thanksgiving gesprochen habe. Und du hättest recht.

Okay, nächste Frage: Was war der Grundgedanke? Das ist für einige von uns schon etwas schwieriger zu beantworten. Wir werden darauf zurückkommen.

Wenn wir zum ersten Mal diagnostiziert werden, ist eine der »autistischen Eigenschaften«, nach denen Psychologen suchen, die Faszination für Teile von Dingen, anstatt für das Ganze. So kann ein Kind zum Beispiel absolut fasziniert sein von der Art und Weise, wie eine Achse und ein Rad zusammenwirken, damit sich die Reifen drehen, aber kein großes Interesse daran haben, sich ein imaginäres Spiel mit einer Reihe von Spielzeugautos auszudenken. Oder vielleicht liebt ein Kind die winzigen Schnallen und Schuhe einer Barbie-Kleidung, aber es macht ihm nicht so viel Spaß, sich originelle Geschichten auszudenken und sie nachzuspielen. Eine autistische Person ist vielleicht erstaunt darüber, wie einzelne Noten oder musikalische Rhythmen funktionieren, oder darüber, wie sie Hunderte von Legosteinen zusammenstecken oder komplexe Puzzles zusammensetzen kann, wie sie Grammatik und Wortfunktionen enträtseln oder einzelne chemische Elemente katalogisieren kann.

Wir sehen Schönheit in diesen einzelnen Teilen und Mustern. Sie sind hypnotisch und geordnet. Sie sind schön in ihrer Einfachheit, aber auch in ihrer Komplexität. Es ist kein Wunder, dass wir uns stundenlang in all diesen Teilen verlieren können. Manchmal tun mir NTs leid. Sie wissen gar nicht zu schätzen, wie viele Muster, Verbindungen und Rhythmen ihnen entgehen, wenn sie sich immer nur auf das große Ganze konzentrieren.

Darüber hinaus sehen andere unser Interesse an Kleinigkeiten manchmal als etwas beunruhigend an. Sie sagen, dass wir, wenn wir uns in Teilen verlieren, das Gesamtbild verpassen. Das ergibt einen gewissen Sinn. Wenn wir unsere ganze Aufmerksamkeit auf die Bestandteile richten, haben wir weniger Zeit oder Energie, um uns mit dem Ganzen zu beschäftigen.

Deshalb glaube ich aber eben auch nicht, dass die eine Perspektive besser ist als die andere. Es ist wie beim Betrachten eines Mosaiks. Aus der Nähe (à la Spektrum) sind die winzigen Kacheln für sich genommen wunderschön. Tritt man zurück (NT-Welt), ist das Bild, das diese Fliesen zusammen ergeben, erstaunlich. Beide Sichtweisen sind wertvoll.

Da dieses Buch aber für uns Menschen im Autismus-Spektrum ist, möchte ich dir sagen, was andere sehen und wie wir diese »Insiderinformationen« nutzen müssen. Die NT-Welt erwartet von uns, dass wir das große Ganze sehen und so darauf reagieren, wie sie es täten.

Ammenhaie und Kartoffelpüree

Vor Jahren saß ich neben meiner Tochter und hörte zu, als sie einen Hörverständnistest machte. An diesem Tag las die Logopädin einen ganzen Absatz vor. Ammenhaie, so hörten wir, fressen dies und das, sie leben irgendwo, haben diese besondere Körperform … und so weiter und so fort, viele Informationen über diese Fische. Dann fragte sie, worum es in dem Text gegangen war. Und mein Kind wiederholte – mit fast perfektem Erinnerungsvermögen – den gesamten Absatz.

Sie erreichte bei diesem Test die volle Punktzahl – aber das hätte sie nicht tun sollen. Es war, als würde ein Diktiergerät wiedergeben, was sie gehört hatte, aber sie setzte die Teile nie wirklich zusammen. Sie hatte die Details nie wirklich zusammengezählt, um das gesamte Thema zu erkennen: Ammenhaie.

Bei einer anderen Gelegenheit nahm eine Schülerin von mir, die im Autismus-Spektrum ist, an einem Quiz teil, bei dem es darum ging, zu erklären, warum bestimmte Situationen lächerlich sind. Die Schülerin hatte recht: Es war lächerlich zu behaupten, dass jemand auf Schlittschuhen den Atlantik überquert hatte. Sie argumentierte, dass dies vielleicht auf dem Nordpolarmeer möglich war, aber nicht auf dem Atlantik, der nie zugefroren ist. Das schien mir eine gute Antwort zu sein. Bis der Psychologe, der den Test durchgeführt hatte, darauf hinwies, dass der »dumme« Teil der Frage nicht darin bestand, welcher Ozean erwähnt wurde, sondern darin, dass Menschen im Allgemeinen nicht über irgendeinen Ozean

Schlittschuh laufen. Ups. Das habe ich übersehen. Ich war selbst zu sehr in die Details vertieft, um zu erkennen, dass sowohl die Schülerin als auch ich den Grundgedanken übersehen hatten.

Kennst du den Ausdruck »den Kern einer Sache erkennen«? Es bedeutet, dass man in der Lage ist, das Wesentliche, das jemand mitteilen möchte, zu erkennen. Um genau zu verstehen, was das Wichtigste in einer Botschaft ist, lässt man alle Nebensächlichkeiten beiseite. Man könnte sagen, dass wir im Spektrum nicht zum Kern einer Sache vordringen, sondern uns auf dem Weg dorthin in kleinen Teilchen verlieren. Ein Detail erregt unsere Aufmerksamkeit, und wir können es nicht mehr loslassen. Für uns ist dieser Einzelteil der größeren Geschichte oder Idee das, was wir aus dem Gespräch mitnehmen sollen. Für die Person, die spricht (oder schreibt), haben wir uns allerdings in einem unwichtigen Detail verirrt und das Wesentliche übersehen. Das Ergebnis ist, dass sich der Sprecher ungehört fühlt (und frustriert oder traurig wird) oder wir unsere Zeit und Energie auf Informationen verschwenden, die gar nicht wichtig waren. Und das kann Beziehungen und Schularbeiten schnell ruinieren.

Womit wir wieder beim Thanksgiving-Essen wären. Das ist ein tolles Bild. Vor uns steht ein endloses Buffet mit herrlichen Speisen ... aber wir sehen kein Festmahl. Wir sehen nur die Schüssel mit dem Kartoffelpüree. Und du wirst mir zustimmen, dass es zum Abendessen viel mehr gibt als nur Kartoffelpüree.

Den Kern finden, nicht die Einzelteilchen

Informationen werden auf eine von zwei Arten vermittelt: entweder schriftlich (du nimmst sie also durch Lesen auf) oder mündlich (du nimmst sie durch Zuhören auf).

Damit eine Idee aus dem Kopf einer Person in den deinigen gelangen kann, muss eine Menge passieren. Die Person (1) muss wissen, was sie vermitteln will, und muss dann (2) sorgfältig und klar die Worte wählen, die ihren Vorstellungen oder Gefühlen entsprechen. Als Nächstes musst du zuhören (3), was gesagt wird (und dich dabei hoffentlich nicht zu sehr ablenken lassen), und dann die gehörten Worte interpretieren (4). Das ist ein mindestens vierstufiger Prozess, und das auch nur, wenn man sich dabei zwischendrin nicht verwirren lässt. Und selbst dann hast du noch nicht auf das Gesagte reagiert. Kein Wunder, dass das alles so verwirrend ist!

Was kannst du also tun, um den Hauptgedanken – das »Thanksgiving-Fest« oder den »Kern der Sache« – zu finden?

- Wenn du dich mit Freunden oder Familienangehörigen unterhältst: Nutze deine Fähigkeiten des aktiven und reflektierenden Zuhörens. So kannst du sicherstellen, dass das, was du verstehst, mit dem übereinstimmt, was der Sprecher vermitteln will.
- Blättere zurück und lies das Kapitel »Spieglein! Spieglein!« (Seite 93) zur Auffrischung nochmal durch. Übe das Gelesene.
- In der Schule: Schreibe auf, was als Nächstes kommt, wenn die Lehrkraft:
  - Informationen wiederholt
  - Informationen an die Tafel schreibt
  - eine Idee in Schritte gliedert
  - Vor- und Nachteile einander gegenüberstellt
  - Lauter spricht.
- Achte auf Signalwörter. Das sind Wörter oder Sätze, die du in der Schule oft hörst und die wie die blinkenden Lichter an Bahnübergängen funktionieren. Sie sagen dir: »Stopp! Schau! Hör zu!« Etwas Wichtiges kommt auf dich zu.
- Beim Lesen (von allem!): Das »Handlesen« ist eine Technik, die dir helfen kann, den Hauptgedanken des Gelesenen zu finden. Stelle dir vor, deine Hand sei die Information, die die andere Person mitteilen will. Du kannst diene Hand auch auf ein leeres Blatt Papier zeichnen, damit du siehst, was du tust. Benutzen dann diesen »handlichen« Informations-

organisator. Denke daran: Es muss nicht schön oder perfekt sein – es ist nur für deine Augen bestimmt.

Signalwörter

Art des Signalwortes	Beispiele	Was das Wort bewirken sollte
einleitende Informationen	– Heute sprechen wir über … – Am Ende des Tages solltet ihr wissen …	geben dir einen allgemeinen Überblick über ein Thema
Erläuternde Informationen	– aber … – trotzdem … – obwohl …	weisen auf Ausnahmen von der üblichen Regel oder dem üblichen Muster hin
Ursache/Wirkung	– Aufgrund von … – Infolgedessen …	erklären den Zusammenhang zwischen Ideen oder Ereignissen
Vergleiche/Gegenüberstellungen	– Andererseits … – Stattdessen … – Ebenso … – Doch …	zeigen Ähnlichkeiten und Unterschiede zwischen Ideen, Ereignissen oder Dingen auf
Beispiele	– Zum Beispiel … – beispielsweise … – wie zum Beispiel…	veranschaulichen; geben zusätzliche Details, die den Grundgedanken unterstützen oder beweisen
Wiederholungen oder Hervorhebungen	– Mit anderen Worten … – noch einmal … – Und vor allem …	formulieren Informationen um und wiederholen sie → Dies zeigt dir, dass die Information wichtig ist – vielleicht sogar der Hauptgedanke!
Test-Hinweise	– Nicht vergessen! Merken Sie sich … – Das wird nochmal wichtig sein.	So lassen Lehrer gesprochene Worte fett klingen, um auf mögliche Testfragen hinzuweisen
Zusammenfassung	– Alles in allem … – Am Ende … – Letztendlich …	Beenden den Vortrag

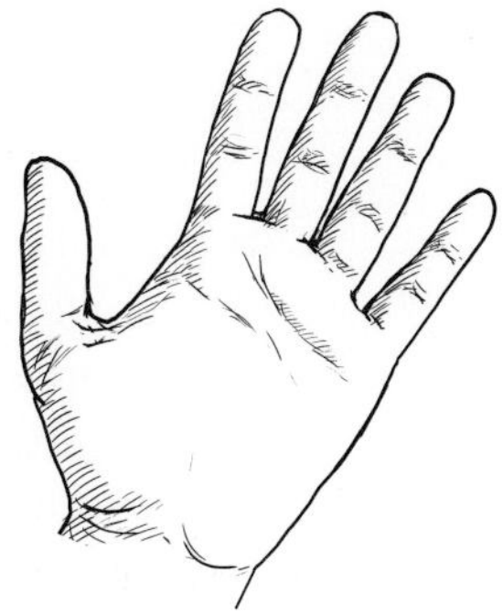

Willst du das »Handlesen« üben? Versuchen wir es mit meinem ersten Absatz aus der Thanksgiving-Geschichte. Welches Wort oder allgemeines Thema taucht immer wieder auf? »Thanksgiving«. Das ist das Hauptthema, der rote Faden.

Der Grundgedanke ist der wichtigste Punkt, den ein Autor vermitteln möchte – mehr als alles andere. Alles andere deutet auf diesen einen Gedanken hin. Wir schreiben ihn deswegen in die Handfläche, um dich daran zu erinnern, dass der Hauptgedanke für die Botschaft, die du verstehen sollst, von zentraler Bedeutung ist.

Wenn du dir über den Hauptgedanken noch nicht sicher bist, suche nach den Details, den Informationen, die zusammen ein Bild ergeben. In diesem Fall fällt auf, dass es eine Liste (mit vielen Adjektiven) aller Arten von Lebensmitteln gibt, die ich mit Thanksgiving verbinde. Es werden auch die Tische und die Gänge erwähnt. Hmmm ... wenn also die Speisen (wie Kuchen, Kartoffelpüree und Truthahn), Tische und Teller die Details sind, dann ...

Das ist er! Der Hauptgedanke: »Der eigentliche Schwerpunkt des Tages ist das Thanksgiving-Essen«.

Können wir diese Antwort untermauern? Das ist kein Problem. Unser Hauptgedanke steht im Zusammenhang mit dem Thema (Thanksgiving), und die kleinen Beweise (die Details über die verschiedenen Speisen, die Sitzordnung und das Füllen des Tellers) stützen alle die Meinung, dass das Essen und die Speisen das Hauptmerkmal von Thanksgiving sind. Und nun?

In diesem Buch geht es nicht um Schularbeiten. Und wir haben uns nicht nur seitenlang mit dem Grundgedanken beschäftigt, weil dieser mehr als jede andere Fähigkeit in der Schule getestet wird (obwohl das erwähnenswert ist). Wir haben all das getan, weil die Welt versucht, mit dir zu sprechen.

Egal, ob du einem verärgerten Freund, einem Lehrer vor einer Prüfung oder einem neuen Film zuhörst – du musst den Sinn des Gesagten verstehen. Ob du mein Buch, deinen Lieblingsroman oder Shakespeare liest – du musst in der Lage sein, alle Wörter und Ideen auf einen wichtigen Punkt zu reduzieren.

Muss-ich-wissen-Regeln

- Menschen im Spektrum sehen Schönheit in Einzelteilen; NTs ziehen es vor, sich auf das Gesamtbild zu konzentrieren.
- Die Welt erwartet von uns, dass wir den Grundgedanken oder das große Ganze verstehen.
- Aktives Zuhören (»Spieglein, Spieglein!«) und Signalwörter helfen dir, den Hauptgedanken deines Gegenübers zu verstehen.
- »Handlesen« kann dir helfen, den Hauptgedanken in einem Text zu finden.
- Du musst in der Lage sein, Informationen genau aufzunehmen, um deine eigenen Ideen und Meinungen zu untermauern.

Warum? Weil sie mit den Punkten, Argumenten oder Ideen anderer nicht übereinstimmen müssen. Du hast deine eigene Stimme. Deine eigenen Meinungen und Erfahrungen. Und du hast jedes Recht, sie zu haben. Und …

—— Die NT-Welt wird dir nur zuhören, wenn du deine Aussagen belegen kannst. ——

Wie macht man das? Indem man den Hauptgedanken erfasst. Indem du Informationen aufnimmst und sie durch deinen eigenen Verstand filterst. Egal, ob du einen Song hörst oder Wikipedia liest, du musst das Wissen anderer Leute exakt in dein Gehirn aufnehmen. Du musst herausfinden, wann sie etwas Wichtiges sagen, und das vergessen, was nicht wichtig ist. Du musst über das, was du lernst, nachdenken, es hinterfragen und dir schließlich eine eigene Meinung bilden. Das ist der Grund, aus dem du überhaupt hier bist.

30 Zicken, Petzer und Rüpel

Die eigene Stärke von Mobbern zurückholen

Asperger-Logik

Kommen wir gleich zur Sache. Glückliche Menschen haben es nicht nötig, andere zu verletzen. Mobber und Tyrannen schon. Sie sind keine glücklichen Menschen. Sie sind Feiglinge, die Menschen mit einem guten Herzen und wenigen Abwehrmechanismen ausnutzen. Wenn ich auf mein eigenes Leben zurückblicke, stellt sich heraus, dass jeder Mobber, den ich je kannte, selbst eine Menge Schmerz erlebt hatte. Jeder von ihnen suchte nach Möglichkeiten, diesen Schmerz an leichten Zielen auszulassen. An mir zum Beispiel. Nein, ich werde sie niemals entschuldigen. Aber sie tun mir wirklich leid.

Ich wünschte, ich könnte dir sagen, dass Mobbing nach der Mittelstufe oder in irgendeinem magischen Alter aufhört. Das tut es aber nicht. Solange es traurige Menschen gibt, Menschen, die Angst haben vor dem, was sie nicht verstehen, oder neidisch sind auf das, was sie nicht haben, wird es Mobbing geben. Und solange wir anders sind als die »typischen« Menschen (also für immer), werden wir ins Visier genommen oder ausgenutzt werden. Deshalb möchte ich, dass du weißt, was du gegen Mobber tun kannst. Und zwar jetzt.

Verpetzen vs. erzählen: Wie du erkennst, was was ist

Wenn du jemals die Fernsehserie »Phineas und Ferb« (eine meiner Lieblingsserien) gesehen hast, weißt du, dass Candace, die große Schwester, die darauf aus ist, ihre jüngeren Brüder zu auffliegen zu lassen, ein Spielverderber ist. Während die Jungs ihre Sommertage damit verbringen, wahnsinnig lustige Erfindungen zu entwickeln (z. B. die größte Bowlingkugel oder die höchste Seilbahn der Welt), denkt Candace darüber nach, wie sie sie in Schwierigkeiten bringen kann.

Petzt sie oder erzählt sie? Niemand möchte als Plaudertasche bezeichnet werden. Wie kannst du also den Unterschied erkennen? Ganz einfach. Es kommt auf die Motivation an. Mit anderen Worten: Was willst du? Willst du jemanden auffliegen lassen (à la Candace) oder brauchst du wirklich Hilfe? Es ist eigentlich ganz einfach:

— Verpetzen soll jemanden in Schwierigkeiten bringen. Erzählen dient dazu, jemandem zu helfen (auch sich selbst!). —

Aber … Achtung, Fallstrick! Wir mögen Regeln – sie sorgen dafür, dass sich die Welt geordneter anfühlt. Wir möchten, dass sich jeder die ganze Zeit an die Regeln hält. Das Problem ist nur, dass das niemand tut. Und andere Leute wollen nicht, dass man ihnen sagt, wie sie sich zu verhalten haben. Auch wenn du es nicht so meinst, wenn du Gleichaltrige meldest, die gegen Regeln verstoßen, aber niemanden verletzen, werden sie dich als Verräter ansehen. Denk daran: Versuche nicht, andere zu kontrollieren. Du bist nur für das verantwortlich, was du tust. Spiel also nicht den »Polizisten«, es sei denn, jemand könnte verletzt werden oder wird schikaniert (siehe unten). Lass einen Erwachsenen die Autorität übernehmen. Bei Mobbing geht es um Macht. Es geht darum, sie zu bekommen und sie zu behalten. Wenn man von Mobbing erzählt, nimmt man den Mobbenden die Macht und holt sie sich zurück. Es lehrt die Welt, wie sie dich behandeln soll.

Mobber und Tyrannen nutzen ihre Macht, um dich (und andere Kinder) zum Schweigen zu bringen. Egal, ob es sich um den Schläger handelt, der auf der Toilette Köpfe tunkt, oder um das Alphakind, das die Gästeliste aller Partys kontrolliert – Mobber verlassen sich darauf, dass Unbeteiligte nichts unternehmen. Sie beschimpfen jeden, der sich einmischt, als »Verräter« und »Petze« oder bedrohen ihn.

Meistens spielen alle mit. Aber das sollten sie nicht. Und das solltest auch du nicht. Solange Kinder den Unterschied zwischen Erzählen und Petzen nicht kennen oder nicht mutig genug sind, ihre Meinung zu sagen, haben Mobber weiterhin das Sagen.

WAS IST ALSO NICHT IN ORDNUNG? MOBBING UMFASST:

- Hänseleien, Beschimpfungen, Beleidigungen
- Schubsen, Schlagen usw.
- Drohungen (jeglicher Art)
- Lügen, Geheimnisse erzählen oder Klatsch verbreiten (persönlich oder online)
- Hab und Gut anderer stehlen
- Ausgrenzung (Leute ausschließen, anderen sagen, dass sie nicht mit jemandem befreundet sein sollen)

— Mobbing geschieht mit Absicht. Mobber machen ihre schmutzige Arbeit dort, wo sie nicht erwischt werden können. Sie erwarten, dass ihr Opfer – und andere Kinder, die zusehen – zu eingeschüchtert sind, um es einem Erwachsenen zu sagen. Überrasche sie. Tu etwas. —

Okay, aber was soll ich tun?

Fangen wir mit dem an, was du nicht tust. Glaube nicht, was andere Leute über dich sagen. Die Menschen, die am wenigsten über dich wissen, haben immer am meisten zu sagen.

Nun zu dem, was du tun solltest. Wenn jemand gemein zu dir ist, ist die beste erste Verteidigung, cool zu bleiben. Das Ziel des Piesackers ist es, dich zu verärgern, also lass es dir nicht anmerken. Schau ihn direkt an … halte inne (ohne Reaktion) … und dann schau weg und fahre mit dem fort, was du gerade getan oder gesagt hast. Du hast die Botschaft gesendet, dass du die Bemerkung gehört hast, aber nicht die Absicht hast, sie zu würdigen, und du hast nichts getan, um die Situation eskalieren zu lassen.

Wenn das Verhalten jedoch anhält oder du körperlich in Gefahr bist, ist es an der Zeit, die Machtverhältnisse *sofort* zu ändern.

Überprüfe deine Fähigkeiten zur Selbstbestimmung (siehe Kapitel »Aufrecht stehen«, Seite 235). Wähle einen Erwachsenen, dem du vertraust, und hole dir Hilfe. Oh, und übrigens: Die alte Antwort »Ignoriere es und es wird verschwinden« funktioniert nicht. Zumindest nicht sehr lange. Das ist ein Spruch, den uns unsere Eltern beigebracht haben, und ein Erwachsener wird ihn dir gegenüber vielleicht auch wiederholen. Frage in diesem Fall nach einer anderen Lösung (sag z. B.: »Oder was

Muss-ich-wissen-Regeln

- Autisten sind oft ein bevorzugtes Ziel für Mobber, weil wir anders sind und uns oft nicht wehren können.
- Petzen ist dazu gedacht, jemanden in Schwierigkeiten zu bringen. Erzählen ist dazu gedacht, jemandem zu helfen (auch sich selbst).
- Du bist nur für das verantwortlich, was du tust. Sei nicht der »Polizeibeamte«, solange niemand verletzt werden könnte oder schikaniert wird.
- Bei Mobbing geht es darum, dir Stärke zu nehmen. Wenn du drüber sprichst, erlangst du sie zurück.

könnte ich sonst noch versuchen?«), oder wende dich an einen Erwachsenen in der Schule.

Denke vor allem daran, dass dies auch deine Welt ist. Maya Angelou, eine Dichterin, sagte: »Ich kann mich durch das, was mir passiert, verändern, aber ich weigere mich, mich dadurch kleinmachen zu lassen.« Du bist der Held in deiner eigenen Lebensgeschichte. Jetzt geh raus und finde etwas Gerechtigkeit für dich.

31 Durch andere Augen betrachten

Über sich selbst lachen, ohne sich zum Gespött zu machen

Asperger-Logik

Während des größten Teils der Menschheitsgeschichte haben sich die Menschen auf polierten Stein oder die ruhige Oberfläche eines Teichs verlassen, um ihr eigenes Spiegelbild zu sehen. Fast 200.000 Jahre Gesichter. Und die meisten von ihnen würden sich selbst nie sehen. Sie sahen nie ihre eigenen Augen, ihr Lächeln oder ihr Kinn. Die kleinen Teile ihrer selbst, die alle anderen sehen konnten. Erst vor weniger als 200 Jahren wurde ein gewöhnlicher, erschwinglicher Spiegel erfunden, der den Luxusgegenstand aus den Händen der Reichen nahm und ihn dem Rest der Welt überließ. Plötzlich konnte man sich selbst klar in die Augen sehen. Dank des Spiegels konnte man sehen, dass man ein Gesicht, einen Körper, ein Selbst hatte, das genauso menschlich war wie das aller anderen.

Hast du schon einmal versucht, deine eigenen Augenbewegungen im Spiegel einzufangen? Natürlich geht das nicht, aber ich habe es versucht. Es scheint, als sei das Gesicht, das du siehst, jemand anderes, nicht wahr? Dass man selbst »losgelöst« (statt angehängt) von seinem eigenen Spiegelbild ist. Dass du nicht wirklich ein und derselbe bist. Und doch bist du da. Ein Geist hinter einem Gesicht, das von jedem gesehen wird, den du

JEPP...
DIE SCHWERKRAFT FUNKTIONIERT NOCH!

triffst. Aber was um Himmels willen hat das alles mit Lachen zu tun? Eigentlich eine ganze Menge.

Schon kleine Kinder lachen über Slapstick oder physische Komik – was glaubst du, warum Töpfchen-Humor und zermatschte Torten im Gesicht in Kinderfilmen so beliebt sind? Es ist einfach, die Albernheit eines Kerls mit Schlagsahne im Gesicht zu »verstehen«. Mein zweijähriger Sohn würde darüber lachen. Auf der höheren Stufe der Komödienleiter steht jedoch das Lachen, das über eine unerwartete Situation und nicht über eine Handlung entsteht. Ich gebe dir mal ein Beispiel.

Ich war Cheerleaderin am College. In einer Saison war es für unsere Trainerin besonders schwierig, die Mädchen pünktlich zum Training zu bringen. Also gab sie bekannt, dass jede, die zu spät zum nächsten Training kam, das nächste Spiel aussetzen musste – in voller Uniform, für alle sichtbar. Bis zu diesem Zeitpunkt war ich noch nie zu spät zum Training gekommen. Trotzdem wollte ich mein Glück nicht herausfordern. Als wir das nächste Mal trainieren sollten, ging ich früh zum Abendessen, damit ich mir keine Sorgen machen musste, bis zur Startzeit um 18:30 Uhr im (ziemlich weit entfernten) Athletic Center zu sein. Während ich im Speisesaal saß und in aller Ruhe aß, kam ein Freund einer meiner Cheerleader-Freundinnen auf mich zu und fragte, warum ich nicht beim Training sei. Ich schaute auf, aber es war erst 17:45 Uhr. Wozu die Eile?

Die Eile bestand darin, dass ich mich geirrt hatte. Das Training war um 18 Uhr und mindestens 20 Minuten Fußweg entfernt. Und es war dunkel. Und es regnete. Und es war wirklich kalt. Verdammt. In Sekundenschnelle war ich aus der Tür, die Jacke zum Schutz über dem Kopf. Ich rannte den gepflasterten Bürgersteig hinunter, wich anderen Studierenden aus, und da, wie ein Leuchtfeuer der Hoffnung, sah ich vor mir die Scheinwerfer des Campus-Shuttles, der an seiner Eckhaltestelle vorfuhr. Wenn ich es schaffte, würde ich pünktlich zum Training kommen. Also gab ich alles und rannte auf den Bus zu, bis ich dachte, meine Lungen würden platzen. Ich erreichte die Ecke, während der Bus noch im Leerlauf war, packte den Griff und öffnete die Tür auf und warf mein durchnässtes Ich hinein, wobei ich durch strähnige, nasse Haare keuchte: »Athletic Center, bitte!« Es herrschte Stille. Und als ich die nassen Haare aus meinen Augen bekam, wurde mir klar, dass die Stille dem völligen Schock der Passagiere um mich herum geschuldet war. Offenbar handelte es sich bei dem Wagen, in den ich gerade eingestiegen war, nicht um den Shuttle der Universität. Es war nur das Auto irgendeiner Familie, die zufällig vorbeigehfahren war. Und ich, ein seltsamer, triefender, schreiender Cheerleader, hatte mich einfach hineingeworfen. Grandios.

Ja, ich bin zu spät zum Training gekommen. Aber nein, sie haben mich nicht aussetzen lassen. Die Geschichte war zu witzig.

Jetzt: Ehrlichkeitscheck. Hast du gerade gelacht? Oder fandest du die Geschichte zumindest amüsant? Ich hoffe es sehr, denn das ist eine meiner besten Geschichten über peinliche Momente. Und um auf unseren früheren Punkt zurückzukommen: Der Humor – der Witz – liegt in der unerwarteten Situation. Ich (und du) haben nicht erwartet, dass ich am Ende im Minivan eines Fremden sitze. Das beabsichtigte Ergebnis ist nicht eingetreten. Es gab einen Fehler, ein Versagen, einen Irrtum.

Du hast also im Grunde nur über mein Versagen gelacht. Aber das ist schon in Ordnung. Über meinen Fehler zu lachen ist nicht dasselbe, wie über mich zu lachen.

Die NT-Welt betrachtet das Lachen über die eigenen Fehler als die »höchste« Form des Humors, denn es erfordert, dass wir hinter uns selbst zurücktreten und uns durch die Augen einer anderen Person sehen. Es ist, als würde man ein anderes Gesicht sehen, wenn man in den Spiegel schaut. Oder auf einem Foto. Sich selbst als eine andere Person zu sehen.

Die Wahrheit: Wenn man es nur mit eigenen Augen sieht, ist das Leben viel weniger lustig. Wenn ich nur die Tatsache betrachte, dass ich nass war, im Auto eines Fremden saß und zu spät zum Training kam, dann ist das nicht lustig! Es ist eigentlich ziemlich erbärmlich. Wenn man es aber aus der Sicht der Leute im Auto betrachtet, nun, nachdem sie ihren Schock überwunden hatten, lachten sie wie verrückt über die Überraschung. Sogar meine Trainerin lachte, als ich triefend – aber mit einer ziemlich tollen Geschichte – ankam. Aus ihrer Sicht war das unbezahlbar.

Unterschiedliche Perspektiven offenbaren Fehler, absurde Situationen, Unzulänglichkeiten und Schwächen, die, nun ja, lustig sind. Um den Humor zu erkennen, um über uns selbst zu lachen, müssen wir von uns selbst einen Schritt zurücktreten. Schließlich bist du nicht deine Fehler.

Wozu die Mühe?

Sich selbst so zu sehen, wie die Welt uns sieht, ist schwer – für jeden. Wozu sich also die Mühe machen? Wozu sollten wir uns die Mühe machen, auf unsere eigenen Kosten zu lachen? Nun, es ist nicht wirklich auf unsere Kosten. Das ist sozusagen der Schlüssel. Wir machen uns nicht selbst schlecht oder schikanieren uns. Ich möchte dich nur bitten, dir zu überlegen, welche alberne Überraschung du sehen könntest, wenn du dich aus der Perspektive einer anderen Person betrachtest.

> **—— Eine Handlung mag lustig sein. Eine Person ist es nicht.**
> **Der Witz ist, was du getan hast, nicht wer du bist. ——**

Das Leben – oder sich selbst – zu ernst zu nehmen, macht keinen Spaß. Es wird dir auch in der Welt nicht viel nützen. Und warum? Dafür gibt es mehrere Gründe:

- Lachen tut gut. Es ist gesund. Es senkt den Blutdruck und hebt die Laune. Und wenn du über dich selbst lachen kannst, wirst du nie ohne eine Quelle der Erheiterung sein. Denn wenn du eine Aufmunterung brauchst, hast du ja immer dich selbst.
- Wer über sich selbst lachen kann, wirkt sicher, selbstbewusst, stark und sympathisch. Menschen, die in Bezug auf sich selbst unsicher sind, haben das Bedürfnis, andere zu beeindrucken, zu prahlen, sich aufzublasen. Niemand ist gerne in der Nähe eines Angebers. Selbstbewusste Menschen hingegen haben es nicht nötig, sich aufzuspielen. Sie sind sich ihres eigenen Wertes bereits sicher und müssen niemandem etwas beweisen.

- Lachen macht dich sympathisch. Eine Person, die keine Angst hat, sich selbst auf die Schippe zu nehmen, schafft eine Verbindung zu allen Zuhörern. Jeder hat sich schon mal blamiert, ist an etwas gescheitert oder hat sich irgendwann mal dumm angehört. Jeder! Wenn du selbstironischen Humor verwendest (über deine eigenen Fehler lachst), zeigst du, dass du genau wie alle anderen bist – auch du weißt, wie es ist, Fehler zu machen.
- NTs wollen Menschen kennenlernen und mit denen zusammen sein, mit denen sie sich identifizieren können. Sie mögen keine unsicheren oder hochnäsigen Menschen. Viele neurodiverse Menschen tun das übrigens auch nicht!
- Niemand kann über dich lachen, wenn du bereits lachst. Wenn du stolperst und alle deine Bücher fallen lässt, werden die Leute lachen. Es ist unerwartet, und erwartete Situationen sind entweder beängstigend, komisch oder lustig. Wenn du zu sehr darauf bedacht bist, cool oder perfekt auszusehen, wirst du nicht lachen, wenn du stolperst. Du wirst dich schämen und wütend oder frustriert sein. Dann wird man über dich lachen. Wenn du aber deine eigenen Fehler akzeptierst und über deine Fehler lachst (weil sie vielleicht wirklich lustig sind), kann man nur mit dir lachen.
- Alles könnte schlimmer sein. Nimm jeden Fehler als das, was er ist, und nicht mehr.

So oft wird Menschen mit Autismus gesagt, sie sollen lockerer werden. Sie sollen das Leben etwas weniger ernst nehmen. Und die Wahrheit ist, dass du bei den ersten tausend Malen, die du diesen Ratschlag hörst (vor allem, wenn du einen großen Fehler gemacht hast), wahrscheinlich kein Interesse daran haben wirst, einen Schritt zurückzutreten oder etwas aus der Perspektive eines anderen zu sehen. Wenn du peinlich berührt oder verärgert bist und das Gefühl hast, dass die Leute über dich lachen, kannst du wahrscheinlich nicht erkennen, wie eine Situation überhaupt lustig sein kann. Wenn du dich jedoch von dem momentanen Unbehagen lösen kannst, lachst du vielleicht über die peinlichsten Momente deines Lebens.

Trotzdem, von einer autistischen Person zur anderen, eine kleine Warnung. Mach dich nicht über deinen eigenen Schmerz lustig, nur damit es nicht so schlimm ist, wenn andere dich verletzen. Das ist falsch. Es ist eine Lüge, und sie funktioniert nicht. Die Arten von Beziehungen, die du willst oder brauchst – mit Lehrern, Freunden, Dates, Familie – basieren auf Respekt. Wenn du dich zum Klassenclown machst, wirst du nur ausgelacht, aber das bringt dir keinen Respekt ein. Denke daran: Du bist nicht die Witzfigur.

Weißt du, mir ist etwas Seltsames aufgefallen. Oft lacht jemand, nachdem er tief geweint hat. Wenn jemand wirklich viel lacht, wird er in Tränen ausbrechen. Und manchmal, wenn die traurigen Gefühle zu überwältigend sind, lacht er vielleicht zu einem völlig unpassenden Zeitpunkt.

Muss-ich-wissen-Regeln

- Über deine Fehler zu lachen ist nicht dasselbe wie, über dich als Person zu lachen.
- Die NT-Welt betrachtet das Lachen über die eigenen Fehler als eine der »höchsten« Arten von Humor.
- Eine Handlung mag lustig sein. Eine Person ist es nicht. Der Witz ist, was du getan hast, und nicht, wer du bist.
- Mache dich nicht über deinen eigenen Schmerz lustig, nur damit es nicht so schlimm ist, wenn andere dich verletzen. Das funktioniert nicht, und es kostet dich Selbstachtung.
- Diejenigen, die über sich selbst lachen können, wirken sicher, selbstbewusst, stark und sympathisch.
- Eine Person, die sich nicht scheut, sich selbst zu veräppeln, schafft eine Verbindung zu allen Zuhörern.
- Niemand kann über dich lachen, wenn du bereits lachst.

Mir scheint, dass Lachen und Weinen sehr eng miteinander verbunden sind – die natürliche Art unseres Körpers, mit starken Gefühlen umzugehen.

Stelle dir mal vor, dass die Welt nicht aus kristallklaren Spiegeln besteht, die nur unser ernstes Ich reflektieren. Vielleicht ist sie voll voller Zerrspiegel, die uns die Albernheit anderer Perspektiven zeigen.

Versuche, dich in die Rolle eines Beobachters zu versetzen, der dir dabei zusieht, was du getan hast. Ist es lustig? Ehrlich? Lass die Welt sehen, dass wir eigentlich gar nicht so anders sind – dass wir keine Angst haben, hin und wieder etwas zu vermasseln. Wir glauben nicht, dass wir besser sind als andere, und wir wissen, dass wir nicht schlechter sind als andere. Wir wissen, dass unsere Fehltritte uns nicht zu Verlierern machen, sondern zu Menschen. Und manchmal machen sie uns lustig. Sei also echt. Sei glaubwürdig. Sei du selbst.

Und lache.

32 Post-its

Kleine Zettelchen der Wahrheit in Post-it-Größe

Nett sein

Sogar „Entschuldigung“ wird zu einer Unterbrechung, wenn du es immer wieder sagst.

Sage „Danke“, wenn jemand etwas Hilfreiches oder Nettes tut/sagt, wozu er nicht verpflichtet war.

Halte anderen die Tür auf.

Wenn sich eine Tür öffnet, warte, bis alle hinausgegangen sind, bevor du hineingehst.

Pünktliche Abfahrt ist genauso wichtig wie pünktliche Ankunft.

„Wann gehst du?“ kommt besser rüber als „Wie lange wirst du bleiben?“.

Pünktlichkeit bedeutet, dass du zuverlässig und verantwortungsbewusst bist. Zu spät zu kommen zeigt, dass du respektlos oder unorganisiert bist.

Sag „Entschuldigung“, wenn du dich jemandem näherst oder an ihm vorbeigehen musst, auch wenn du die Person nicht wirklich berührst.

Beantworte nur Fragen, die an dich gerichtet sind.

Telefonische Nachrichten sollten kurz und prägnant sein – es ist eine Nachricht, kein Gespräch.
Sag, wer anruft, wen du zurückrufen möchtest, und wie du zu erreichen bist.

Wenn du zu einem Termin mehr als zehn Minuten zu spät kommst, rufe die andere Person an.
Das zeigt, dass du die Zeit der anderen Person wertschätzt.

Wähle an öffentlichen Orten (wie Kinos oder Restaurants), wo der Platz es zulässt, einen Tisch oder Sitzplatz, der nicht zu nah an anderen ist.
Andernfalls haben die Leute möglicherweise das Gefühl, dass du versuchst, dich in ihre Gespräche einzumischen.

Erscheine etwa fünf Minuten vor einem geplanten Treffen, aber nicht mehr als zehn Minuten zu spät.

Du hast zwei Ohren und einen Mund. Verwende sie im Einzelgespräch im Verhältnis 2:1.
Höre etwa zwei Drittel der Zeit zu.
Sprich ein Drittel der Zeit.

Du kannst dich langweilen, ohne es zu zeigen. Gähnen, während jemand anderes spricht ist respektlos.

Denke beim Warten in der Schlange daran, einen „Hula-Hoop"-Abstand zwischen dir und den Leuten um dich herum zu lassen. Beim Warten in einer Apotheke oder beim Arzt lässt du noch etwas mehr Abstand.

Mit den Augen zu rollen sendet die Botschaft aus, dass du denkst, dass du „besser" bist als dein Gegenüber.

Bleib im Raum, wenn jemand mit dir spricht (auch wenn du aus einem anderen Raum weiter zuhören könntest).

Wenn du etwas ausleihst, behandle es besser als dein Eigentum. Bringe es bald zurück – unaufgefordert – und stelle sicher, dass nichts kaputt ist. Wenn du die Sache beschädigt hast, ersetze sie.

Wenn du jemandes Hilfe brauchst, gehe zu ihm. Rufe nicht an (oder warte darauf), damit er zu dir kommt.

Frage, bevor du Dinge berührst, die anderen gehören – gehe nie davon aus, dass es ihnen nichts ausmacht. Sich selbst zu beherrschen zeigt Respekt und gute persönliche Grenzen.

„Ich"-Sätze kommen besser rüber als „Du"-Sätze. („Es macht mir nichts aus, einmal pro Woche zu teilen" vs. „Du leihst dir meine Sachen zu oft aus.")

„Aber ich war nur ..." oder „Aber ich wollte nur ..." ist kein Grund, gegen eine Regel zu verstoßen oder Anweisungen nicht zu befolgen. Es ist eine Ausrede, die als logisches Argument getarnt werden soll.

Wenn die Körper zweier Personen nahe beieinander sind und ihre Stimmen leise wirken, gehe davon aus, dass sie etwas besprechen, das sie privat halten möchten. Kein guter Zeitpunkt, um ins Gespräch einzusteigen.

Frage im Café oder in der Mensa, bevor du sich hinsetzt: „Ist dieser Platz noch frei?".

Wecke niemanden, der schläft, weil du eine Frage hast oder etwas brauchst. Warte, bis alle wach sind.

Sprich, schrei nicht. Niemand hört auf Geschrei. Alle lauschen dem Flüstern.

Es ist unhöflich, sich selbst zu jemandem nach Hause oder zu einer Party einzuladen.

Lass Schubladen und Schranktüren geschlossen, es sei denn, es sind deine.

Wenn du weißt, dass du die Hilfe einer anderen Person benötigst, gib rechtzeitig Bescheid. Die Person hat wahrscheinlich noch andere Verpflichtungen, als dir zu helfen, und kann nicht alles andere stehen und liegen lassen.

Sprich Erwachsene immer mit ihrem vollen Namen an (Dr. oder Herr XY), sofern sie nichts anderes sagen.

Wenn du vorhast, einen Termin abzusagen (für einen Haarschnitt, bei einem Arzt usw.), versuche, mindestens 24 Stunden im Voraus Bescheid zu geben, damit das Zeitfenster ausgefüllt werden kann und der Fachmann kein Geld verliert.

Wenn dir jemand etwas zuflüstert, möchte er privat oder diskret sein. Antworte sehr leise oder zucke mit den Schultern, um zu zeigen, dass du ihn nicht verstanden hast. Antworte oder frage nicht so laut, dass jeder es hören kann.

Warte ab, bevor du mehrere E-Mails sendest. Versuche, wenn möglich, die Infos zu einer einzigen, gründlichen und auf den Punkt gebrachten Notiz zusammenzufassen. Das wird der Empfänger einem Posteingang voller zerstückelter Kleinigkeiten vorziehen.

Wenn du sagen musst: „Erzähle das niemandem ...", solltest es auch niemandem sagen.

Es ist großartig, wenn Menschen, denen du begegnest, freundlich und einladend wirken. Denke aber daran: Das ist eine Bekanntschaft, keine Freundschaft.

Rufe an oder schreibe eine Nachricht, bevor du bei jemandem zu Hause vorbeischaust. Überraschungsbesuche können andere verunsichern.

Wenn du dir nicht sicher bist, ob etwas, das du weißt, geheim gehalten werden soll, teile es nicht.

Wenn ein Freund Zeit mit anderen verbringt, heißt das nicht, dass du nicht mehr erwünscht bist. Niemand kann (oder sollte) alle Freundschaftsbedürfnisse eines anderen erfüllen.

Einen Freund dazu zu bringen, sich zwischen dir und einem anderen Freund zu entscheiden, ist ein sicherer Weg, „abserviert" zu werden.

Warte ab, bis du eingeladen wirst.
Wenn du darum bittest, zu jemandem nach Hause oder auf eine Party eingeladen zu werden, fühlt sich die andere Person unter Druck gesetzt und unwohl.

Schaue dir TV-Sendungen für Teenager ganz genau an.
Beobachte, wie sich Charaktere kleiden, um eine Vorstellung davon zu bekommen, was beliebt ist. Beachten, wie sie einander Fragen stellen, um die Unterhaltung am Laufen zu halten.

Sprich mit deinem Freund, bevor du seine(n) Ex nach einem Date fragst.

Habe einen Plan, wenn ein Freund vorbeikommt, um abzuhängen.
Eine Aktivität (alles vom Keksebacken bis zum Bauen von Legos) gibt euch Gesprächsstoff.

Jemand, der die Geheimnisse anderer Menschen verrät, wird auch deine verraten.

„Ich rufe dich an" bedeutet nicht immer, dass die andere Person das auch tatsächlich tut.

Gedankenlesen

Niemand weiß, was du willst, brauchst oder magst, es sei denn, du sagst es. Was für dich offensichtlich ist, ist für alle anderen nicht offensichtlich (und umgekehrt).

Frage nach, wie anderen geholfen werden soll, anstatt zu entscheiden, was sie brauchen.
Deine guten Absichten können übergriffig oder anmaßend wirken, wenn du dies nicht tust.

Wechsle nicht das Programm auf dem Fernseher, wenn andere Personen die Sendung ansehen.

Gleiches gilt für Musik. Vielleicht gefällt jemand anderem das Lied, schalte nicht einfach um.

Gib Ratschläge, wenn dich jemand darum bittet – aber nur, wenn du danach gefragt wirst. Sonst ist es rechthaberisch.

Nachdem du den Hörer aufgelegt hast, teile die Neuigkeiten den anderen Personen im Raum mit. Niemand sonst weiß, was am Telefon gesagt wurde, es sei denn, du sagst es ihnen.

Mit den Gedanken abschweifen und Denken sehen gleich aus.
Sag „Ich denke darüber nach, was ich sagen möchte", wenn du Zeit brauchst. Sonst denken andere Leute, dass du nicht aufpasst und nicht zuhörst.

Verwende Namen, keine Pronomen (er, sie, es, sie usw.). „Er hat es" hilft den Zuhörern nicht, sich vorzustellen, was du vor Augen hast.
Sage „Mike" oder „Kevin" statt „er" und „das Telefon" oder „das Auto" statt „es".

Bevor du sprichst oder schreibst, stelle dir das Bild vor, das die andere Person bei deinen Worten sehen soll. Gib ihr die Informationen, die sie benötigt, um zu „sehen", was du tust (wer, wo, Anzahl, Farbe, wann).

Wenn jemandes Körper beschäftigt ist, ist es wahrscheinlich auch sein Geist.
Wähle für wichtige Gespräche eine andere Zeit.

Frage nach, wie du helfen kannst, anstatt davon auszugehen, dass du weißt, was jemand anderes am hilfreichsten finden würde.

Von Kopf bis Fuß

Körperveränderungen, -funktionen oder -beschwerden lassen sich am besten privat besprechen (zu Hause, mit einem Arzt, Elternteil oder Freund, den du gut kennst).

Betätige die Spülung.

Für Jungs:
Lasst mindestens ein Urinal zwischen euch und einer anderen Person offen, es sei denn, jede ist besetzt.

Wische den Waschbeckenschrank nach dem Händewaschen mit einem Einwegtuch trocken.
Es ist unangenehm für die nächste Person, an ein nasses, unordentliches Waschbecken zu kommen.

Es ist unhöflich, sich selbst zu jemandem nach Hause oder zu einer Party einzuladen.

Badezimmerabfälle kommen in den Mülleimer.
Wickle alles Persönliche, Verschmutzte oder Klebrige in Toilettenpapier ein, bevor du es entsorgst.

Halte deine Hände außerhalb deiner Kleidung und bei dir.

Spüle deine Zahnpasta nach dem Zähneputzen im Waschbecken weg, anstatt sie im Waschbecken trocknen zu lassen.
Die Leute wollen nichts sehen, was in deinem Mund war.

Jeder pupst mal. Und andere Leute bemerken es, auch wenn du nicht glaubst, dass sie es merken. Entschuldige dich (höchst höflich), um kurzzur Toilette zu gehen, oder sag „Entschuldigung", wenn es bereits passiert ist.

Du schaffst das

Wenn du willst (oder erwartest), dass etwas passiert, und es nicht passiert, sprich es an. Frage nach, ob du etwas dafür tun kannst.

Wenn du nicht willst, dass etwas passiert, und es passiert, sprich es an. Bitte jemanden, dem du vertraust, um Hilfe.

Wenn du jemandem etwas nicht ins Gesicht sagen würdest, sag es nicht über denjenigen.

Unfälle und Missgeschicke passieren. Manchmal ist niemand schuld.

Sag, was du von jemandem brauchst, nicht, was das Problem ist (versuche es mit „Bitte rücke ein Stück zur Seite" statt „Ich kann den Fernseher nicht sehen". Oder „Kann ich ein zweites Glas haben?" statt „Ich habe keinen Saft mehr").

Versuche, deine Lautstärke an die Lautstärke anderer, die sprechen, anzupassen.

Wenn wir vergesslich sind, senden wir die Botschaft aus, dass die Gefühle anderer Menschen keine Rolle spielen. Wenn du das nächste Mal eine Nachricht, eine Aufgabe, E-Mail liest, eine Voicemail erhältst oder auf eine Aufgabe aufmerksam wirst, die du erledigen musst, ergreife sofort ein paar Maßnahmen.

Wenn du wütend bist, sag es. Es ist in Ordnung, wütend zu sein. Es ist nicht in Ordnung, gewalttätig, gemein oder verletzend zu sein. Es ist auch nicht in Ordnung, die Wut herunterzuschlucken – sie wird nur später explodieren.

Gib bei allem, was du tust, dein Bestes. Egal, wozu du fähig bist, andere denken, dass die Arbeit, die sie bei dir sehen, das Beste ist, was du tun kannst.

Nur weil dir etwas gerade am wichtigsten ist, heißt das nicht, dass es das Wichtigste überhaupt ist.

Gib deine Macht nicht ab, indem du die Meinung einer Person deine Entscheidungsfindung beeinflussen lässt.

Gefühle sind Adjektive: „Ich fühle …“ (siehe Gefühlstabelle unten!). Eine (immer umstrittene) Idee, ein Gedanke oder eine Meinung (KEIN Gefühl) folgt auf „Ich fühle mich wie/dass …“

Sehr wenig auf der Welt ist tatsächlich „nie“ oder „immer“. Versuche, diese Wörter zu vermeiden.

Gefühle können nicht falsch sein, aber die Gedanken, die zu ihnen führen, können es sein. Überprüfe, ob deine Ideen korrekt sind, bevor du reagierst.

Ratschläge sind keine Beleidigung deiner Intelligenz. Sie sind nur eine zusätzliche Perspektive, die du vielleicht (oder auch nicht) nützlich finden kannst.

Es ist in Ordnung, etwas nicht zu wissen, aber es ist nicht in Ordnung, etwas gar nicht erst zu versuchen.

Alles wird einfacher. Das verspreche ich.

Übungssitzungen

Nachdem du nun das (geheime) Regelbuch gelesen hast, ist es an der Zeit, diese Erwartungen in die Tat umzusetzen. Du wirst nun sechs soziale Situationen zu sehen bekommen, die sich nach und nach entwickeln. Manchmal werden die Dinge reibungslos verlaufen. In anderen Fällen hätten andere Entscheidungen besser funktioniert. Überlege, welche Entscheidungen du treffen würdest und warum.

Achte bei der Lektüre auch auf unsere drei berüchtigten Fallstricke:

- Gedankenblindheit (keine Berücksichtigung anderer Perspektiven)
- Impulsivität (Sprechen oder Handeln, ohne an die Folgen zu denken)
- Schwarz-Weiß-Denken, Alles-oder-nichts-Denken (auch als ungekochte Spaghetti bekannt)

Okay, Freunde des Spektrums, ich weiß, dass ihr bereit seid. Lehnt euch zurück, beobachtet, was passiert, und denkt über die Möglichkeiten nach. Fragt euch: »Was ist gut gelaufen, was hätte besser sein können – und wie werde ich mit solchen Situationen in meinem Leben umgehen?«

#1 Der Grundgedanke

Fazit nach dem Spiel

Was lief gut und was hätte besser laufen können?

GUT: Der Gastgeber begrüßte seine Besucherin an der Tür und bat sie herein – ein guter Anfang.

VERBESSERUNGSWÜRDIG: Seine Korrektur bezüglich der Familienmitglieder war nicht notwendig (Dreifachfilter!) und hat die Besucherin vielleicht sogar in Verlegenheit gebracht. Noch wichtiger ist, dass es seine Aufgabe als Gastgeber ist, seine Mutter und seinen Bruder seiner Freundin namentlich vorzustellen (und umgekehrt) und sie nicht fragen zu lassen.

Wenn jemand noch nie an einem Ort war, den du gut kennst (z.B. dein Haus), solltest du den Besucher begleiten – drehe ihm nicht den Rücken zu und lass ihn sich verloren fühlen. »Komm mit in die Küche, dann kann ich uns etwas zu trinken holen, wenn du magst«, hätte dem Gast das Gefühl gegeben, dass er sich in einer unbekannten Umgebung sicher und willkommen fühlt.

#2 Wähle und wähle

Fazit nach dem Spiel

Was lief gut und was hätte besser laufen können?

GUT: Alles! Das neue Mädchen wollte ihre Freunde auf der Grundlage ihrer eigenen Erfahrungen mit ihnen auswählen und nicht auf der Grundlage dessen, was andere Leute sagen. Sie ging ein großes (aber kluges) Risiko ein. Sie setzte sich öffentlich für jemanden ein, der sich ziemlich schlecht fühlte, und erinnerte sich daran, dass es vor allem auf die Qualität – und nicht auf die Quantität – der Freunde ankommt, die wir haben.

VERBESSERUNGSWÜRDIG: Nichts. Außer der lausigen Einstellung des anderen Mädchens.

#3 Polizeibeamter

Fazit nach dem Spiel

Was lief gut und was hätte besser laufen können?

GUT: Dieses Kind kümmert sich um seine Aktivität, zeigt Respekt vor seinem Lehrer und arbeitet hart.

VERBESSERUNGSWÜRDIG: Es ist bereits eine Autoritätsperson anwesend; im Studio ist es der Trainer. Wenn andere Kinder weiterhin Mist bauen, wird er sie (irgendwann) ermahnen. Die Aufgabe unseres Freundes ist es, an seinen Karate-Bewegungen zu arbeiten, nicht der »Polizist« zu sein und den anderen Kindern zu sagen, was sie zu tun oder zu lassen haben (was dem Trainer den Eindruck vermitteln könnte, dass niemand auf seine Ansagen hört).

Wenn das schlechte Verhalten anhält, ohne dass es korrigiert wird, hat man jedes Recht (Selbstbestimmung), nach dem Unterricht zum Trainer zu gehen – unter vier Augen – und (ohne Namen zu nennen) »in Sandwiches zu sprechen« (Seite 133). Man könnte sagen, dass einem der Unterricht sehr viel bedeutet, aber dass es einem schwerfällt, sich zu konzentrieren, wenn andere Schüler zwischen den Übungen herumalbern. Auf diese Weise behält der Lehrer seine Autorität (und seinen Stolz), die Kinder werden nicht öffentlich von einem Mitschüler zurechtgewiesen, und alle bekommen die Art von Unterricht, die sie verdienen.

#4 Aufgestanden

ICH WAR WIRKLICH SAUER, DASS ICH SO VIEL VON DER PARTY VERPASST HABE, WEIL DU MIR NICHT GESAGT HAST, DASS DU DEINE MEINUNG GEÄNDERT HAST.
ES IST VOLL OKAY, DASS DU NICHT GEHEN WOLLTEST. ABER WIR WAREN VERABREDET UND ICH HABE AUF DICH GEWARTET.
OH NEIN, DAS TUT MIR LEID, DARAN HABE ICH ÜBERHAUPT NICHT GEDACHT.
MAGST DU MICH JETZT NICHT MEHR?
NEIN, ICH WAR GESTERN ABEND RICHTIG WÜTEND, ABER DU HAST DICH ENTSCHULDIGT UND ICH VERZEIHE DIR … JEDER MACHT MAL FEHLER.
ABER DENK DRAN, WENN ICH ES MAL VERMASSLE, JA?
UND NÄCHSTES MAL RUF DOCH EINFACH AN, WENN SICH DEINE PLÄNE ÄNDERN.
ICH KANN NICHT DEINE GEDANKEN LESEN.

Fazit nach dem Spiel

Was lief gut und was hätte besser laufen können?

GUT: Hier ist eine ganze Menge richtig gelaufen! Die beiden hatten gemeinsam Pläne gemacht; sie waren auch beide ehrlich zueinander, was ihre Gefühle angeht (alle Arten von Gefühlen: Wut, Selbstzweifel, Angst, Frustration, Erleichterung, Glück). Das Ergebnis war, dass beide die Möglichkeit hatten, sich auszudrücken und angehört zu werden – sie zogen keine voreiligen Schlüsse, dass ihr Gegenüber sie in Verlegenheit bringen oder abservieren wollte, und sprachen direkt miteinander, nicht mit anderen übereinander. Im Gegenzug erhielt sie eine gute Lektion darüber, wie ihr Verhalten auf andere wirkt. Dann wurde eine aufrichtige Entschuldigung angeboten und angenommen. Das ist eine gut Sache, ganz zu schweigen davon, dass ein Fehler keine Freundschaft kaputt macht.

VERBESSERUNGSWÜRDIG: Unsere Freundin hat vergessen, dass die Pläne anderer Leute von ihr abhängen könnten. Indem sie es versäumte, ihrem Freund mitzuteilen, dass sie es sich anders überlegt hatte, versaute sie ihm den Abend gründlich. Der Schlüssel zu jeder guten Beziehung ist Kommunikation. Niemand weiß, was du willst, denkst oder fühlst, wenn du es nicht sagst – und es liegt an dir, es zu sagen! Schließlich ist es unfair, wenn andere etwas verpassen oder Unannehmlichkeiten haben, weil du dich nicht klar und deutlich ausgedrückt hast (und umgekehrt).

#5 Mister Beschäftigt

Fazit nach dem Spiel

Was lief gut und was hätte besser laufen können?

GUT: Unser Freund hat um Hilfe gebeten – das ist wichtig.

VERBESSERUNGSWÜRDIG: Denke daran: Ein beschäftigter Körper bedeutet einen beschäftigten Geist. Der Lehrer hat unseren Freund nicht ignoriert, der sicherlich nicht aufgeben sollte, um Hilfe zu bitten. Die Körpersprache von Herrn Schmidt (Hände in den Haaren) zeigte, dass er frustriert und überfordert war. Schau dich um! Es war eine Menge los: Schreie, Feuer, Verschüttetes, Explosionen! Herr Schmidt war sehr beschäftigt und hat die Frage nach den Reagenzgläsern wahrscheinlich gar nicht gehört. Das wäre ein guter Zeitpunkt für unseren Freund gewesen, jemand anderen um Hilfe zu bitten, selbst weiter nach einer Lösung zu suchen oder zu warten, bis sich die Lage beruhigt hat, bevor er die Aufmerksamkeit des Lehrers weiter in Anspruch nimmt.

#6 Süße Melodie

Fazit nach dem Spiel

Was lief gut und was hätte besser laufen können?

GUT: Dieses Mädchen hat erkannt, dass es katastrophisierte. Bevor sie ihren Gedanken und Emotionen freien Lauf ließ, überprüfte sie noch einmal, was tatsächlich gesagt wurde und was lediglich ihre Unsicherheiten »gehört« hatten. Sie wusste, dass sie ihrer Lehrerin vertrauen konnte – es war also unwahrscheinlich, dass die Vorschläge verletzend gemeint waren. Sie waren als hilfreich gemeint. Das Beste von allem war, dass sie sich sogar bei ihrer Lehrerin für das konstruktive Feedback bedankte und versprach, die Vorschläge zu nutzen, um ihre Arbeit zu verbessern.

VERBESSERUNGSWÜRDIG: Nichts! Rundherum großartige Arbeit. Mit dieser Einstellung wird sie der Star der Show sein.

Das war's dann wohl

Auch bekannt als die Schlussfolgerung

Mädels, Jungs – ihr habt es geschafft. Von »Post-it«-Erinnerungen bis hin zu Asperger-Logik, das (geheime) Buch der sozialen Regeln für Asperkids kann offiziell auf den Stapel »Das habe ich schon gelesen« gelegt werden. Aber bevor ihr das Buch zuklappt, muss ich euch noch eine wichtige Geschichte erzählen.

Es wird Tage geben, an denen ihr das Gefühl habt, allein zu sein. Das weiß ich. Ich verstehe das. Und das bringt mich zu meiner zweiten und letzten wichtigen Geschichte in diesem Buch. Mein Vater kaufte für jeden Geburtstag oder Feiertag vier oder fünf Grußkarten – er konnte seine Gefühle nicht gut ausdrücken, also sammelte er genug vorformulierte Worte anderer Leute, bis sie zusammen die größere Botschaft bildeten, die er empfand.

Gefühle sind schwer zu fassen und mitzuteilen. Wir können reden und reden, aber selten fühlen wir uns verstanden. Jetzt kommt ... euer Titelsong. Ihr habt richtig gehört. Ein Titelsong. Ich glaube fest daran, dass wir alle einen Titelsong brauchen, damit wir uns besser fühlen, wenn die Welt uns niederdrückt. Vielleicht braucht ihr sogar eine ganze Playlist – Stimmungen und Umstände ändern sich. Aber das ist eine Frage der Details, und uns geht es um das große Ganze.

Ihr habt dieses Buch gelesen. Toller Anfang. Denkt daran: Ihr seid für eure Entscheidungen verantwortlich. Und wenn ihr wirklich wollt, dass es für euch funktioniert – wenn ihr euch in eurer Haut wohlfühlen und eine Art von »sozialer Leichtigkeit« sprechen könnt –, dann müsst ihr es noch einmal lesen. Und noch einmal. Mit den Post-its, um euch wichtige Dinge zu merken. Das erfordert Übung, meine Freunde.

Deshalb braucht ihr etwas, was euch weiter vorantreibt, wenn ihr das Gefühl habt, dass ihr es nicht schafft. Euren Titelsong.

In der Zwischenzeit, während ihr darüber nachdenkt, was euer Titelsong sein sollte, möchte ich euch meinen vorstellen. Es ist mein Lieblingssong, seit ich etwa zehn Jahre alt war; er hebt mich auf und ist, so hoffe ich, mein Vermächtnis an euch: »Lean On Me« (im Ernst – hört es euch an und ihr wisst, dass ich euch wirklich mein Herz schenke). Wenn ihr euch in der Welt müde oder verängstigt, unerwünscht oder leer fühlt, könnt ihr euch an mich anlehnen. Stützt euch auf meine Momente, in denen ich euch aufrichte und aufmuntere. Stützt euch auf die Worte in diesem Buch. Ich werde euer Freund sein, wenn ihr euch allein fühlt – jedes Mal, wenn ihr dieses Buch in die Hand nehmt, werde ich da sein, um euch dabei zu helfen, weiterzukommen.

Geht hinaus in die Welt. Versucht es. Vermasselt es. Versucht es erneut. Seid der schrullige, einzigartige, fabelhafte Mensch, der ihr sein sollt. Macht diese Welt besser, lustiger, freundlicher. Seid albern, seid intensiv. Habt Angst. Seid mutig. Seid trotzig. Seid neugierig. Und immer, immer, immer – für alle von uns – seid froh, seid stolz. Seid ihr selbst.

Danksagungen

Ich bin normalerweise niemand, dem die Worte fehlen, aber diesmal ... bin ich es. Ich hatte keine Ahnung – keine –, dass dieses Buch zu dem werden würde, was es geworden ist. Aber es gibt jemanden, der daran geglaubt hat. Von der ersten Minute an, als sie den ersten Entwurf las, sagte mir Jessica Kingsley, dass es etwas Besonderes sei. Ein Jahrzehnt später bin ich ihr für ihre Weitsicht und die Unterstützung der gesamten Verlagsfamilie von Jessica Kingsley noch dankbarer. In der ersten Ausgabe schrieb ich, dass ich »Ihre Vision und Ihr Engagement aufrichtig zu schätzen weiß und so stolz bin, das JKP-Markenzeichen zu tragen«. Diese Worte sind heute noch genauso wahr – wenn nicht sogar noch wahrer.

An meine Leser und Leserinnen (jeden Alters): Euer Vertrauen ist alles. Eure Worte haben mich umgehauen. Euren Mut und euer Lachen werde ich für immer tief in meinem Herzen tragen. Es bleibt gar nicht ausreichend Zeit, um euch für jeden Spruch, jede Umarmung, jede Ehrung, jede Anerkennung, jede Rezension, jeden Beitrag und jedes Lächeln zu danken. Ihr habt mich zum stolzesten und dankbarsten Mädchen der Welt gemacht.

Ich danke meinem Mann Brett, meinen Kindern und meiner Mutter Jane ... danke, dass ihr meine wunderbare, verrückte, manchmal verblüffende, immer inspirierende, vollkommen unperfekte Familie seid. Ich liebe euch. Möget ihr nie müde werden, das zu hören.

Und schließlich möchte ich all jenen danken, die mich durch Freundlichkeit oder Schmerz, durch Liebe oder Im-Stich-Lassen genau das gelehrt haben, was ich bin. Ohne euch hätte ich das nie geschafft.

Literatur

1 Dieses Zitat wird gemeinhin Winston Churchill zugeschrieben, obwohl dies umstritten ist.

2 Vilord, Thomas: 1001 Motivational Quotes for Success: Great Quotes from Great Minds. Garden State Publishers 2002, S. 78

3 Carnegie, Dale: How to Win Friends and Influence People. Simon & Schuster 1936, S. 23

4 Carnegie, Dale: How to Win Friends and Influence People. Simon & Schuster 1936, S. 17

5 Winfrey, O. »The Ophrah Winfrey Show«. Ausgestrahlt am 25. Mai 2011.

6 Carnegie, Dale: How to Win Friends and Influence People. Simon & Schuster 1936, S. 34

7 Carnegie, Dale: How to Win Friends and Influence People. Simon & Schuster 1936, S. 51

8 Carnegie, Dale: How to Win Friends and Influence People. Simon & Schuster 1936, S. 67

9 Carnegie, Dale: How to Win Friends and Influence People. Simon & Schuster 1936, S. 108

10 Seuss Theodor: Horton Hears a Who! Random House 1954, S. 47

11 Attwood, Tony: The Complete Guide to Asperger Syndrome. Jessica Kingsley Verlag 2007.

12 Henricks, Robert G.: Translation of original text by Lao Tzu. Lao-Tzu: Te-Tao Ching. Ballantine Books 1989, S. 82

13 www.gallup.com/cliftonstrengths/en/252359/woo-theme.aspx (letzter Zugriff: 02.12.2022)

Stichwortverzeichnis

L

M

N

P

R

S

T

U

W

Z

Empfehlungen von Jennifer Cook

Bücher

Attwood, Tony: The Complete Guide to Asperger Syndrome. Jessica Kingsley Verlag 2007. Deutsche Ausgabe: Das Asperger-Syndrom: Das erfolgreiche Praxis-Handbuch für Eltern und Therapeuten. TRIAS Verlag 2022.

Carnegie, Dale: How to Win Friends and Influence People. Simon & Schuster 1936. Deutsche Ausgabe: Wie man Freunde gewinnt. Das einzige Buch, das Sie brauchen, um beliebt und einflussreich zu sein. Fischer Taschenbuch. München 2013.

Fulghum, Robert: All I Really Need to Know I Learned in Kindergarten (15th anniversary edition). Random House Publishing Group 2004.

Henricks, Robert G.: Translation of original text by Lao Tzu. Lao-Tzu: Te-Tao Ching. Ballantine Books 1989.

Seuss Theodor: Horton Hears a Who! Random House 1954. Deutsche Ausgabe: Horton hört ein Hu! Rogner und Bernhard Verlag 2003.

Vilord, Thomas: 1001 Motivational Quotes for Success: Great Quotes from Great Minds. Garden State Publishers 2002.

Medien

»Lean On Me« (1972) Geschrieben und ursprünglich aufgenommen von Bill Withers. Die Club Nouveau-Version wurde 1987 veröffentlicht.

Winfrey, O. »The Ophrah Winfrey Show«. Ausgestrahlt am 25. Mai 2011. Harpo Studios.

Bibliografische Information der Deutschen Nationalbibliothek
Die Deutsche Nationalbibliothek verzeichnet diese Publikation in der Deutschen Nationalbibliografie; detaillierte bibliografische Daten sind im Internet über http://dnb.d-nb.de abrufbar.

Programmplanung: Celestina Filbrandt
Projektmanagement: Elisa Salemi
Redaktion: Magdalena Kieser
Bildredaktion: Christoph Frick

Umschlaggestaltung: © Thieme
Layout: CYCLUS · Visuelle Kommunikation, Stuttgart

Bildnachweis:
AutorInnenfoto: Jennifer Cook
Zeichnungen: © Tim Stringer

Die abgebildeten Personen haben in keiner Weise etwas mit dem Thema zu tun.

Die englische Originalausgabe erschien 2022 unter dem Titel »The Asperkid's (Secret) Book of Social Rules«, 10th Anniversary Edition by Jennifer Cook.

1. Auflage 2023

TRIAS Verlag in Georg Thieme Verlag KG
Rüdigerstraße 14, 70469 Stuttgart, Germany
www.trias-verlag.de

Printed in Germany

Satz und Repro: Fotosatz Buck, Kumhausen
Druck: AZ Druck und Datentechnik GmbH, Kempten

Gedruckt auf chlorfrei gebleichtem Papier

ISBN 978-3-432-11672-3 2 3 4 5 6

Auch erhältlich als E-Book:
eISBN (ePub) 978-3-432-11673-0